The Newton Papers

Sarah Dry

牛顿手稿漂流史

[英] 莎拉·德里 著

王哲然 译

湖南科学技术出版社

23

To make excellent Ink

Rx ½ lb of Galls cut in pieces or grosly beaten, ¼ lb of Gumm Arabick cut or broken. Put 'em into a Quart of strong beer or Ale. Let 'em stand a month stopt up, stirring them now & then. At yᵉ end of the month put in ʒ1 or ʒ1½ of copperas (Too much copperas makes yᵉ ink apt to turn yellow) stir it & use it. Stop it up for some time with a paper prickt full of holes & let it stand in yᵉ sunn. When you take out ink put in so much strong beer & it will endure many yeares. Water makes it apt to mold. Wine does not. The air also if it stand open inclines it to mold. With this ink new made I wrote this.

牛顿书写的某种"品质极好的墨水"的配方。MS Add.3975f23.经剑桥大学图书馆理事会许可复制。

推荐序

　　1727 年 3 月 20 日，近代最伟大的科学家牛顿去世于伦敦寓所，享年 84 岁。牛顿一生勤于著述，但生前仅发表过《自然哲学的数学原理》和《光学》等少数著作，身后则留下近千万字的杂乱手稿，涉及领域除了力学、数学、光学外，还有神学和炼金术等。由于牛顿终生未娶，也未留下遗嘱，这批手稿便由外甥女及其后代继承，藏于朴茨茅斯家族，鲜有学者能够问津。19 世纪末，"科学"手稿被捐给剑桥大学，其余大量"非科学"手稿则继续留在家族庄园，直到 1936 年在苏富比拍卖，从此流散世界各地。经济学家约翰·凯恩斯收购了绝大部分炼金术手稿，后捐给剑桥大学国王学院；大部分神学论文则由爱因斯坦的朋友、拉比文学专家亚伯拉罕·亚胡达购得，后为以色列国家图书馆收藏。

　　本书讲述的便是牛顿手稿近 300 年的"奥德赛"之旅。对于这段历史，学界过去仅知大概情形和零碎细节，而《牛顿手稿漂流史》首次提供了一个连贯完整的历史叙事。作者莎拉·德里博士通过查询档案、了解手稿现状、采访在世当事人以及重要牛顿研究者，条分缕析，集中再现了手稿在众多亲属、收藏者、科学家和学者手中被隐藏、遗忘、买卖、转赠和研究的具体过程。在将史料诉诸文字之时，作者经常采用侦探小说笔法，寻根究底，拨云见日，读来颇有吸引力。

与手稿的历史境遇交织在一起的，是牛顿形象的历史变迁，这是本书浓墨重彩的另一笔。牛顿去世时声誉如日中天，安葬于威斯敏斯特大教堂，被支持者们奉为虔诚的科学圣徒。然而，手稿中的牛顿却是一个痴迷炼金术的反三一神论者！这一形象不仅有损牛顿的个人名望，而且威胁到牛顿所代表的理性精神和科学方法。也许主要因为这个原因，牛顿手稿被视为"不适合"发表和公开。尽管如此，有关牛顿信仰的流言和争论在牛顿去世后几十年内依然时有出现，不过对牛顿的公共形象并未造成实质性伤害。19世纪则不然。随着更多档案资料的出现，牛顿是否一度精神失常以及牛顿的人品成为讨论甚至争论的话题，牛顿的道德形象遭到了严重破坏，引发了人们对智力成就与道德境界之关系的思考。进入20世纪上半叶，就在牛顿诞辰300周年到来之前，牛顿手稿的拍卖和公开彻底掀开了"另面牛顿"的面纱。

从20世纪50年代开始，随着科学史学科的兴起和发展，牛顿手稿受到学界越来越多的重视，牛顿研究蔚然成风，甚至被称为"牛顿产业"。基于手稿的牛顿选集纷纷出版，包括7卷本《牛顿通信集》（1959—1977）和8卷本《牛顿数学论文集》（1967—1981）。到了网络数字时代，英国"牛顿项目"（Newton Project）于1998年应时启动，致力于整理、转录牛顿所有手稿和著作，最终推出网络版《牛顿全集》，整个项目拟于2027年即牛顿去世300周年完成。届时，现今藏于世界不同机构的牛顿手稿，将以网络版的形式再度聚首，合为一体。牛顿手稿的公开及整理，开启了牛顿研究新局面，涌现出了一大批研究成果：有的深化对牛顿科学工作的研究，有的侧重"另面牛顿"及其"非科学"研究，有的则主张打通"科学"与"非科学"的分野，完整地研究牛顿的工作和思想。简言之，"结合手稿全面研究牛顿"已成当代牛顿研究的主流。

德里博士是撰写牛顿手稿历史的合适作者。她出生在美国，本科就读于哈佛大学，主修历史与文学，后赴英国帝国理工学院学习科学史，继而入读牛顿曾经学习和工作过的剑桥大学，获博士学位。她是一位受过专业训练的独立学者，也是一位面向大众写作的科学史作家。除了《牛顿手稿漂流史》，还撰有《居里夫人传》（2003）和《世界的水域》（2019）等书。此外，德里博士还有一个独特优势——其夫便是"牛顿项目"主持人、著名牛顿研究专家罗布·艾利夫教授。作者在致谢中坦言，本书正是在丈夫的鼓励和支持下写就的。无疑，这些有利条件提升了本书的可读性、丰富性和学术性。本书出版后很快获得西方学界好评，《自然》和《爱西斯》等近十家期刊和报纸发表了书评，给予肯定和推介。

我是在英国读博期间通过导师艾利夫教授认识德里博士的。至今我还记得2014年6月14日作者给我签名赠送刚刚出版的《牛顿手稿漂流史》的场景。作为最早的中国读者之一，我曾为本书在国内的翻译和出版张罗过，可惜未能如愿，几年来深以为憾。最近得悉王哲然博士已经完成中译本并即将付梓，我倍感高兴和欣慰。译稿文笔简练流畅，出彩译笔处处可见。我相信，读者通过阅读本书不仅能够了解牛顿手稿跌宕起伏的流传历史，而且会认识到这位伟大科学家思想的丰富性和复杂性，进而开始思考有关科学家的理性、道德和信仰的问题。读者如有进一步探究兴趣，不妨转向牛顿项目网站①、剑桥数字图书馆②和以色列国家数字图书馆③，一睹牛顿手稿的真容(转录稿与扫描版)，感受牛顿的思维过程和工作状态。毕竟，"手稿本身的魅力是无法取代的"！

万兆元

博士(牛津)、副教授

北京师范大学哲学学院科学史与科技哲学研究所

2021 年 4 月 30 日

---

① http://www.newtonproject.ox.ac.uk/

② https://cudl.lib.cam.ac.uk/collections/newton

③ https://www.nli.org.il/en

致　谢

在追溯牛顿手稿历史的过程中，我得到了世界各地图书馆馆员和档案馆馆员的帮助。本书的大部分内容，是在加州圣马林诺市的亨廷顿图书馆（Huntington Library）写成的，那里环境宜人，很适于写作。感谢丹·刘易斯（Dan Lewis）和芝黛·斯诺（Jaeda Snow），为我提供了诸多便利。加州理工学院谢尔曼·费尔查尔德图书馆（Sherman Fairchild Library）与米利肯图书馆（Millikan Library）的工作人员也同样热情。感谢为我提供了馆藏资料的各位友人，他们是：以色列国家图书馆（National Library of Israel）的拉谢尔·米斯拉蒂（Rachel Misrati）和雅艾尔·奥肯（Yael Okun）、巴布森学院霍恩图书馆（Horn Library of Babson College）的迪·斯通伯格（Dee Stonberg）、剑桥大学图书馆（Cambridge University Library）的亚当·帕金斯（Adam Perkins）和弗兰克·鲍尔斯（Frank Bowles）、剑桥大学圣约翰学院图书馆（St. John's College Library）的瑞安·克罗宁（Ryan Cronin）和凯瑟琳·麦基（Kathryn McKee）以及汉普希尔档案馆（Hampshire Record Office）的工作人员。此外，我还要特别感谢迈卡·安山（Micah Anshan），他在研究亚胡达的档案，慷慨地与我分享了他的成果，还有黛安娜·科尔莫西-布赫瓦尔德(Diana Kormosi-Buchwald)，她参加了加州理工学院的爱因斯坦手稿项目，翻译了大量的亚胡达和爱因斯坦之间的通信。

写作本书最美好的环节之一，便是与以下历史学家的交谈和电邮通信，他们是：莫迪凯·范戈尔德(Mordechai Feingold)、斯科特·曼德尔布罗特（Scott Mandelbrote)、西蒙·谢弗（Simon Schaffer)、斯蒂芬·斯诺贝伦(Stephen Snobelen)、拉里·斯图尔特(Larry Stewart)、安迪·沃里克(Andy Warwick)、罗伯特·韦斯特曼（Robert Westman)。感谢他们提供的信息。乔治·史密斯(George Smith)通读了初稿，并加以润饰，有关科恩(I. B. Cohen)的点滴往事，都是他告诉我的。杰里米·诺曼（Jeremy Norman)、罗伯特·哈丁(Robert Harding)、阿诺德·亨特(Arnold Hunt)、保罗·夸里（Paul Quarrie)，均来自图书交易领域，他们古道热肠，将积累多年的专业知识倾囊相授。戴维·卡斯蒂列霍（David Castillejo)也很热情，与我分享了他在探索牛顿手稿过程中发挥的作用。书中若有任何错误，责任皆在作者本人。

基特·沃德(Kit Ward)是我梦寐以求的经纪人，她机灵、热情，总是给我鼓劲儿。能找到她，可真幸运。痛心的是，她于2012年11月意外去世。我很感恩能与她相识，只是这份友谊已无法延续。

牛津大学出版社（Oxford University Press）的蒂姆·本特（Tim Bent)是我的编辑。是他最早想到并帮我理解了本书的大体轮廓。

他的深思熟虑，为本书增色不少。

我的研究与写作过程，时而平静，时而跌宕，家人始终支持着我，总是提醒我要把眼光放远，关注更宏大的叙事。我的娘家人——凯蒂（Katie）、塞西（Cecie）、保罗（Paul）、蕾切尔（Rachel）、邦尼（Bonnie）——阅读并点评了部分初稿。姐夫吉列尔莫·布莱奇马尔（Guillermo Bleichmar）更进一步，读完了全书。戴维·斯特恩（David Stern）也是，就像家里人一样。他们都将牛顿的故事带入了各自的生活，这真让我倍感欣慰。

从很多方面而言，若是没有罗布·艾利夫（Rob Iliffe），也就没有本书。作为"牛顿项目"（Newton Project）的编辑，他将曾处于黑暗之中、被私人收藏的牛顿手稿，带到了光明的数码时代。作为一位牛顿宗教信仰的研究学者，他教会了我与牛顿——那位激进的新教徒——相伴的乐趣。作为我的丈夫，他日复一日，始终陪伴在我的左右。十多年前，正是罗布第一次把牛顿手稿的故事讲给我听，还鼓励我写一本关于牛顿手稿的书。这一想法，犹如一粒种子，经过很长一段时间的孕育，才最终生根发芽；而与此同时，另一个小生命，也在孕育之中。2009年，雅各布·艾利夫（Jacob Iliffe）降生了。现在，他已经知道了牛顿这个人，知道他已经去世了，这似乎是个不错的开始。

最后，我要感谢我的父母，塞西和保罗·德里（Paul Dry），他们给了我源源不断的爱与支持，这是我所继承到最美好的东西。

文献说明

　　有关艾萨克·牛顿及其影响的史学论著汗牛充栋，称之为"牛顿产业"（Newton industry），可谓名副其实。若是没有这些研究，这本书是不可能完成的。在这里，列出我所参考过的全部书目，恐怕不切实际。对于渴望了解更多内容的读者，理查德·韦斯特福尔（Richard Westfall）的《永不止息》[*Never at Rest* (Cambridge University Press, 1980)]，仍是最权威的牛顿科学传记。罗布·艾利夫的《牛顿新传》[中译本：万兆元译，译林出版社，2015 年版；英文本：*Newton: A Very Short Introduction* (Oxford University Press, 2007)]，提供了关于牛顿生平与工作的简要介绍。近年来，借助于牛顿未发表的手稿，涌现了一大批重要的学术著作，包括尼科洛·圭恰迪尼（Niccolo Guicciardini）的《艾萨克·牛顿的数学确定性和方法》[*Isaac Newton on Mathematical Certainty and Method* (MIT Press, 2009)]、杰德·布赫瓦尔德（Jed Buchwald）与莫迪凯·范戈尔德合著的《牛顿与文明的起源》[*Newton and the Origin of Civilization* (Princeton University Press, 2012)]、罗布·艾利夫的《自然的大祭司：艾萨克·牛顿的异端生活》[*High Priest of Nature: The*

　　　　　　　　　　　　　　　　　牛顿手稿漂流史

Heretical Life of Isaac Newton（Oxford University Press, 2017）]。最后还需指出，如今我们还可以与牛顿在线接触，相关网站包括："牛顿项目""艾萨克·牛顿的化学"（Chymistry of Isaac Newton）、剑桥数字图书馆（Cambridge Digital Library）。在撰写本书的过程中，我相当依赖这些优秀的资源。建议读者不妨也去看看，亲身感受一下牛顿当时的工作状态。毕竟，手稿本身的魅力是无法取代的。

序幕　手稿拍卖

　　1936 年 7 月 13 日下午，约翰·梅纳德·凯恩斯 (John Maynard Keynes) 迈进了位于伦敦新庞德街的苏富比拍卖行。凯恩斯身兼多职，公务繁忙。他是政府的经济学顾问，剑桥大学的经济学教师，同时兼任国王学院的财政总监。他拥有一间苏克赛斯提尔顿的乡间别墅，在那里他自封领主，常和布卢姆斯伯里社[①]的成员聚会。就在几个月前，他的著作《就业、利息和货币通论》(*The General Theory of Employment, Interest, and Money*) 出版，旋即在货币政策领域掀起一场革命，并一举奠定了他在当时经济学界的地位。他的弟弟杰弗里·凯恩斯 (Geoffrey Keynes)，一位外科大夫和藏书家，劝说他一定要去苏富比拍卖行走一趟。同年 5 月，德国悍然违反《凡尔赛条约》，占领了莱茵兰地区。若不是战争阴云再

---

① 布卢姆斯伯里社 (Bloomsbury Group)，活跃于英国 20 世纪早期的文艺社团，由作家、知识分子、哲学家、艺术家组成，著名成员包括小说家弗吉尼亚·伍尔夫 (Virginia Woolf)、经济学家约翰·梅纳德·凯恩斯、小说家福斯特 (E. M. Forster)、传记作家利顿·斯特雷奇 (Lytton Strachey) 以及下文提到的画家邓肯·格兰特 (Duncan Grant) 等。尽管布卢姆斯伯里社是一个松散的社团，但它对 20 世纪的文学、美学、文艺评论等诸多领域产生了深远的影响。——译者注

次笼罩欧洲，他恐怕难有此闲情逸致，赶来竞拍那落满灰尘的老旧手稿。

凯恩斯的美学品味无可挑剔，尽管公务繁忙，他总能为高雅的格调腾出时间。布卢姆斯伯里社的成员总会调侃他，其中最有名的当数弗吉尼亚·伍尔夫，她对凯恩斯就着黄油吃面饼的习惯嗤之以鼻，曾傲慢地评论，"就是他身上这股子动物油脂的粗野劲儿，着实令人讨厌"[1]。即便如此，作为其中的一员，他当之无愧。很多年前，他买下了伦敦戈登广场46号的宅子，从此，那里便成为布卢姆斯伯里社成员的聚点。第一次世界大战后，他搬进了宽敞的二层卧室和书房，他的情人邓肯·格兰特在墙壁上留下不少壁画。1925年，他迎娶了苏联芭蕾舞演员莉迪娅·洛波卡娃（Lydia Lopokova），婚后不久，他就把那些壁画刷掉了。

凯恩斯从后门溜进了拍卖厅，拍卖会此时已进行得如火如荼。一开始，凯恩斯的叫价显得有些有气无力。不过，他的占有欲很快就被点燃了。第二天，他再次如期而至，并大幅提高了叫价。他信心满满，锋芒毕露，却不得不有所取舍。最终，他购得38件拍品。职业书商们买了余下的手稿，为了共同的利益，他们始终保持着稳健的竞价，竭力压低价格。

总体上看，人们对这次拍卖的兴趣显得不温不火。这或许会让我们感到惊讶，因为这次拍卖中包含超过300份艾萨克·牛顿的手稿，作为全世界最知名、最有影响的科学家，这批500多万字的个人手稿在当时尚不为人所知。在1727年牛顿去世之后，只有少数几人见过这些手稿。而它们加在一起也只卖了9000英镑（约合今天的33万英镑）。但如今，单单一张牛顿的科学手稿就价值13万英镑。

这场拍卖会缺乏激情的原因在于，几乎没有人晓得，在这些落满灰尘的手稿中，究竟包含着哪些内容。

情况并非一直如此。许多年前，甚至更早的几个世纪以前，已经有人获悉了手稿的内容，并且努力将之隐藏，他们大都成功了。除了个别人匆匆瞥过几眼，这些手稿始终没有得到详细审阅，至少已经有七代人没有见过它们了。这些手稿将会揭示出一个令人陌生的牛顿形象，与人们心目中的那个牛顿大相径庭。世人所熟悉的，是那位长眠于威斯敏斯特大教堂，被奉为英国理性典范的牛顿，是他发展并完善了一套思想体系，重新解释了整个宇宙。那些见过手稿的人担心，手稿内容的曝光将会危及牛顿本人的声誉，甚至威胁到科学的整体声誉。

本书讲述的便是牛顿手稿的故事：它们如何被隐藏于数个世纪，如何在拍卖会上失散，又是如何被重新艰难地重建。牛顿享年84岁，一生留下大量文字，记录自己的所思所想。因而本书也将涉及从牛顿去世直到今天，人们研究其思想的历史。本书还将探访那些曾经追踪手稿的人，他们试图从手稿错综复杂的多样性中把握牛顿的形象。除了凯恩斯，其中还包括万花筒的发明人、海王星的发现者、白手起家的北美商业大亨的妻子以及一位犹太圣经学者。他们沉迷于牛顿，沉迷于颂扬一位天才或凡人的诱惑与危险之中。

注释

［1］ Robert Skidelsky, *John Maynard Keynes: The Economist as Saviour, 1920—1937* (New York: Trans-Atlantic, 1993), 217.

目 录

第 1 章
牛顿之死

即使以现代人的标准来看，牛顿也算得上高寿。在他生活的时代，约有三分之一到一半的孩子活不过 16 岁，这更加突显了他的长寿。牛顿出生于 1642 年的圣诞节[①]，这几乎是个好兆头，他在各种常见的儿童疾病中活了下来，又侥幸地躲过 1665—1666 年间的黑死病（仅在伦敦，这场瘟疫就夺去超过 10 万人的生命）。那时的他逃回老家伍尔斯索普（Woolsthorpe），那是一个林肯郡内的小村庄。位于伦敦以北 160 多千米。除 1693 年短暂的精神紊乱之外，牛顿几乎没生过什么大病，70 岁时依然身体健康、笔耕不辍，只是精力略有不济。仅在生命的最后 5 年，他的身体才开始恶化：膀胱出了问题，大小便失禁，靠喝蔬菜浓汤过活。

或许预感到大限将至，牛顿开始准备起了身后之事。他为亲属预备了丰厚的遗产，其中包括他的教子、表侄以及远房的兄弟

---

① 牛顿生日按当时英国通行的儒略历（旧历）计，为 1642 年 12 月 25 日。若按如今和当时欧洲大部分天主教国家所采用准的格列高利历（新历）计，则应为 1643 年 1 月 4 日。英国直到 1752 年才用新历取代旧历，故有关牛顿生平的年份和日期，一般采用旧历。——译者注

姊妹们。他烧毁了一部分手稿，据后来一位继承人称，那不过是一场事故，没有造成严重的损失。由于牛顿遗留下来的手稿数目庞大，很难判断那天他到底烧了些什么。无论如何，真相已经沉寂于历史之中，再也无人知晓那些手稿里的内容。

牛顿在去世前一个月，寄出了其生命中的最后一封信，收信人是其故乡的教区牧师。牛顿失望地向牧师报告，伍尔斯索普的矿石样品分析结果出来了，其中不含有任何金属成分。显然，村子的地下资源已所剩无几。终其一生，牛顿始终挂念着家乡父老。

牛顿还有更为迫切的东西要写。去世前的几天，一位访客看到他在伏案工作，准备一份即将出版的书稿。那并不是一本数学著作，他已决定将数学手稿留给后人处理。现在他手头上的，是一本充满了细节考证的古代年表，凝结了他毕生的研究心血。他没戴眼镜，在昏暗的角落里埋头苦干，"有一点光线就够了"，他强调说。那天，他和这位访客讨论起了历史年表的计算问题，聊了将近一个小时。[1]

1727年3月2日，牛顿最后一次出席皇家学会的会议。次日上午，他接待过数位访客，加上昨日的劳累，他干咳不止，只能强忍。他的两名私人医生——自然是当时伦敦最好的——立刻赶来。诊断结果表明，症状由膀胱结石引起，他的生命已走到尽头，医生们对此回天乏术。

后面的事情多少已在预料之中，然而牛顿走得并不平静。他的传记作者、好友威廉·斯蒂克利（William Stukeley）记录下了当时的情景："他在床上疼得打滚，房间跟着晃动起来，在场的人都吓坏了。"然而，在病痛的折磨下，牛顿表现出惊人的定力，微笑着和旁人聊天，"和往常一样快乐"。

临终前夜，牛顿变得神志不清，"他的灵魂逐渐消散，已经感受不到肉体的败亡"。他用尽最后一丝气力，拒绝了临终前的圣餐。他向守护在病床前的人们解释道："自己一生都为奔赴天国做着准备，因此无须再遵从世俗的仪轨。"他的私人医生理查德·米德（Richard Mead）后来私下向伏尔泰①透露，病榻上的牛顿坦白，他依然保持着处子之身。

1727 年 3 月 20 日，星期一，死神在凌晨时分降临。面对死亡，牛顿"表现得异常坚强，堪称楷模，无愧为一位真正的哲学家，一位真正的基督徒，他欣然接受了神圣意志的安排，一如其众多的美德"。斯蒂克利用如诗的语言记录下这悲壮的一幕，伴随着肉身的死亡，他的灵魂徐徐升起，遁入苍穹，"穿过那些已广为人知的星体轨道"，他的不世之功将在地界永垂不朽，直到在一场"末世的灾难"中，太阳把所有行星吞噬毁灭，正如他本人所预言的那样。[2]

---

① 伏尔泰（Voltaire, 1694—1778），法国启蒙思想家、作家、哲学家。1726—1729 年间，他流亡英国，参加了牛顿的葬礼，并会见了牛顿的侄女凯瑟琳，回到法国后，继续研究和推广牛顿学说。他的情人埃米莉·迪·夏特莱（Émilie du Châtelet, 1706—1749）首次把牛顿的《自然哲学的数学原理》从拉丁文翻译成法文。——译者注

不过眼下，牛顿的离世着实引发了一场不大不小的灾难。形形色色的亲戚蜂拥而至，巴望着从巨大的遗产中分一杯羹。牛顿没有直系子嗣。和他血缘最近的要数凯瑟琳·巴顿（Catherine Barton），她是牛顿同母异父的妹妹汉娜（Hannah）的女儿。牛顿来到伦敦后不久，汉娜便搬来和他同住，成为他的管家和生活中的陪伴。在牛顿去世的10年前，凯瑟琳嫁给约翰·康杜伊特（John Conduitt），此人是日后决定牛顿遗稿命运的关键人物。

图1　永恒圣哲牛顿的陶土人像。据此陶俑约翰·雷斯布莱克（John Rysbrack）制作了全尺寸的牛顿大理石纪念雕像，于1730年安放在威斯敏斯特教堂。该陶俑现收藏于伦敦的维多利亚和阿尔伯特博物馆。

牛顿没有留下任何遗嘱。这并非他的一时疏忽，他清楚自己时日无多，早已对后事做了安排。他的想法是，对于财产的分配，自已无须给出具体的建议。然而在现实中，事情并非如想象得那么简单，牛顿生前积累了不少财富，和所有继承人群体一样，在牛顿日益壮大的家族中也不乏贪婪之辈，让遗产的分配变得更加棘手。

　　牛顿的财产清单很快被整理出来，各项条目记录在数张羊皮纸上，最后被缝在一起，形成了一份5米长、13厘米宽的单独文件。[3]伦敦圣马丁大街牛顿宅邸中的全部家当，被一一清点出来。人们在阁楼里发现了一些数学仪器、"化学用的玻璃器皿"、两张写字台，还有胡乱摆放的床架、羽毛床垫、毯子、桌椅等家具。起居室里有一个胡桃木的储藏柜、一张写字台、两百多本印刷书、一个铜盘以及一把小折刀。占据卧室的是那张夸张的"深红色的马海毛大床，以及与之配套的深红色的海拉汀（一种亚麻织物）窗帘"。在餐厅中，摆放着"八把印度靠背椅"，一尊"放置在玻璃罩中的牛顿象牙雕像"，仿佛充当着宴会主持的角色。这位伟人留下了四十张产自中国的餐盘，六个喝可可的杯子，"一个棕色茶壶"，厨房里还储存着一些"芝士吐司"，另有一口煎锅和一张"锡制滴油盘"。稍稍使这座宅子与普通人家拉开差距的，是39枚银质勋章和6枚金戒指，以及"用巴黎石膏复制的26枚英国勋章"，大概属于牛顿本人。

　　除了科学仪器和写字台，房间中还能表明主人学者身份的，便是大量的藏书和手稿了。它们被如数清点，并且按惯例，依照尺寸被分门别类。藏书数量确实惊人：尺寸最大的对开本（约30厘米×38厘米）图书362册，四开本（对开本的一半大小）图书477册，更为精致的八开本、十二开本图书共1 057册，还有一些尺寸更小的书册。这些书籍大约价值270英镑（约合今天的23 000英镑）。"和上述图书一起的"，是一大堆纸质文档，只用最潦草的语言被描述为"一百磅重的小册子和废书"。财产清单上还显示，有"三份手稿，保存在一个箱子中，封存于约翰·康杜伊特先生家中"。这些手稿的内容包括"一份欧洲大事记的简短年表"，和"含有五个章节的古代年表"（即牛顿去世前誊写的那份手稿），两份手稿加起来价格不菲，估值为250英镑（约合今天的21 000英镑），而另外还有一份未加估值的手稿，其内容是"预言书的历史，共有十章……未完成"。在这部分财产清单的最后还有一份补遗，显示房间中还有几个箱子，里面装着"大量未加装订的手稿和信件"，其内容部分涉及牛顿在造币厂的工作（牛顿一开始担任造币厂的督办，后来升任厂长，干了近30年），还有一些与上述提到的那些手稿有关，其余便是牛顿的数学研究。在清单结尾部分，列出了牛顿所持有的国债和其他投资，总计达到了令人咋舌的3万英镑（超过今天的250万镑），其中大部分是英格兰银行的股票，还有一部分是南海公司的股票和养老金。[4]

这份清单清晰地反映出牛顿家中惊人的藏书和手稿数量，它也从侧面表明，按照当时的实际情形，人们完全无法将这些手稿分类。与手稿相较，牛顿遗留下来的家具摆设、锅碗瓢勺，以及那些令其后人觊觎已久的高额债券，按一般的财产就可以轻松处理。反倒是手稿，需要专人识别，一时间难以详查究竟。于是从一开始，牛顿的手稿便被束之高阁，甚至被当成了一堆恼人的玩意儿。

让手稿在自己死后接受命运的无常，承受炼狱般的折磨与考验，很可能是牛顿刻意为之的结果。前文已经提到，牛顿有充裕的时间准备后事，但他既没有留下遗嘱，也没有销毁手稿。这些手稿不仅包括他在数学和科学领域的研究笔记，还有大量关于神学、炼金术以及教会史的内容，而这些内容的曝光，不仅将会对牛顿本人的崇高威望造成致命打击，也会令他的遗产执行人蒙羞。显然，牛顿相信自己手稿的价值，因此不忍将其丢弃，他也深知其中暗藏危险，因而不能立刻公之于众。在生前披露这些手稿显然不合时宜，在死前销毁它们又缺乏充分的理由，在牛顿看来，这些手稿中包含着另外一种形式的真理，为此他已经研究了太长时间，却又无法公开发表。

认为牛顿对自己毕生的心血采取了一种模棱两可、含糊其词的态度，这一说法听上去或许有些奇怪，但他完全有理由这么做。牛顿清楚，旁人无法轻而易举地理解自己的观念，然而，这并未降低、事实上反倒可能增强了他对其中蕴含真理的信心。其实，只需稍加推敲，便能理解牛顿的良苦用心：考虑到手稿中的特殊内容，任何出自他本人的明确指示，都有可能为遗产执行人带来不小的麻烦。如果牛顿明确提出将手稿立即出版，那么无异于将他的后人置于风口浪尖，人们尚未做好准备，接受这些观点，只怕一时之间会招来大量的批评和嘲讽。要是牛顿明确提出要恪守手稿的秘密，则无异于直接暗示他的后人，手稿中包含了潜在的危险思想。相反，他选择了一种暧昧不明的态度，而这本身就是对手稿的某种保护。牛顿生前一直恪守手稿的秘密，临终时对手稿的归宿也未置一词，这无疑让我们陷入了巨大的谜团。然而，在另一方面也表明，对同时代人的局限性，牛顿有着清醒的认识，同时，对于人类理性光明的未来，他也充满了信心，从而对手稿采取了既不指示也不销毁的做法。在此后漫长的岁月里，在亲朋好友的秘密看护下，这些散乱无序的手稿，将如一叶扁舟，在时间长河中随波飘荡。

注释

[1] 有关牛顿去世时的细节，参考 Richard S. *Westfall, Never at Rest: A Biography of Isaac Newton* (Cambridge, UK: Cambridge University Press, 1980)。

[2] William Stukeley, "Revised Memoir of Isaac Newton," MS/142, Royal Society Library, London.

[3] 有关这份清单的描述，见 John Harrison, *The Library of Isaac Newton*, (Cambridge, UK: Cambridge University Press, 1978), 29. 该清单现存放于裘园的公共档案局（Public Record Office, Kew），标题为 "A true and perfect inventory of all and singular goods, chattels and credits of Sir Isaac Newton... taken and appraised on the 21st, 22nd, 24th, 25th, 26th, 27th, days of April... 1727" 附有约翰和凯瑟琳·康杜伊特的签名，PROB.3/26/66。

[4] 这份清单全文收录于 Richard De Villamil, *Newton: The Man* (London: G. D. Knox, 1931), 54–55。

第 2 章
继承者们

面对数额庞大的遗产，牛顿的继承人们吵作一团。伍尔斯索普祖传的不动产，留给了和牛顿血缘最近的约翰（John），他是牛顿舅舅的曾孙，日子过得十分艰辛，当地牧师形容他是"上帝也知道的大人物家里的可怜虫"。[1]在之后短短六年的时间里，他沉迷赌博和酒精，将所得遗产挥霍一空。牛顿有两个同母异父的妹妹，玛丽（Mary）和汉娜，还有一个同母异父的弟弟本杰明（Benjamin），他们总共生养了8个子女，这些和牛顿具有一半血缘的侄子、侄女们瓜分了股票和养老金，这部分占据遗产相当大的比例。牛顿有近2 000本藏书，价值270英磅，被一位海军监狱的典狱长花300英镑买下，送给教区牧师的儿子。

在牛顿留下的全部遗产中，最难以估价的要属那"几千页零散污浊的手稿"，由于被反复修订涂改，这些散乱的手稿显得污迹斑斑、破烂不堪。[2]遗产继承人们很想知道，这些手稿中到底写了些什么，能不能也卖上个价钱？他们明白，自己的这位亲戚可是个大名人，任何和他的名字沾边儿的东西，哪怕是这些陈旧的手稿，只要一经出版，肯定能稳稳地赚上一笔。于是就如何处理这些手稿，继承人们展开了一系列"争吵与辩论"。[3]

在所有人中，只有凯瑟琳和约翰·康杜伊特不愿将手稿当作摇钱树。约翰·康杜伊特曾在剑桥的三一学院短暂学习过一段时间（那时距离牛顿离开剑桥已有10年之久），后来在军队中担任军事法官，随军驻扎葡萄牙，最后荣升皇家禁卫骑兵队队长。他与凯瑟琳相识于1717年，很快喜结连理。他兼任汉普郡惠特彻奇市议员，在牛顿升任造币厂厂长之后，一直充当他的助手，并在牛顿去世后继任厂长。显然，由于工作和生活上的交集，两人越走越近。然而眼下，康杜伊特逐渐意识到，在婚姻和情感双重纽带的作用下，他已经深深地卷入这场牛顿遗稿的风波之中。

图2　作为牛顿的挚友、受助人和外甥女婿，约翰·康杜伊特继承了他的手稿。他曾广泛收集有关牛顿的生平轶事，但始终未能完成传记的写作。©伦敦维多利亚和阿尔伯特博物馆。

约翰和凯瑟琳坚持认为，这些手稿既代表了牛顿对人类社会的巨大贡献，也体现出他对神圣秩序的伟大诠释，因此必须妥善保存。只有这样，"这位杰出的基督徒和伟大的天才，他的辛勤劳动和挚诚探索，才不至于在世间散失殆尽"。[4] 很快，包括凯瑟琳在内的三人委员会成立了，其职责是监督手稿的审定工作，裁决哪些内容值得公开出版（从而使继承人们可以再捞上一笔）。委员会找到了皇家学会的托马斯·佩勒特（Thomas Pellet），邀请他参与手稿的审核工作。1727 年 5 月，佩勒特埋头于故纸堆中，苦干了三天，最终拟出了一份清单，颇为武断地将所有手稿划分为了 82 个条目，清单的标题为"属于已故艾萨克·牛顿爵士的手稿清单，由其亲属负责审读检查"。[5] 佩勒特是牛顿死后详细阅读其手稿的第一人，因此他有机会看到这些手稿原始的排列顺序，然而遗憾的是，他并没有在手稿清单上体现这些信息。佩勒特梳理这些手稿时，究竟依照怎样的原则如今我们已无法了解。不过，从他给出的清单来看，他几乎是在一片黑暗中艰难摸索。他对手稿的分类尺度不一，有些条目还算有用 [例如"与莱布尼茨（Leibnitz）争论有关的未装订手稿""一捆寄给艾萨克爵士的英文和拉丁文信件""圣经中两处显著讹误的历史解释"（Historical Account of Two Notable Corruptions in Scripture）]，有些条目的描述则相当模糊（"零散的数学手稿""化学手稿""零散而污浊的手稿，和年代学相关"）。事实上，在这份清单中，佩勒特反复使用"零散"（loose）和"污浊"（foul）两个词来描述手稿，考虑到手稿确实经过反复的修改和涂抹，这样潦草的形容倒也无可厚非。然而，他却用同样潦草的方式，描述牛顿的数份笔记，这就显得过于随意了。例如，他将其中一本笔记描述为"一本普通的对开本，部分内容出自艾萨克爵士本人之手"，这个本子如今被称为"草算本"（the Waste Book），其中包含牛顿非常重要的数学笔记。

在当时，这种笔记本被称为"平装本"（paperbooks），如果牛顿只用这些本子写作，佩勒特的任务也许就不会如此艰巨。那时，人们更爱用散装纸，而且用途五花八门，牛顿也不例外。他经常购买和使用的是"水壶纸"（因印有水壶形状的水印而得名），每张大小约为32厘米×40厘米。他习惯于将纸对折，从而形成一张简单的对开页纸，他通常只在右侧半页书写，必要时才在左侧半页补充或修正。成沓的手稿可以被装订成册，或是用细绳绑在一起。牛顿有时也会将折页再次对折，形成一本带有四张页面的小册子，许多炼金术笔记就记在这样的小册子上（他会沿着顶部的折痕，将其中一个折页裁开，从而不必将纸全部翻开，就可以多写半页内容）。他通常不在乎手稿的顺序，往往只是将其堆成一堆，或是捆成一捆。牛顿在生活上非常吝啬，50年前的废旧纸张舍不得扔，还要反复利用，这意味着在同一张手稿上，有时会同时出现其早年和晚年的笔记。更糟糕的是，大部分的手稿都没有标明日期。仅有少数例外，比如在一些牛顿本科时留下的笔记本上，他颇为自豪地注明："艾萨克·牛顿，三一学院，1661年"。除此之外，绝大多数手稿没有明确的时间信息，也很少提及一些包含时间线索的时事要闻。尽管困难重重，佩勒特至少如实记录下了手稿的数量，这使我们能对手稿的规模有个大致的印象：353张"对折页，零散污浊的手稿，与图形和数学有关"，495张同样类型的手稿"与计算和数学有关"，还有厚厚一捆606张的手稿"与年代学有关"，显然，牛顿生前对历史抱有浓厚的兴趣。

佩勒特出色地完成了他的核心任务：确定牛顿遗稿中哪些"适合出版"，使继承人们能再分点儿现金。他用了不到三天便做出决定。他认为，在成堆的手稿和笔记中，只有5份文件值得出版。

佩勒特是否刻意隐瞒了牛顿的宗教和炼金术手稿呢？他是否有意维护牛顿的个人声望，以及他所代表的国家形象？他决定公开的手稿如此之少，而试图掩盖手稿又如此之多，自然使人产生这样的疑问。然而，事实可能并非如此。他不过是接受牛顿继承人的委托，确定哪些手稿可以出版牟利。他声称只有一份手稿可以立刻交付印刷，这便是牛顿去世之前，在黑暗的房间里辛苦誊抄的那份"古王国年表"（Chronology of Ancient Kingdoms）。这份手稿很快便卖出了350英镑（约合今天的3万英镑）的高价，并在次年出版。[6]

在接下来的几年里，只有另外两份手稿，按佩勒特的建议得以出版。第一份手稿出版于1728年，牛顿原本打算将其中的内容用作其经典著作《自然哲学的数学原理》（*Philosophiæ Naturalis Principia Mathematica*）的最后一卷。另一份手稿"对预言的评论"（Observations upon the Prophecies）出版于1733年，这是一部技术性很强的解经作品，试图通过对圣经语词的分析，理解其中隐藏的微言大义。[7] 佩勒特认为可以出版的余下两份手稿分别是：31张对折页的"有关阿塔那修的悖论问题"①，以及一份与微积分有关的"不完整的数学小册子"。直到20世纪，这两份手稿才获得出版。

除上述这五份文件之外，约翰·康杜伊特继承了余下的手稿。那是一大摞散乱无序的纸张，其中密密麻麻写满了牛顿的笔记。日后，分析这些手稿将耗去学者们60多年的时间。

牛顿的继承人们想从这些手稿中发现什么呢？在当时，人们并不认为名人手稿具有收藏价值，哪怕是像牛顿这样伟大思想家的亲笔手稿。手稿收藏其实是一个相当晚近的现象，于牛顿所处的时代才初露苗头。显然这并非偶然。那时人们不断开辟新的知识领域，开启学术和思想上的一系列变革。随着知识范围的不断延展，对知识保存技术的需求变得日益迫切。普遍语言的设想应运而生，牛顿曾为此做过笔记；为了保密和提高书写效率，速记技术大行其道；展示标本的自然志陈列室，如雨后春笋般兴起。此外，还有更为抽象的方案，如弗朗西斯·培根（Francis Bacon）于1620年出版的《新工具》（*Novum Organum*），还有"报信人"塞缪

---

① 亚历山大的阿塔那修（Athanasius of Alexandria, 约296 — 373 年），基督教早期教父、神学家、第二十任亚历山大主教。他坚持与阿里乌斯派斗争，捍卫了三位一体学说。在"有关阿塔那修的悖论问题"（Paradoxical questions concerning Athanasius）一文中，牛顿基于大量考据指出，阿塔那修说阿里乌斯死于厕所，纯属诽谤。关于阿里乌斯，详见下章。——译者注

尔·哈特利布（Samuel Hartlib），这位德英混血的博学家，撰写了大量自然知识手册。种种现象表明，收集和组织知识的新体系正在逐渐形成。

约翰·奥布里（John Aubrey）是一位有趣的时代向导。他曾写过一本小册子，名为《小品传记》，其间充斥着八卦轶事和尖酸评论，如今人们更熟悉的，是该书在维多利时代再版后的名字——《人物小传》(Brief Lives)。奥布里是最早一批具有手稿保存意识的人之一，在他看来，收集和保存名人手稿，兼有道德和哲学上的必要性。他沮丧地发现，他的同胞对此毫无兴趣。尽管如此，他依然克服重重阻挠，坚持不懈地进行收集：各类手稿、私人物品、肖像画像、生平轶事等，不一而足。他认为，这些实物不仅彰显了伟人生前的巨大成就，也为后人学习历史提供了鲜活的素材。奥布里大声疾呼，收藏工作是何等迫切、何等重要，然而周围的人依然无动于衷，这让他深感绝望。他收藏了一批科学巨匠的手稿，包括弗朗西斯·培根、托马斯·哈里奥特（Thomas Harriot）、天文学家和数学家约翰·迪伊（John Dee）。他的好奇心似乎永无止境，他不明白，自己旺盛的求知欲为什么无法感染周围的人，难道他们不想透过名人的手稿和手迹，去了解他们功成名就的原因吗？他注意到，很多名人生前没有交代如何处理自己的藏书，导致宝贵的私人藏书流离失所，在写给好友安东尼·伍德（Anthony Wood）的信中，他的惋惜之情溢于言表："噢，安东尼，看看那些遗嘱执行人和寡妇们都干了些什么，那些藏书，哪本不是它们主人生前的心头所爱呢！人们应该更富有公共精神，动起双手，睁大双眼，好好保护这些遗产。"[8]

奥布里时常告诫皇家学会的会员们，要注意保管和出版学者们的手稿。他身体力行，向皇家学会的图书馆和博物馆捐赠过不少书籍和标本，另外还给牛津大学图书馆、阿什莫尔博物馆、新宿学院捐赠过一批图书。但这依然不能让他满意，他常常哀叹，人们总是漫不经心、满不在乎，让宝贵的知识片段从指间溜走。终其一生，奥布里始终对那些既有价值又稍纵即逝的事物格外敏感，他明白，若不妥善记录，哪怕最伟大的人类成就，也终将被人遗忘。

奥布里曾经抢救出数学家、索尔兹伯里主教塞思·沃德(Seth Ward)的手稿。他抱怨道，他是"从一帮厨子手里"抢下了这些手稿，他们居然打算用手稿来垫馅饼。恼人的不止是厨子，奥布里提醒人们小心那些"热心的主妇"，她们对手稿毫无敬畏之心，总是物尽其用：拿来包裹鱼肉生鲜、"当作废纸，论斤卖给造硬纸板的"、为火器上膛或是置于"裁缝们的剪刀之下"。[9]从奥布里的记载中不难看到，当时的人们普遍对自己的手稿漠不关心，临终前更不会托人妥善保管。幸运的是，牛顿的大量遗稿几乎完整无缺地保存至今。和大部分历史事件一样，这其中既有偶然，也有必然。

康杜伊特能够继承手稿的原因非常复杂。牛顿死在造币厂厂长的职位上，按当时的规矩，所有新铸造的钱币，以厂长的个人信誉作为担保，换句话说，在牛顿去世时，他名义上背负着和英国国家发行货币总额等量的债务。约翰·康杜伊特主动接管这批债务，即一旦发现分量不足的新钱币，他需要自掏腰包，加以赔偿。作为承担风险的条件，康杜伊特要求得到牛顿留下的所有手稿，这项要求被满足了。在其他继承人看来，这是笔不错的交易，毕竟佩勒特已经做出评估，这些手稿基本上没什么价值了。即便如此，康杜伊特依然拿出2 000英镑作为担保金，确保手稿中若有任何内容在日后出版，其他继承人仍然可以从中获利。

和奥布里一样，约翰·康杜伊特也打算为牛顿写一本传记。他敬仰牛顿，因为牛顿不仅是他的舅岳父，也是他的好友和支持者。在牛顿去世后的几个月里，康杜伊特一直鼓动贝尔纳·德·丰特内勒（Bernard de Fontenelle）为牛顿写一篇中肯的悼词。丰特内勒时任法兰西科学院院长，法兰西科学院相当于英国的皇家学会，两人同为各自机构的领导，地位相当。牛顿在世时，法国人始终拒绝承认他的科学成就。要想恢复牛顿在欧洲大陆的名誉，巩固其在英国的声望，邀请一位友善的法国人写一篇赞颂文章，岂不是一个很好的办法？

事实上，牛顿去世后仅过一周，康杜伊特便给丰特内勒写了数封信，请求他撰写悼词，同时透露自己正在准备编写一本牛顿传记。丰特内勒很快回信，询问有关牛顿生平的细节。他小时候是否已经表现出过人的才智？他最喜欢哪些书？他离世时的状态如何？康杜伊特一一做出回答，其间充满对牛顿不加掩饰的褒扬。他写道，牛顿的"一言一行都无可挑剔"，"在待人接物方面，他总是谦恭有礼、和蔼可亲，哪怕对待下人也是如此，从不鄙薄他人的缺陷"，他拥有"一副温柔的心肠，有时听到一则悲伤的故事，也会流下眼泪"。他对折磨人类和动物的暴行深恶痛绝，"善待一切生灵是他最常思考的主题"。对待他人，牛顿极度慷慨，"他出手大方，却没有一丝炫耀或虚荣，他总是热情好客，选择合适的场合款待朋友"。[10]

尽管康杜伊特补充了很多信息，但最终的悼词却并不令他满意。在康杜伊特看来，或许是出于对法兰西的忠诚，丰特内勒对牛顿的正面评价过于吝啬。对此，康杜伊特写道，丰特内勒"对于这位伟人的才华和人格没有说上一句公道话，因为正是这位伟人遮掩了他们的大英雄笛卡儿（Descartes）的光辉"。[11]

康杜伊特力求做得更好，他打算以传记的形式，为牛顿树立一座永恒的丰碑。为此，他第一次将目光投向牛顿的遗稿，试图从中有所发现。尽管他描述了一部分手稿的内容，为不同种类的笔记列出清单，却并没有进行全面的分类整理。[12]康杜伊特更关注的是那些奇闻轶事，这类小故事是传记作家的宝藏，往往能让人物有血有肉，读起来引人入胜。他独具慧眼，搜罗到的那些轶闻，即便今天读来仍生动有趣。他拜访了许多牛顿的亲朋故旧，和他们交谈，当然牛顿在世时，他们两人也常常聊天，这些都成了他的素材，用以书写一部丰碑式的传记。

那时，人物传记还是一件稀罕的新事物。人们一般认为，只有圣徒的生平才值得学习。康杜伊特感到有必要为他的写作做些辩护，他的申辩表明，他的设想在当时是多么非同寻常。他坦言，即便是撰写罗马史的历史学家，也会常常质疑记述古代帝王生平的价值，或许有人认为"用平实冷静的笔调，堆砌一个人的生平和德行，无论当事人觉得多么有趣，都难免枯燥乏味，和描写场面宏大的历史事件相比，远不能打动普通读者"。[13]康杜伊特别无选择，牛顿没有轰轰烈烈的事迹，他一辈子矜持寡言，安静治学，远离公众喧嚣。这的确让他的传记十分寡淡。

不过，康杜伊特为这种新型传记找到了一个全新理由：这是一个人类知识急剧增长的时代（它如今被称为"科学革命"[the scientific Revolution]），而牛顿在其中贡献良多。他写道，思考像牛顿这样的人取得的"神圣的思想结晶"，和"追随征服者的脚步，穿越血腥混乱的战场"一样，都能使心智得到极大满足。和那些残暴的战争领袖相比，牛顿更有资格成为人生的榜样。他的一生"勤勉、执着、谦逊、虔诚、不存一丝恶念"，体现了"普适的美德"，比起凯撒和亚历山大，更应为世人效法。然而，虔敬的德行并非为牛顿立传的全部理由。作为一位自然哲学家，正是牛顿提出了全新的思想体系，大大扩展了人类思想的疆域，他无疑是一位"思想上的征服者"。[14]凭借着那些震惊世界的新发现，他足以在供奉伟人的万神殿中享有一席之地。

康杜伊特记录下亲朋好友对牛顿的回忆。他四处搜集有关牛顿的生平轶事，其中包括一些大人物，如哈利法克斯伯爵(Earl of Halifax)，阿巴思诺特博士（Dr. Arbuthnot），理查德·本特利（Richard Bentley)等。本特利和牛顿之间有过多次书信往来，正是他敦促牛顿澄清其引力理论中的宗教意涵。此外，还有牛顿的子侄辈亲属，其中自然包括康杜伊特的夫人、和牛顿具有一半血亲关系的外甥女凯瑟琳。[15]牛顿晚年时，曾接受过康杜伊特的一次专访。他回忆了一些童年往事，那些都是将近75年前的事儿了。这些故事构成了日后所有关于牛顿生平与性格叙事的内核。那个关于他的出生并侥幸存活下来的故事，应该是发生在牛顿身上最早的一则趣事。据说牛顿刚出生时身子很小，小到可以恰好装进一夸脱①的小锅里，眼看他是如此羸弱，那些本该去通告喜讯的女人们"在路边的台阶坐了下来，说不必着急报信儿，因为她们确信，等她们回来的时候，这个孩子就已经死掉了"。[16]

尽管降生时如此脆弱，牛顿却逐步（用康杜伊特的话说，是"义无反顾地"）开始攀爬人类思想的阶梯，并且从未后退一步。他出身贫寒，在学校常受欺负。有一次，他被另一个男生"一脚踹到肚子上，疼痛难忍"，他打了回去，教训了那个孩子，不久又用学习成绩再次打败他，实现了身体和精神上的双料复仇。从此，他开始在班级中名列前茅。根据康杜伊特的说法，从很小的时候开始，牛顿便学会写作，并用写作来学习其他技能，他希望成为"自

---

① 英制一夸脱（quart）等于1.1365升。——译者注

己手中笔的主人"。早年的写作和素描作品，体现出他极其活跃的思维。"有一个用得很旧的口袋本，上面写着他的名字和当时的日期1659年，在这个小本子里，他记下了一些绘画和制作颜料的方法。"[17]牛顿仿佛从没有撂下过手上的笔。康杜伊特透露，在格兰瑟姆老家的墙壁上，画满了牛顿童年时期留下的涂鸦，"有飞鸟、走兽、人物和精心设计的船只，很多人都记得牛顿画过一些风景画和人物画"，其中有被砍头的英王查理一世的头像、约翰·多恩①以及"他最敬仰的教师斯托克斯先生(Mr Stokes)"。[18]

在大学期间，牛顿建立了良好的学习习惯，掌握了出色的研究技能。他养成了影响其一生的好习惯——记笔记。他"几乎总是笔不离手，书不离身"。[19]他的第一本笔记写于本科一年级，此后始终坚持这一习惯。在一本很小的笔记本上，他记录下一系列"某些哲学问题"(certain philosophical questions)，这些问题构成了他此后一生的思考框架。几十年后，他依然时常提起这本青年时代的笔记。在这一时期，他掌握了基本的研究技能，使他日后能在诸多领域得心应手，如自然哲学、炼金术、神学、教会史等。他的能力并不局限于高超的数学技巧，或在物理学和光学上的敏锐洞察，而是包含一些更为基本的能力：比如对某一文本进行批判性思考的能力、记笔记的能力，这些笔记奠定了其创造性工作

---

① 约翰·多恩(John Donne, 1572—1631)，英国玄学派诗人，散文作家，作为教会人士和布道者，对英国国教观点的形成作出了贡献。——译者注

的基础。牛顿记笔记的习惯始于17世纪60年代，但直到1727年，在康杜伊特看来，这种方法仍十分新颖，他感到有必要详细说明，牛顿如何"习惯于记录下阅读时的每一条心得体会，并将其总结为一篇更长的摘要"。可以说，从牛顿学术生涯的一开始，便已具备了坚韧不拔、高效多产的品质。"他身后留下的那一大摞亲手书写的、零散污浊的手稿……其中一些内容会反复抄写六七次之多"，[20] 正是对牛顿一生勤勉工作的最佳写照。

康杜伊特发现，手稿中有很多重复的内容，他认为这需要一个解释。他试图在方方面面美化牛顿，为此他解释道：这恰恰是牛顿坚韧品格的绝佳证明，因为他正是在反复地抄写一段文字的过程中，不断思考，力求完美。有必要指出，后世研究者同样注意到手稿的这一特点，但他们的解释并非都是如此正面。

康杜伊特还提到一些手稿受损的事。有一次，牛顿急着出门见客，匆忙间将蜡烛遗忘在刚刚书写的手稿上，等到回来后才发现，蜡烛已经把手稿点着了，这些手稿中记录了他在数学和光学方面的工作。[21] 在升任造币厂的厂长前，牛顿曾担任督办。他在这个职位上干了四年，那时，每逢有对伪造货币者的审判，他都要亲自出席。他在任时写过大量公文，后来和别人一起把这些文件都烧了，那是"满满一大箱他亲笔书写的文件"。[22] 最后，康杜伊特记录了牛顿临终时的景象，这位伟人神志清醒，仿佛还能继续写作，他"那只瘦小而纤长的手"稳健如故，直至生命的最后一刻。[23]

康杜伊特尝试对部分手稿进行分类和编辑。例如，牛顿有一份题为"君主制的起源"（The Original of Monarchies）的手稿，这是一份约70页的著作，康杜伊特做了大量笔记，详细列出每页的内容，并且（像现代编辑那样）记录下牛顿增加或删改的地方。他敏锐地意识到，这些增删的部分无疑是了解牛顿思想变化的最好证据。他的这一观念大大超越了他所处的时代。关于出版，康杜伊特也表现出了其特有的深思熟虑。虽然牛顿的亲笔手稿本身足以激发人们的兴趣，但这并不意味着值得出版。为了得到合理的结论，他画了一张表格。表格一侧列出手稿出版的理由，另一侧列出不出版的理由。反对出版的理由包括：一部分手稿的内容已经在《年表》公开过，而有一些未出版的内容，按康杜伊特的表述来说是"非常不完整"的。支持出版的理由是大部分手稿还算完好的，且尚未公开。更重要的是，它们是牛顿的手稿，因为"无论这些手稿多么不完整，其中必定包含了一些对公众有价值的内容"。[24]

在康杜伊特看来，只要是牛顿留下的文字，其中必定具有某些价值，这一理由相当有说服力。事实上，在他写下这些话后不久，"君主制的起源"便获得了出版。但这是极少的个案，在此后的近一百多年里，这一摞摞厚厚的手稿再也没有获得出版的机会，甚至直到三个世纪后的今天，大部分手稿依然晦涩难懂、不为人知，和康杜伊特的时代别无二致。康杜伊特是和牛顿走得最近的人，正是他提出要为这位英国的国民英雄树碑立传。然而，他最终没有完成自己的宏愿，没有完成传记的撰写，甚至谈不上取得任何实质上的进展。他仅仅留下一些未完成的潦草笔记，尚不足以描绘牛顿辉煌的一生。

手稿中的有些内容，康杜伊特不用看也知道是些什么：那是牛顿对基督教信仰满怀激情的毕生探索。尽管这部分内容极其复杂且饱受争议，但可归结如下：牛顿相信，基督教的教义遭到了公元4世纪早期教父们的恶意篡改，他们在三位一体学说中赋予基督一个平等的位格。在牛顿看来，一个完整的、真实的教会史，将揭示一个被长期遗忘或从未被发觉的事实：基督从属于天父上帝。他的这种信仰被称为"反三一神论"(anti-Trinitarianism)，因为它否定了承认圣父、圣子、圣灵的三位一体学说。以当时英国国教的观点来看，这种思想是不折不扣的异端。

如果人们发现，所谓的启蒙理性之父——牛顿实则是一个偏执的异教徒，对现代新教主义的诅咒充满暴力血腥的描述、仇恨恶毒的攻击，对人类救赎的命运忧心忡忡，这将造成怎样的后果呢？牛顿是一位基督徒，无疑也是一位"天才"，然而无论是康杜伊特，还是其他参与到整理手稿中的人，都没有兴趣将这些惊世骇俗的宗教见解公之于众。那时，具有异端信仰的人会被送入大牢，甚至还会被判处死刑。尽管在英格兰，类似的极刑已很久没有出现过，最后一例因宣扬"反三一神论"而判处火刑的案件发生在1612年，但在苏格兰，因散布有关基督道成肉身的异端思想，托马斯·埃肯海德(Thomas Aikenhead)还是在1697年被施以绞刑。

虽然这部分手稿令牛顿的支持者们感到难堪甚至恐慌，不过由于手稿的数量庞大、内容杂乱，反而起到了某种保护作用。能够读懂《原理》(*Principia*)的人已经很少了，而那些包含着历史学与年代学大量引文的宗教手稿，杂糅着定量语言和象征术语的化学手稿，能读懂的人更是少之又少。更重要的是，整个手稿混乱不堪，无序、错位、缺页的情况比比皆是。除非思维异常敏锐，否则根本无法将其破解。

康杜伊特最终放弃了牛顿传记的写作，原因可能不止一条：或许是他搜集到的素材过于杂乱；或许他担心自己的传记不够优秀，配不上牛顿的大名，因而产生了巨大的压力；或许是为了维护遗产继承人的利益不断奔波，挤占了他的写作时间；或许是担心部分手稿中的内容会令牛顿死后蒙羞，使他左右为难；等等。所有这些因素加起来，最终让他选择了放弃传记写作。

作为手稿的继承人，康杜伊特竭力维护牛顿的身后之名，他有动机也有手段保守手稿的秘密。他将手稿藏在自己家中，使之远离外界窥探的目光。康杜伊特于1737年去世，他被安葬于威斯敏斯特大教堂，在牛顿陵寝的右侧。两年后，凯瑟琳去世，与丈夫合葬在一起。康杜伊特生前是和牛顿走得最近的人，死后依然如此。每当人们前来凭吊牛顿，也不忘对他表示敬意。而在不远处，记载着牛顿复杂信仰和广博兴趣的手稿，则消失于公众视线之外，等待着下一个被重新开启的时刻。

注释

[1] Cited in Richard S. Westfall, *Never at Rest: A Biography of Isaac Newton* (Cambridge, UK: Cambridge University Press, 1980), 870.

[2] John Conduitt, "Drafts of various sections of the Memoir of Newton," Keynes Ms. 129.02, 4r–v, King's College, Cambridge. (All Keynes manuscript material is held at King's College, Cambridge.)

[3] Keynes MS 127a.5.

[4] 引文来自 the codicil to Kitty Conduitt's will January 26, 1737, 全文收录于 D. Brewster, Memoirs of the Life, Writings, and Discoveries of Sir Isaac Newton, 2 vols. (Edinburgh: Thomas Constable, 1855), vol. 2, 341, n51。

[5] Conduitt's copy of Pellet's list is Keynes MS 127a.4. 以下引用均参考自另一版本，刊载于 Charles Hutton, A Mathematical and Philosophical Dictionary...In Two Volumes (London: J. Davis, 1795), vol. 2, 155–157.

[6] Isaac Newton, *The chronology of ancient kingdoms amended. To which is prefix'd, A short chronicle from the first memory of things in Europe, to the conquest of Persia by Alexander the Great* (London, 1728).

[7] Isaac Newton, *De mundi systemate liber Isaaci Newtoni (*London, 1728); *Isaac Newton,Observations upon the prophecies of Daniel, and the Apocalypse of St. John. In Two Parts*(London, 1733).

[8] John Aubrey to Anthony Wood, February 23, 1674, Bodleian MS Wood F 39, f255, cited in Michael Hunter, *John Aubrey and the Realm of Learning* (London: Duckworth, 1975), 65.

[9] Cited in Hunter, *Aubrey*, 65.

[10] John Conduitt, "Fair Copy of the Memoir of Newton," Keynes Ms. 129.01.

[11] Keynes MS 131a, 1.

[12] Keynes MS 130.12.

[13] Keynes MS 130.02, 1.

[14] Keynes MS 130.02, 3.

[15] Keynes MS 130.07.

[16] Keynes MS 130.10, 1r.

[17] Keynes MS 130.02, 20.

[18] Keynes MS 130.02, 20.

[19] Keynes MS 129.01, 8r.

[20] Keynes MS 129.02, 4r.

[21] Keynes MS 130.10, 3r.

[22] Keynes MS 130.07, 3r.

[23] Keynes MS 130.15, 1.

[24] Keynes MS 130.02, 90r.

第 3 章
身不由己

　　人们不难料想，在 1727 年牛顿去世之后的十几年里，他的支持者们会忙个不停，不断巩固他的声望，把他塑造成一位德行虔诚的圣徒、具有神性的学者。这正是康杜伊特希望讲述的故事。这个故事仿佛那尊洁白的大理石雕像，伴随着威斯敏斯特大教堂中安息的牛顿，卷曲的石制装饰环绕着他，似乎在守护着一个供人缅怀的永恒之梦，他的不世功名，将如那些荣誉勋章，被永远铭刻。他遗留的手稿，将不会出现在故事里，那是其个人秘密和阴暗一面的最终残余，由他最坚定的守护者隐藏起来。

　　然而，事实并非如此。人们确实撰写了悼词、铸造了勋章、谱写了诗歌，悼念这位伟大的英国思想家。只不过，巩固牛顿名声的工作并没有立刻展开。在他去世后的头几年，甚至几十年里，有关这位伟人信仰的流言蜚语就已经传播开来。这些流言表明，牛顿即便不是彻头彻尾的异端，也比最激进的新教徒走得更远。人们并不在乎手稿里究竟写了什么，仿佛即便知道了，也不过是印证了流言的准确。这些半公开的流言，仿佛是一幅画作最后的点睛之笔，反倒吸引了人们的目光，定睛观瞧。

牛顿的异端思想，在其生前已多少露出些马脚，细心的人不难察觉其中的端倪。1713年，《原理》第二版出版了，牛顿为其增加了一篇附录，名为"总释"。在"总释"中，牛顿勾勒出了自己宇宙体系中的上帝形象：祂无处不在、全能全知。这样的上帝观，几乎没有为其他学说留下任何解释空间，包括三位一体学说。如果上帝无处不在，那么基督如何享有完全的神性呢？对于留心观察的人来说，牛顿在看似平实的叙述中，已经暴露了自己的反三一神论思想。

牛顿的社交生活也提供了部分证据，只要看看他所交的朋友、他所在的圈子，就不难发现这一点。这些人中包括哲学家、牧师塞缪尔·克拉克（Samuel Clarke）和数学家、神学家威廉·惠斯顿（William Whiston），两者都曾公开宣扬激进的异端信仰，尤其是惠斯顿。克拉克是牛顿最信赖的知己之一，他于1712年出版了一本书，证明圣经本身不能支持三位一体学说。惠斯顿走得更远，他辞去了剑桥大学的教授一职，在公共场合大肆宣讲反三一神论。牛顿公开和他们过从甚密在一起，本身就表明了自己的离经叛道。甚至在牛顿生前，惠斯顿就曾大胆公开暗示过牛顿的信仰。[1]比较温和的评价来自理查德·米德，他是牛顿的私人医生，两人私交甚密。米德认为，牛顿是一名基督徒，相信"上帝的启示"，但他同时承认，对于那些"构成我们正统信仰的所有教义"，他并不全信。[2]

牛顿在世时，人们对他的信仰状况有一定的了解或猜测。但这并不是人们关心的话题，或许是因为拒绝相信，缺乏兴趣，或许是希望维护他的声誉。不过，在牛顿去世几年后，他的反三一神论思想日渐变得公开，成为公开争论的话题。参与争论的人群里，有些人试图揭开秘密，这些秘密一度因牛顿巨大的社会威望被压制，而另一些人则企图浑水摸鱼、借题发挥，从中牟取私利。

　　就在牛顿去世后不久，一些人写信给康杜伊特，劝说他出版牛顿的宗教手稿。面对日益高涨的反宗教启蒙思想，他们期待这些作品的出版，能够揭示牛顿的另外一面，他不仅仅是一位学者、科学家，而且是一位上帝的子民。牛顿的生前挚友、数学家约翰·克雷格(John Craig)希望这些手稿能使人们明白，牛顿是以上帝之名研究自然的"人们根本不了解他，他们想当然地认为，他仅仅钻研几何学和哲学，却疏于在宗教方面的研究"。尽管知道牛顿的宗教思想有违传统，克雷格依然呼吁尽快出版手稿，以便更正那些"无信仰者"的错误观念。他们声称牛顿之所以研究宗教，不过是其年老智昏的结果。克雷格写道："然而现在，我们希望，受人尊敬、办事干练的康杜伊特先生，能够将手稿出版，从而让全世界看到，牛顿爵士是一位优秀的基督徒，正如他是一位优秀的数学家和哲学家一样。"[3]在克雷格看来，牛顿的信仰恰恰证实了他的虔诚，而非他异端思想的证据。

　　另外还有一些人，宁愿放弃证明牛顿虔诚的机会，唯恐反三一神论玷污了他的名声。苏格兰牧师罗伯特·伍德罗（Robert

Wodrow）就是这样，他曾打听过"艾萨克·牛顿爵士生前留下的"那些手稿的情况，关心其中涉及宗教的内容。当伍德罗从牛顿的好友、苏格兰数学家科林·麦克劳林（Colin MacLaurin）那里得知，"人们没有在手稿中看到任何与神有关的内容"之后，他长舒了一口气，或许他早已对牛顿的异端思想有所耳闻。即便是死后，牛顿的影响力依然很大，大到"哪怕是他笔下的轻微暗示，即便并非来自他的深思熟虑，也会被公众无限放大、囫囵吞下"。[4]

当然，手稿中的内容远比"轻微暗示"严重得多，不过，只要手稿依然处于保密状态，就不会引起麻烦。康杜伊特辩称，正如手稿表明的那样，牛顿是启示宗教的坚定信奉者，但他的"基督教观念并非建立于狭隘的思想基础之上"。[5]这句话可以产生两种不同的理解：一种是牛顿开放的宗教态度，在于他能够包容不同的宗教观念，第二种理解是，他之所以秉持开放的宗教态度，正是因为他本人持有非主流的宗教观念。本来牛顿偏离正统信仰让他处于不利的危险境地，但经过康杜伊特的一番诡辩，他的形象反而变得宽容高大起来。

自然，不可能人人都买账。两年后，罗伯特·伍德罗再次从麦克劳林那里获悉，牛顿留下的一沓"圣经预言"的手稿，其中包含了关于预言的"古怪想法"，这一次他可以肯定，牛顿在里面"明确地表达了圣子服从于圣父的想法"。现在，反对和支持反三一论的两大阵营，无不翘首企盼这位伟大科学家的意见。伍德罗写道，"英格兰上下热切期待"手稿中有关预言内容的曝光。[6]

两份手稿的出版，一定程度上满足了这种期待。《年表》出版于1728年，《评论》于5年后出版，这两部著作的问世，再次引发了人们对牛顿信仰的关注。人们对两部作品褒贬不一，取决于他们自身的反三一神论立场。这两部著作中都没有露骨的异端思想，但牛顿偏离主流信仰的蛛丝马迹，仍难逃部分读者的火眼金睛。如果说在《年表》中很难找到明显的异端思想，那么《评论》，单单是献词部分，就足以让牛顿暴露。牛顿将这本著作献给彼得·金（Peter King），金是一位著名的反三一神论人士，他是约翰·洛克（John Locke）的表兄，一直充当牛顿和洛克的中间人。牛顿和洛克间曾有过通信，交流了对圣经经文的激进阐释，如果将两人讨论的内容公之于众，他们的异端思想将立刻大白于天下。[7] 牛顿寄给洛克的一篇论文，标题为"圣经中两处显著讹误的历史解释"。通常认为，《约翰福音》和《提莫太书》中两段经文支持了三位一体说。但在这篇论文中，牛顿参考了古代手稿，指出经过数百年间的抄写和翻译，这两段经文早已讹误迭出、面目全非。尽管牛顿原本打算让洛克将论文匿名发表，但后来又改变了主意，导致论文在他生前始终没有出版。不过，这篇匿名作品早已在小范围流传，包括惠斯顿在内的很多人都读过它，而且纷纷猜测作者是谁。

在《评论》中，牛顿采取了一种法庭论辩式的方法，用以分析圣经经文，从而理解预言象征意向的真实含义，在世界史中寻找神圣天启的证据。对于牛顿来说，这类研究绝非仅仅出于"纯粹的"历史学兴趣。自基督诞生以来，人类世俗的历史，不可避免地和圣经中的预言相联系，而这些预言表明，神的意志不仅施行于过去，也将作用于未来。事实上，将历史事件和圣经的描述相对应，从而破解圣经中已经实现的预言，已经是一种众所周知的研究方法。然而，《但以理书》和《启示录》向来以艰深晦涩著称，书中充满了怪异的符号和象征，很难在历史上找到明确的对应物。牛顿却迎难而上，专啃这些深奥的经卷，希望在一系列怪兽和巨龙的象征符号中，破解出基督教世界的历史。

在牛顿看来，越是难以破解的符号象征，越是重要。他相信，古人并不使用普通的语言，而是采用符号和富有诗意的方式讲话，就像《但以理书》和《启示录》中体现的那样。这些经卷中所描述的戏剧性的场景代表了一个个事件，如七个封印、地震、饥荒、天降陨石，这些事件或是已经发生在过去，或是即将发生在未来。在《评论》中，牛顿的目标是将这些离奇的描述，例如七大封印的开启和巴比伦妓女的到来，同历史上的真实事件一一匹配。如此一来，他便可以确定，在最终的审判日来临之前，还有多少预言没有实现。牛顿对那些高度意象化的描述进行了大胆诠释，再利用一些公认的解经策略（比如将预言中的"一天"理解为"一年"），最终制成了一张大事年表。尽管预言年表可以用来占卜未来，但牛顿并没有落入这种俗套，他拒绝为未来的事件标明具体日期。上帝诉诸预言，"并非让人们预知将来，以此满足好奇之心，而是等这些事一一应验之后，人们能够对其加以解读，从而知晓是上帝的旨意，而非诠释者的旨意，施行于地上"。[8]对牛顿来说，历史提供了上帝的旨意施行于世间的种种证据，比人们预想的要多得多。

人们对这些新出版著作的反应相当复杂。和今天一样，人们只能看到他们想看到的东西。伏尔泰——他的宗教信仰令人捉摸不透，或者根本就是个无神论者——解释说，《年表》不过是牛顿从"更严肃研究带来的疲劳"中摆脱出来的一种精神放松，即便如此，这部著作依然显示出了"艾萨克·牛顿爵士天才般的创造力，一如他在所有研究中所表现的那样"。[9]对于牛顿改革年代学的决心和充满争议的结论，伏尔泰表示支持，他同时指出，牛顿"向我们表明，他在自己擅长的领域更有一套"，因为他将天文观测而非历史假设，作为自己修订年表的依据。[10]

不过，伏尔泰主动远离了这场争论。绝大部分回应牛顿著作的人士，依旧来自支持或反对反三一神论的双方，其中支持一方尤为积极。出乎正统教义守护者预料的是，牛顿的著作似乎并未改变人们的想法，他们曾一度非常担心其中的"有毒"思想。归根到底，神学上的争论素来旷日持久，牛顿著作不过为攻伐双方补充了弹药。这既非第一次，也不是最后一次。

阿瑟·贝德福德（Arthur Bedford）牧师愤然反击，他曾写过一部著作，专门抨击英国"可憎的渎神和不虔行为"。他目睹了种种危险的道德滑坡，在他看来，牛顿对正统教义的偏离，证明存在着一股凶险的潜流，企图摧毁基督教世界的权威。他警告说："我们身处这个时代，必须倍加小心，古代和现代的异端开始复兴，正在对我们救世主的神性大肆攻讦。"[11]在所有异端复兴者中，牛顿罪大恶极，他所编写的年表，与上千年来圣经的正统读法不符，这部著作的"毒性"如此之大，以至于"在没有解毒剂的情况下，不能公之于众，要是解毒剂的效力不够，就更不应该公开"。[12]

然而一切为时已晚，《年表》已经出版了。贝德福德为牛顿开脱，认为人们没有尊重他本人的意愿。他写道，牛顿告诉我们，他写这部作品"不是为了公开出版"。按贝德福德的讲法，牛顿完全清楚，他无法采用证明自然哲学的方法，证明其年代学研究的真理性。在一处注释中，贝德福德近乎绝望地辩称，牛顿本人深知，他的年表"将在世上引发新的纷争"。[13]

另一些回应牛顿著作的人，则以轻蔑而恶毒的口吻，搬出了臭名昭著的异端——阿里乌派。该教派得名于基督教早期长老阿里乌斯(Arius, 250—336)。阿里乌斯声称，圣子由圣父创造，因而低于圣父上帝。他在公元4世纪被判为异端，自此之后，任何与他沾边的东西，都被主流的基督教派所嫌恶。在有些人看来，牛顿信仰上的偏离，最接近于阿里乌斯及其追随者。剑桥抹大拉学院院长丹尼尔·沃特兰(Daniel Waterland)，批评牛顿的《评论》"处理预言争论的立场，是站在阿里乌斯教派一边，它愚蠢至极，不堪一驳。除此之外，艾萨克爵士讲述的，大部分是错误的历史"。阅读《评论》时，沃特兰在"空白处记满了潦草的笔记"，记录下牛顿的种种错误，以示他压根不配作为一位历史学家。[14]作为一名自然哲学家，牛顿是出色的，但他应该扬长避短，而不要插手其他领域，"显然，他不得其所，根本不清楚自己讲了些什么"。[15] 这是对康杜伊特观点的有力反驳，在康杜伊特看来，牛顿笔下的一切都值得一读，哪怕不是科学上的内容。[16]

或许，正是这两部著作的出版及其引发的争议，促使凯瑟琳·康杜伊特在1737年修改了遗嘱。在新加的补充条款中，她表示，"如果上帝继续保守她的生命"，他们夫妇二人日后在出版神学手稿方面，将会更加严谨审慎。在完成这项工作之前，自己若是"有个三长两短"（在日后牛顿手稿的众多编辑中，这种情况并不罕见），则请遗嘱执行人将手稿移交阿瑟·阿什利·赛克斯（Arthur Ashley Sykes）博士。赛克斯是一位多产的作家，发表过不少宗教论战作品，曾公开支持塞缪尔·克拉克。因此，他具备出版手稿的能力，可以确保手稿不至"埋没于世"。[17] 赛克斯是个不错的选择，1737年，他公然支持大批反三一神论者，证明自己是个精力旺盛的煽动分子。他会如何处理所继承的神学手稿呢？他本人的反三一神论信仰，是否会激励他出版更多的手稿呢？

我们永远不会知道这些问题的答案了。在遗嘱附加条款签署后不久，康杜伊特夫妇相继离世，而凯瑟琳的遗嘱却并没有被立即执行。1740年，她的女儿姬蒂·康杜伊特（Kitty Conduitt）嫁给了约翰·沃洛普（John Wallop），后者来自朴茨茅斯（Portsmouth）家族，头衔是利明顿子爵（Viscount Lymington）。这场婚姻将牛顿的后裔和古老显赫的贵族家庭联系起来。他们的儿子也叫约翰·沃洛普，他日后成为朴茨茅斯伯爵二世，继承了牛顿手稿。1754年，在未经授权的情况下，牛顿写给洛克的信出版了，出版时采用了具有误导性的标题：《艾萨克·牛顿爵士致勒·克莱尔先生的两封信》（*Two Letters of Sir Isaac Newton to Mr Le Clerc*）。或许受到这件事情的影响，1755年，小约翰·沃洛普将遗嘱指定的那份神学手稿寄给了赛克斯。然而，这位好辩的神学家，没有等到手稿变为铅字的那一天，他于第二年去世，手稿由杰弗里·伊金斯(Jeffery Ekins)牧师继承。伊金斯是卡莱尔大教堂的教长，他生性保守、谨小慎微。于是不出所料，伊金斯及其后的继承人们将手稿封存起来，直到1872年才将它们捐献给牛津新学院。此后，这些手稿一直保存在那里。[18]

与此同时，余下的手稿，包括大部分的神学手稿，都留在了朴茨茅斯家族。朴茨茅斯家族生活在位于汉普希尔的伯爵祖宅——赫斯特本庄园(Hurstbourne Park)。这家人很注重保护个人隐私，并感到继承的牛顿遗物多少是个负担。约翰·康杜伊特曾向和牛顿血缘最近的七位亲属承诺，手稿绝不会在未经他们授权的情况下出版，使他们蒙受损失，为此，他特意拿出2 000英磅作为担保。由于担心失去这笔巨款，面对任何查阅手稿的请求，手稿继承人都必将小心翼翼、反复斟酌。朴茨茅斯家族不愿轻易公开手稿的可能原因有很多，比如担心失去那笔担保金，试图掩盖其中引发争议的内容，讨厌和陌生学者打交道，或仅仅是懒得去捡饬那堆数量庞大的手稿。总之，他们总是制造重重障碍，将登门查阅手稿的学者拒之门外。在大约牛顿去世的30多年后，朴茨茅斯勋爵曾回绝了一位来访者，他的理由是，自己拥有的牛顿手稿"体量过于庞大，查阅起来费时费力"。[19]

图3.1　1783年的赫斯特本庄园，朴茨茅斯家族祖宅所在地，牛顿手稿在此存放多年。承蒙汉普希尔图书情报社供图。

　　不过，仍有少数人企图刺破朴茨茅斯家族的坚硬外壳。1775年，科学家、国会议员、皇家学会秘书塞缪尔·霍斯利（Samuel Horsley）递交了一份申请，提出"以订购发行的方式，出版艾萨克·牛顿爵士的著作全集，包含注释和评论，总计五卷，以四开本印刷"。霍斯利是一位坚定的英国圣公会牧师，几乎不清楚牛顿手稿中的内容。皇家学会一致同意霍斯利的这项计划，全权授权

图3.2　1777年，塞缪尔·霍斯利拜访了赫斯特本庄园，但在他编辑的《牛顿存世作品全集》（*Isaaci Newtoni Opera quae extant Omnia*, 1779—1785）中，几乎没有用到任何朴茨茅斯手稿里的内容。ⓒ国家肖像美术馆，伦敦。

于他主持该项工程，赞扬这一工程是"国家的至高荣耀，对科学极端重要"。他们授权霍斯利可以查阅学会收藏的所有相关手稿，并指派了一名图书馆馆员协助他的工作。

到了1777年，霍斯利"历经周折"，终于找到机会查询赫斯特本庄园中的手稿。这真是一场来之不易的成功，他后来向其出版商威廉·鲍耶（William Bowyer）吹嘘过此事。进入庄园之后，在一个储藏柜和三张写字台的抽屉里，他发现了"胡乱打成捆的"手稿。他为手稿编制了一份简单的目录，并在几个星期之后返回更加认真地查阅了数学方面的手稿。他还在手稿中插入了一些小纸条，上面亲笔标明了哪些手稿适于出版。和30多年前的托马斯·佩莱特一样，霍斯利也将一部分手稿简单标记为"零散的"或"污浊的"。不过，在和微积分有关的手稿中，他识别出了"一份论三次曲线求积的手稿，包含有关流数法的只言片语"。[20]面对手稿，霍斯利似乎显得有些心不在焉，其实他有自己的苦衷。他对大部分的手稿内容避而不谈，一部分原因固然在于他刻意忽略了某些主题，而且有些手稿明显是反三一神论的，但更单纯的原因则是他正面临着巨大的出版压力，已经有订购用户催促他出版手稿。在写给皇家学会的报告里，霍斯利声称，朴茨茅斯手稿中只有9份值得出版，涉及牛顿在几何、数学和光学方面的研究。皇家学会委员会认可了他的报告，并在反馈意见中指出，承蒙朴茨茅斯伯爵的慷慨分享，这些手稿的出版将会"对科学起到巨大的帮助"。[21]

1779年至1785年，霍斯利主持的五卷本牛顿全集陆续出版，新版本并没有增添什么新鲜内容，他只是零星参考了在赫斯特本庄园中的原始手稿，修正了以前出版的作品因抄本讹误而产生的错误。霍斯利的所作所为不免让人感到奇怪，毕竟，他是唯一查阅过朴茨茅斯手稿的人。他最终放弃出版更多的手稿，或许是由于出版日程日渐紧迫，或许是因为到访赫斯特本庄园的时间太晚，但最有可能的原因，应该还是手稿中的异端思想内容。手稿中包含了牛顿的所思所想，要重新激活这些思想，任务繁重且风险巨大，霍斯利显然并非合适的人选。他1788年出任英国圣公会主教，观念保守，想必对牛顿的反三一神论十分反感。事实上，

1778年末，在牛顿全集即将出版前夕，霍斯利突然辞去了皇家学会会长一职，并退出了委员会，他和皇家学会的关系就此戛然而止。五卷本牛顿全集的整理出版成为他在皇家学会任期内最杰出的贡献。

尽管凯瑟琳·康杜伊特渴望出版更多的牛顿神学手稿，而且无论是活跃的圣公会牧师还是他们的反对者，都对牛顿的宗教观点怀有浓厚兴趣，18世纪内再没有新的手稿公开出版。随着时间的流逝，那个作为复杂个体的活生生的牛顿，那个按约翰·康杜伊特所言，其信仰并非"建立于狭隘的思想基础之上"的牛顿，逐渐被人们所遗忘。取而代之的是一位更圆润、更神秘的牛顿，其周身的棱角已被时间磨平，眼神中闪着神性的光辉，面容上没有一丝异端的阴影。

迈入19世纪的牛顿仿佛一具风干的木乃伊，他被层层包裹着，免受历史力量的侵蚀。他的声名与著作被神化，而作为凡人的弱点则被遗忘。在18世纪，有关他宗教信仰的零星证据不时出现，少数人经常会捕风捉影、借题发挥，但终究没有产生广泛的影响。牛顿的支持者们期望着在他一手建立的科学殿堂中，他能够免受打扰，长眠不朽。

注释

[1] For which see William Whiston, *A Collection of Authentick Records* (London: 1728), 1070–1082.

［2］ Mead to Stukeley, London, April 4, 1727, Bodleian MS. Eng. misc. c. 114, f. 50, cited in David Boyd Haycock,*William Stukeley: Science, Religion and Archaeology in Eighteenth-Century England*(Woodbridge, UK: Boydell, 2002), chapter 8, n57.

［3］ John Craig to John Conduitt, April 7, 1727, Keynes MS 132, f3.

［4］ R. Wodrow, *Analecta: or, Materials for a History of Remarkable Providences; Mostly Relating to Scotch Ministers and Christians*, 4 vols. (Edinburgh, 1842), vol. 3, 461–462.

［5］ John Conduitt, "Draft Memoir of the Life of Newton," Keynes MS 129.01, 12v.

［6］ Wodrow, *Analecta*, vol. 3, iv, 59.

［7］ See Scott Mandelbrote, "Eighteenth-Century Reactions to Newton's Anti-Trinitarianism," in *Newton and Newtonianism: New Studies*, edited by J. E. Force and S. Hutton (London: Kluwer, 2004), 96.

［8］ Isaac Newton, *Observations upon the prophecies of Daniel and the Apocalypse of St. John*(London, 1733), part 1, chapter 2.

［9］ Voltaire, *Letters concerning the English Nation* (London, 1733), 155.

［10］ Voltaire, *Letters*, 159.

［11］ Arthur Bedford,*Animadversions upon Sir Isaac Newton's Book, Intitled the Chronology of Ancient Kingdoms Amended*(London, 1728), 143. And see Arthur Bedford, *A Serious Remonstrance in behalf of the Christian Religion against the Horrid Blasphemies and Impieties which are still used in the English*

Playhouses (London, 1719).

［12］Bedford, *Animadversions*, 143.

［13］Bedford, *Animadversions*, 2.

［14］Waterland to Zachary Grey, February 5, 1735, British Library (hereafter BL), MS. Add. 5831, fols. 172r–3r, cited in Mandelbrote, "Eighteenth-Century Reactions," 99.

［15］Cited in Scott Mandelbrote, "Newton and Eighteenth Century Christianity," in *Cambridge Companion to Newton*, edited by I .B. Cohen and G. Smith (Cambridge, UK: Cambridge University Press, 2002), 409.

［16］有关牛顿年代学的方法与目标，及与他科学方法之关系的详细讨论，见 Jed Z. Buchwald and Mordechai Feingold, *Newton and the Origin of Civilization*(Princeton, NJ: Princeton University Press, 2012).

［17］Codicil to Catherine Conduitt's will, 全文收录 Brewster,*Memoirs*, vol. 2, 341, n51。

［18］该手稿现收藏于 Bodleian Library, Oxford, as New College Ms. 361. 1–4.

［19］Barton to Hanbury, March 25, 1757, Trinity MS R. 16.38:415r, cited in Whiteside, *Mathematical Papers*, vol. 1, xxv.

［20］手稿清单为 "Catalogue taken of Sr Isaac Newtons M:S:S: Octr: 15th: & 16th: in the Year 1777. By Wm. Godschall Esqr: & the Revd Dr: Horsley," Keynes MS 127A.4。有关霍斯利在赫斯特本庄园活动的详细描述，见 Whiteside, *Mathematical Papers*, vol. 1, xxv–xxxviii。这份有关流数法的手稿

残篇，编号为 Add. 3962.6，现收藏于 Cambridge University Library.

［21］ Royal Society (hereafter RS) Minutes of Council, July 9, 1778, vol. 6, fols. 346–50, cited in F. C. Mather, *High Church Prophet: Bishop Samuel Horsley (1733–1806) and the Caroline Tradition in the Later Georgian Church* (Oxford: Oxford University Press, 1992), 43.

第4章
精神失常

　　18世纪，远离公众视线的不只朴茨茅斯手稿。牛顿的痕迹遍布各处，在他的私人通信集和各大研究机构的档案馆中，皆有迹可循。比如皇家学会和格林威治天文台，就保存了不少有关牛顿言行的文字记录。整个18世纪，除了个别热忱老练的学者，这些内容广泛的档案几乎不为人知，它们将提供一个更为丰满的牛顿生平故事，远超康杜伊特的预想。然而，进入19世纪，人们探索历史的热情日渐高涨，狂热地挖掘逝者及相关文物。科学精神打破了世纪之交的宁静，人们逐渐意识到，历史学之中也存在着客观与真理，而且丝毫不比天文学和物理学来得少。拿破仑入侵埃及，带回了各种消息：高耸入云的金字塔、装点宝石的法老墓、不可思议的古代遗迹，令人目不暇接。玛丽·安宁（Mary Anning）在多赛特海岸发现了恐龙化石，表明地球的历史比人们预想的还要久远还要离奇。为了扩张铁路，人们挖开了地层。他们惊讶地发现，原来过去时代的地层犹如书本中的纸张，一层一层叠在一起。新的档案信息从英国各地的橱柜和阁楼里不断涌现，对人物生平的发掘，一时之间蔚然成风。

到了18世纪20年代，拿破仑战争的硝烟已经散去，英国人将目光转向了如火如荼的产业革命。新兴中产阶级开始关注牛顿，好奇他的生平、他的天才特质，犹如越来越多的博物学爱好者对显微镜下的蝴蝶充满惊奇之心一样。无论是桥梁铁路，还是工厂车间，技术的影响比比皆是、前所未有，科学在社会进步中的作用越发凸显。显然，人们对牛顿日渐浓厚的兴趣，与这种时代氛围相辅相成。毕竟，他是英国的现代科学之父，揭示了宇宙定律，开启了科学探索的大门。

去世之后，牛顿一直是孩子们和成年人的榜样，他证明了人类具有近乎无限的潜能。19世纪初，关于牛顿的档案材料逐渐增多，即使一开始增加的速度很慢，但势不可挡，对之前三代人习以为常的牛顿形象构成了挑战，促使人们重新展开对其生平与人格的研究。眼下，人们不再停留于讨论其科学圣徒的地位，而是将他纳入一个更为关切的争论之中，即智力成就和道德境界之间的关系。在一本流行的教科书中，一个孩子问道："他是一位伟大的哲学家，同样也是一个善良的人(good man)吗？"[1]在浪漫主义时代，人们普遍关心"天才"及其精神状况，因此这时人们对牛顿的关注，首先是其心智状态而非宗教信念(尽管牛顿的反三一神论思想，依然会吓到许多基督徒)。这些争论，并非发生在死气沉沉的历史学会或精英沙龙里，而是出现在报纸书刊等大众媒体上，通常由顶尖科学家和日报记者执笔，吸引着新的识字群体和大胆的公众。

在这场争论中，之前未经检查的手稿起到了关键作用。在生前，牛顿曾为捍卫科学名誉而不懈斗争，在他死后，他的私人手稿又会不时爆出些新料，使得这些学术官司久无定论。不过这一次，有关牛顿为人的争论，新的信息则来自其他材料，主要源自其同代人的信件和日记，其中包括约翰·洛克、天文学家约翰·弗拉姆斯蒂德(John Flamsteed)和塞缪尔·佩皮斯(Samuel Pepys)。牛顿生前卷入的最激烈的两场争论，无疑是围绕微积分和光学理论展开的。他像律师一样，拿出了种种证据，也许是出于报复，也许仅仅是某种执念。然而至19世纪，这种对事实真相的关注变得更为普遍了。就连牛顿最忠实的支持者，也希望有朝一日能为自己的偶像辩护。这里的比喻是法律意义上的：先前未经披露的文件，如今将变为呈堂证供，让感兴趣的读者自行判断。

但是，新的文件产生了一个令人极度不安的悖论。尽管科学天才揭示了自然界中的普遍规律，但作为个体的人，他们又往往超越了人类理性和社会关系的一般法则。牛顿可以成为全人类的榜样吗？还是说，他根本就是一个超人，无论其他科学工作者怎样卖力工作、尽职尽责，都无法企及他的灵感与远见？这一问题的答案不仅关乎道德，而且关乎整个社会。如果牛顿的心智不受普遍法则的制约，那么将其当作理性的楷模，无疑是相当危险的。无论是保持本土的秩序，还是建立海外的霸权，科学的角色都至关重要。法国大革命结束不过数十年，人们依然心有余悸，担心英国是否会重蹈覆辙，滑向无政府主义和暴民政治的深渊。牛顿的成就固然是人类巨大潜能的象征，但如果他的天才无章可循，而且实际上还导致他本人的精神失常，那么他就远非一个值得效法的榜样。

最早提出牛顿有精神问题的，是法国人让-巴蒂斯特·毕奥（Jean-Baptiste Biot, 1774—1862），在一本法语百科全书中，他发表了一篇富有争议的牛顿传记。虽然这篇传记篇幅不长，只有短短66页，但却用煽动性的语言表明：这位启蒙运动的圣哲、英国理性的楷模，在55岁那年曾陷入无可挽救的疯狂状态。[2]传记指出牛顿一度精神失常已经十分过分，但毕奥做的远不止如此。他暗示，牛顿直到晚年才拥有信仰，言下之意是，走向上帝是他年老昏聩的结果。在他完成科学贡献之前尚且年富力强之时，上帝和科学从未在他身上共处。

在很多人看来，毕奥竟然会攻击牛顿的道德品质，这一行为简直不可饶恕，而更出乎人们意料的是，这样的攻击居然来自毕奥。因为从许多层面而言，毕奥是一位不折不扣的牛顿主义者，他是当时法国数学家圈子中的一员，这个圈子由皮埃尔-西蒙·拉普拉斯（Pierre-Simon Laplace）所领导，而拉普拉斯始终高举牛顿的研究纲领。这批法国思想家（savants）致力于将牛顿力学应用到各个尺度——大到天体的运动（即天体力学研究），小到毛细现象中的作用力。18世纪90年代末，毕奥成了拉普拉斯的学生，曾经

图4.1 1829年，毕奥撰写的传记表明，牛顿曾经一度丧失了理智。承蒙史密森学会图书馆（华盛顿特区）供图。

参与了老师的巨著——《天体力学》（*Mécanique céleste*）的校对工作，充分吸收了其中的精华。

毕奥是对牛顿体系进行现代化改造的领军人物，他解决了所谓的"不等式问题"（inequalities），这个问题至今依然是太阳系理论中的一部分。他还参与到有关光的本性的争论之中，做出一系列光的偏振性研究，试图搞清光究竟是一种波还是一种粒子。此外，他还研究过声音和折射现象。在这些研究工作中，毕奥始终表露出对那位英国自然哲学家的深深敬意，他甚至于1817年特地走访了剑桥，以表达"对牛顿的无限崇敬之情"。[3]

因此可以说，撰写百科全书中的牛顿辞条时，毕奥心怀敬仰，绝无刻意诽谤之意。然而，对牛顿科学成就的推崇，并未影响他对牛顿做出冷静客观的评价。1822年，这一百科全书辞条（在当时这是令人思想振奋的形式）在法国低调出版，法国人对牛顿的疯狂故事并不关心。直到7年后，当这部作品以英文出版时，才激起了一些人的愤怒。这篇译文由实用知识传播协会（Society for the Diffusion of Useful Knowledge）翻译出版，该学会在当时很有影响力。译文以小册子的形式出版发行，之所以选择这种发行方式，目的是扩大受众范围，使读者不仅仅限于有志推进科学和科学教育的中产阶级，还将涵盖工人群体——他们希望读到令人慰藉、具有教育意义的励志作品，在物质和精神上有所收获。不过，这种工人阶级温和改良的美好期待，被毕奥大胆的牛顿传记泼了一盆冷水。英国的改革者们始终将牛顿塑造为勤奋工作、刻苦学习的榜样，因此对他们来说，哪怕是一段历时短暂的精神错乱，也是不可接受的。

问题的关键在于，毕奥的指控中有多少真实成分。毕奥没有机会看到赫斯特本庄园里的手稿，但他发现了其他一些未曾公开的文件。这些证据表明，在1692年至1693年之间，牛顿有过一次严重的精神崩溃，有好几个月，他甚至完全丧失了行动能力，而且从未彻底痊愈。这些新的档案材料，对于毕奥的研究至关重要。毕奥认为，就像牛顿对自然世界所做的研究一样，现在必须要对他的一生进行一次详细客观的调查。新的证据来自于毕奥刚刚获得的一封信，信是由荷兰数学家、物理学家克里斯蒂安·惠更斯（Christiaan Huygens）于1694年写的。惠更斯和牛顿彼此相识，并且有过几次通信。在这封信中，惠更斯转述了一个叫科林（Colin）的人的话：在18个月前，牛顿"陷入了"某种精神错乱，他"丧失了心智，也许是因为研究太过投入，也可能是因为那场火灾令他悲痛欲绝，他的化学实验室和很多手稿都烧毁了"。科林接着说，牛顿向剑桥大学校长坦白，自己"在精神上错乱了"，他随后被限制在家，由朋友们照料。治疗是成功的，科林说，牛顿已经可以重新理解《原理》中的内容了。[4]根据毕奥的描述，在此之前，牛顿甚至连自己的伟大著作也无法读懂了。

　　除了惠更斯的信，毕奥的另一份证据，来自一位剑桥大学教师的日记，这名教师名叫亚伯拉罕·德拉普莱梅（Abraham de la Pryme）。他的记录表明，牛顿在剑桥的房子曾发生过一次火灾，大火烧毁了他的部分手稿和设备。这篇日记标注的日期是1692年2月3日，德拉普莱梅写道："牛顿先生从教堂回来，目睹了所发生的一切，所有人都感到，他一定会发疯的，当时他的状态很糟，在那之后的一个月里，他始终不太正常。"[5]毕奥指出，手稿被毁是牛顿精神崩溃的主要原因，他曾为此付出了巨大的心血。他无法集中精神，常常忘记自己是否已经就餐，在工作中也整日穿着睡袍。毕奥进一步分析说，多年沉浸在自然哲学之中的苦思冥想，也是导致牛顿精神崩溃的原因之一。他承受着繁重的研究工作，几乎将自己逼到了人类能力极限的边界，如同一位到达身体极限的运动员。牛顿展现出的激情与专注，固然是每一个天才所必备的品质，但这种激情和专注也容易转变为疯癫和执迷，并以惊人的速度消失殆尽。在毕奥看来，这类天才的命运如同点燃的火柴，虽明亮一时，但稍纵即逝——牛顿的火焰很快熄灭了。而在火焰熄灭之后，毕奥写道，牛顿从此"再没有"产出"新的科学成果"，只能不断打磨以前的作品。[6]

毕奥继续写道，那个生龙活虎、思如泉涌的青年牛顿远去了。晚年的牛顿枯燥乏味、思想平庸，在此期间，他书写了其大部分的（尽管不是全部）神学著作，此外还担任造币厂厂长和皇家学会会长。毕奥对老年牛顿的最高评价，就像惠更斯在信中所言，即恢复到了崩溃之前的状态，能够再次理解《原理》中的内容。他最后总结道，这场精神崩溃将牛顿的生命一分为二：前半部分致力于科学的突破，后半部分沉湎于神学的迷思。这其中的暗示显而易见：科学是完全理性的，而宗教则是非理性的。以毕奥的视角来看，这场精神崩溃是一个极有用的解释工具，可以继续保持美妙的自然哲学和陈腐的神学之间的界限。

毕奥文章的英译本很快招致激烈的反应。《评论季刊》（Quarterly Review）的一位书评人谴责该文是"一个法国人对最伟大英国哲学家的诽谤，尤其是，它居然旁敲侧击地暗示，牛顿在书写神学著作之前就已经丧失了理智"。[7]对很多人而言，问题的关键是毕奥的动机，他是否出于对"英格兰和基督教的敌意"，才如此践踏人们对牛顿的情感。无论怎样，对于那些将英国的荣誉和牛顿视为一体的人来说，毕奥的文章无异于是一种挑衅。

另一本和毕奥文章几乎同时出版的著作，同样令人忐忑。就在同一年，彼得·金为约翰·洛克撰写的新传记出版了。众所周知，金是牛顿生前的挚友。在《约翰·洛克的一生》（*Life of John Locke*）中，金披露了一封牛顿写给洛克的奇怪的信，落款的日期是 1693 年 9 月 16 日。在信中，牛顿对自己一系列的极端行为表示道歉，如谴责洛克不遗余力地想"让我和女人纠葛不清"，指责洛克想方设法要"卖给我一套办公室"企图从中吃回扣。牛顿甚至产生了让洛克"最好去死"的念头，对此他也深表歉意。洛克在回信中写道，他完全不知道牛顿在说些什么，这无疑证明牛顿信中的话全是胡言乱语。信中的日期表明，直到 1693 年 9 月，牛顿的精神状态仍然没有好转，这距离剑桥的那次事故已经过去近一年时间。这可能和他的失眠有关。牛顿后来向洛克解释这次失控的部分原因："给你写信那会儿，我持续两个礼拜每天的睡眠不足一小时，中间甚至有一次一连五天没有合过眼。"[8] 综合以上种种线索，所有的证据都表明 17 世纪 90 年代中的某段时间，牛顿确实出现过精神失常。

毕奥的文章和金的传记，绝不仅仅是重新激发了人们对牛顿的兴趣，而是着实引起了一场轰动。不过眼下，且容我们将视野放宽，了解一下 19 世纪 30 年代所谓的"科学绅士"（gentlemen of science）。在 19 世纪的头 30 年里——英国即将步入维多利亚时代

（女王于1837年登基）——正是几位"科学绅士"的努力，重新提振了人们对牛顿的兴趣。他们中的一些人参与筹建英国科学促进会（British Association for the Advancement of Science, BAAS, 正式成立于1831年），正如他们的自我称呼所表明的："绅士"一词意味着身份和财富，意味着在闲暇时间里追求科学是一项业余爱好，而非谋生手段。其中的成员包括罗德里克·麦奇生（Roderick Murchison），他是一位富有的苏格兰人，在投身科学之前，最擅长的是猎狐，后来他转向地质学研究，建立了第一套岩石分类系统。其他人的出身没有这么好，如威廉·巴克兰（William Buckland），他的本职工作是教区牧师，同时担任皇家地质学会会长。1824年，他第一次对恐龙化石(一具斑龙化石)做出了完整的解释。威廉·休厄尔（William Whewell）的出身则更低一些，他原本只是一个来自兰开斯特的乡下小子，凭借着一系列出色的研究成果，最终一跃成为剑桥三一学院院长，他的研究领域极其广泛，包括潮汐、矿物、天文、数学、物理，此外还有科学史与科学哲学。戴维·布鲁斯特（David Brewster）出身于一个教师家庭，他做了许多光的衍射方面的原创性研究，还发明了万花筒。不过，他时常需要撰写科普文章挣些外快，贴补家用。麦奇生、巴克兰、休厄尔、布鲁斯特，他们持有一个共同的信念，即探索自然规律并将其付诸实践。现在，持有相同信念的人越来越多，俨然形成了一个新的群体，使得他们感到有必要建立一套统一的机构和制度，甚至发明一种全新的称谓。1833年，在英国科学促进会第三次大会上，休厄尔建议使用"科学家"（Scientist）一词，称呼那些从事一般科学研究的工作者。他解释道："于是我们便可以说，如同把音乐家、画家、诗人统称为艺术家（Artist），数学家、物理学家、博物学家也可以统称为科学家。"[9]

新近披露的牛顿生平故事令很多科学促进会成员感到震惊，这势必会动摇他们全新的身份认同。在他们当中，布鲁斯特挺身而出，全身心地投入到了捍卫牛顿声名的斗争之中。

从小时候起，布鲁斯特就对牛顿非常着迷。有一次，他在爱丁堡方济会教堂发现了科林·麦克劳林的陵墓，久久凝视着墓碑上仅有的几个字："牛顿追随者"（*Newtone Suadente*）。（正是麦克劳林极不情愿地告知罗伯特·伍德罗，牛顿对预言有些"古怪的思想"。）在那之后，布鲁斯特对牛顿的敬仰之情与日俱增。他特地去参观了牛顿的老家伍尔斯索普，还从那棵著名的苹果树上掰下一根枝条，留作纪念。他原本打算成为一名神职人员，却无法克服公开讲话时的心理障碍，在一次晚餐聚会上，当他讲述上帝恩典的时候，居然由于过度紧张而晕了过去。他痛苦地意识到，无论公开布道还是学术授课，都将与他无缘。他和妻子一共生养了5个孩子，他只能靠撰写编辑一些短文和书评，来养活这一大家子。他的结巴让他一生受苦。

为了保持稳定的收入来源，布鲁斯特不得不四处寻找新的活计，他从中体会到，对于科学研究而言，稳定的经济资助是何等必要。那时，很多人开始抱怨科学在英国地位低下，布鲁斯特也是其中之一。按照当时英国的传统，为科学研究掏腰包的应该是个人而非国家，但伴随产业革命的进程和对法国霸权地位的焦虑，情况开始发生改变。曾经，人们将科学进步和技术实践寄托于发明家和实验科学家的个人努力，现在，包括布鲁斯特在内的很多人都认为，那种时代已经一去不返了。为确保未来的繁荣稳定，对科学的巨额公共投资必不可少。尽管布鲁斯特在科学促进会中任职，但促进会只是一个民间团体，他从来不是"体制内"的一分子。即便如此，他却成为了推动英国科学走向体制化的核心人物。作为英国科学的典范之一，牛顿是争取政府和企业资助的重要资源。当毕奥的传记问世之后，布鲁斯特感到有必要捍卫牛顿精神，捍卫英国的科学精神。

布鲁斯特明白，进攻就是最好的防守，他决定亲自撰写一本新的牛顿传记。他的主要考虑是直接回击有关牛顿精神失常的指控。在他看来，撰写新传记是"一项神圣的使命，它出于对一代伟人的缅怀、出于对一位同胞的情感、出于对基督教本身福祉的考虑。"[10]不过，他无法回避那些逐渐曝光的、对牛顿不利的事实。

虽然布鲁斯特最终未能说服朴茨茅斯家族，一睹赫斯特本庄园内的手稿，他依然竭尽所能，挖掘新的历史材料。传记的广告语这样吹嘘其作者："他搜集到迄今为止从未披露的资料，复原了牛顿的生活细节，文笔生动、角度新颖。"严格来说，这话也不假，只不过布鲁斯特仅仅收集了那些有助于反击毕奥的证据。这些新

图4.2 从小时候起，戴维·布鲁斯特就对牛顿非常着迷。作为一名自由撰稿人，他努力提高科学在英国的地位。19世纪30年代出版的一幅平版印刷肖像画。©国家肖像美术馆，伦敦。

的证据将一边倒地被用来"为艾萨克·牛顿爵士所谓的精神失常提供令人信服的具体说明"。[11]布鲁斯特的笔头很快，1831年，他的《艾萨克·牛顿爵士的一生》(*Life of Sir Isaac Newton*)以实惠的十二开本出版发行，售价仅5先令。[12]

不过，布鲁斯特最终搜集的证据并没有很多。更糟的是，这些证据无法有力证明那次精神失常从未发生过。毕奥一方提供的证据太充分了。然而，就像一位出色的辩护律师，布鲁斯特的策略是详细盘查对方的证据，进而指出其中的缺陷。德拉普莱梅和惠更斯的证言在时间上完全匹配吗？（事实上，其中确实存在可疑的矛盾：德拉普莱梅声称，火灾发生在1692年1月之前，而惠更斯则说事故发生于1692年11月。）倘若牛顿真的在这段时间精神失常、失去了行动能力，他又是如何能够给理查德·本特利（一位牛顿的主要通信者，学者和神学家，牛顿曾和他探讨过引力和上帝的问题）写去一封内容完整、条理清晰的信呢？最后，布鲁斯特请出了一批新的证人出庭作证：一批新近发现的通信，涉及牛顿、塞缪尔·佩皮斯和医生约翰·米林顿(John Millington)。布鲁斯特辩护说，这些信件表明，牛顿的疾病完全是身体上的，原因是缺乏睡眠和食欲，以及因在伦敦寻找新住处而产生的焦虑。

布鲁斯特承认，在其中一封信中，牛顿透露自己在长达一年的时间里，丧失了"原先思维的连续性"。佩皮斯同样提到，在一封来信中，牛顿说自己"感到头脑混乱，或是心智混乱，也许两者兼有之"。但米林顿给佩皮斯的回信让布鲁斯特感到宽慰，正如这封信原本就是宽慰佩皮斯的一样："他现在的状态很好，尽管我还是担心他有些轻度抑郁，不过我认为，没有理由怀疑这有损他的理解力。"[13] 布鲁斯特认为，精神失常不过是一次孤立事件，他不认同对此过分解读、大做文章；此外，在他看来，认为手稿受损这类小事导致他精神崩溃，这样的观点更是荒谬至极。

布鲁斯特更重要的任务，是希望将牛顿的自然哲学和神学研究，解释为一种连续的理性工作。因此，当务之急是证明，在1692年—1693年事故发生之前，牛顿已经开始神学写作，而在那场事故之后，他依然从事着科学研究。毕竟，在英国，宗教虔诚也是科学家心目中最崇高的人生境界。若像毕奥所言，牛顿的宗教著作，不过是他心智衰退后的胡言乱语，那么将对英国科学家造成严重的伤害。然而，世纪之初那种单纯的虔诚已经一去不返。眼下的时尚是科学的历史学，它强调广泛搜集材料，客观呈现证据，让读者自己做出判断，这使得布鲁斯特只有招架的份。牛顿精神崩溃的秘密大白于天下，无法矢口否认。因此，可行策略只能是，将精神失常描绘为在牛顿水平如镜的心灵之海上，短暂泛起的一波涟漪。

布鲁斯特面临的另一个问题是如何解释牛顿的天才人格。就像故事里所描绘的，他的许多发现来自灵光乍现，而非埋头苦干。伍尔斯索普掉落的苹果启发了他对万有引力的思考，这个故事来自牛顿本人，生动表现了他异常敏捷的思维。类似的故事还有很多，比如通过对光线的敏锐观察，他用实验证明了白光由多种颜色的光构成。这些故事越是神乎其神，就越是将牛顿描绘成一位灵感莫名其妙爆发、精神异于常人的天才。显然，这些故事并不适合教育年轻人。布鲁斯特的应对办法是区分出两种不同的天才气质，一种是不太健康的、"诗人般"的天才——如沉溺于鸦片的柯勒律治（Samuel Taylor Coleridge）所表现出的那种气质，另一种是更为坚韧的、"哲学家般的"气质，这种气质体现得更为持久。布鲁斯特告诫人们，不应该因为牛顿年轻时代的"灵感迸发"，而错误地将其看成发疯的诗人。[14]他进而论证说，在牛顿漫长而虔诚的一生中，科学与信仰始终交织在一起。他的才华从未消失，绝不像毕奥所说的那样。

布鲁斯特的牛顿传以低廉的价格赢得了市场青睐，它在英国再版8次，在美国再版2次，还被翻译成了德语和法语。评论者对其中的科学史部分赞赏有加（美中不足的是过于通俗了），但批评他在写到牛顿时有失公允。本杰明·马尔金（Benjamin Malkin）在《爱丁堡书评》（*Edinburgh Review*）上发表过一篇书评，批评布鲁斯特"对传主的狂热仰慕"妨碍了他对事实的叙述。马尔金指出，布鲁斯特在三个问题上，"做出的判断缺乏依据"：牛顿的贫穷（在当时的一些人看来，贫穷乃是真正基督徒的标志）、与莱布尼茨的纷争以及短暂的精神崩溃。马尔金写道，显然，在其一生的大部分时间里牛顿都过着相当舒适的生活；在和莱布尼茨争夺微积分发明优先权的过程中，他表现出了极强的报复心理，使用了欺骗伎俩。他在一段时间内丧失了理智，发了疯，这也是不争的事实。[15]真正让马尔金感到震惊的是，居然有如此之多关于牛顿的新材料，直到他死后一个多世纪才披露出来。在他看来，这些材料相当重要，而且足以证明牛顿的精神崩溃确有其事。毕奥完成了出色的工作，但他关于牛顿精神问题的写作，完成于"一个非常不同的调查阶段"，那时布鲁斯特和其他人所掌握的证据尚未公开。[16]马尔金写道，正是由于这些证据的积累，现在我们可以断定，牛顿的确有过一次精神崩溃。

一时的疯狂总会消退，事实上它也确实消退了。眼下的问题是如何亡羊补牢。人们终于意识到，除了尘封一隅的朴茨茅斯手稿，以及那些相互竞争的牛顿传记，新的材料会从某个黑暗无名的角落突然冒出来，就像金的洛克传记中的那封信一样。玷污牛顿的名声，令人防不胜防，布鲁斯特满怀期待的辩护以失败告终，紧随而来的是一堆与约翰·弗拉姆斯蒂德有关的新材料。弗拉姆斯蒂德是第一任皇家天文学家，也是牛顿的死敌。那些在落满灰尘的阁楼中新发现的文件，将对牛顿的人品提出更大的质疑。

虽然布鲁斯特尽了最大努力做出反击，牛顿的灵魂仍然无法安息。那时流行降神会，虽然没有记载显示牛顿曾在会上亲自显灵，但在19世纪结束之前，在多部火药味十足的著作中，他的确阴魂不散。

注释

[1] *Buds of Genius, Or, Some Account of the Early Lives of Celebrated Characters: Who Were Remarkable in their Childhood* (London: Darton, Harvey and Darton, 1818), 29–30, 强调为原文所加。

[2] 毕奥最初的法语文章为匿名发表，题为 "Newton (Isaac)," in *Biographie universelle, ancienne et moderne*, 83 vols., edited by L. G. Michaud (Paris: Michaud Freres, 1811–53), vol. 31 (1822), 127–194. 1829年由埃尔芬斯通（H. Elphinestone）译成英文，Jean-Baptiste Biot, "Life of Sir Isaac Newton,"

in *Lives of Eminent Persons* (London: Baldwin and Craddock, 1833). 下文有关毕奥文章及对其反应的叙述，主要参考自 Rebekah Higgitt, *Recreating Newton: Newtonian Biography and the Making of Nineteenth-Century History of Science* (London: Pickering & Chatto, 2007).

［3］Isaac Todhunter, ed., William Whewell, D.D. *Master of Trinity College, Cambridge: An account of his writings; with selections from his literary and scientific correspondence*(1876; Cambridge, UK: Cambridge University Press, 2011), 352.

［4］Biot, "Life of Sir Isaac Newton," 26.

［5］Biot, "Life of Sir Isaac Newton," 26, 转引自 A. de la Pryme, *The Diary of Abraham de la Pryme, the Yorkshire Antiquary*, edited by C. Jackson (London: Publications of the Surtees Society, 1870), vol. 54, 23.

［6］Biot, "Life of Sir Isaac Newton," 38, 强调为原文所加。

［7］"Review of Biot's Life of Sir Isaac Newton," Quarterly Review 44 (1831): 57.

［8］Peter King, *The Life of John Locke, with Extracts from his Correspondence, Journals and Common-Place Books* (London: Henry Colburn, 1829), 224–225.

［9］William Whewell, *The Philosophy of the Inductive Sciences Part 1*(Cambridge, UK: John W. Parker J&J Deighton, 1840), cxiii. 休厄尔提到了此次会议，并称"一些别出心裁的绅士"（指他自己）建议，"类比于艺术家，他们可以是'科学家'（scientist）"。见 W. Whewell, "Review of Mary Somerville's On the Connexion of the Physical Sciences," Quarterly Review 51

(1834): 58–61.

[10] David Brewster, *The Life of Sir Isaac Newton*, The Family Library (London: John Murray, 1831), vol. 24, 227.

[11] Letter from Brewster to Rigaud, September 15, 1830, Bodleian Library, Oxford (BLO hereafter), MSS Rigaud 60, f.80, cited in Higgitt, Recreating Newton, 56.

[12] Volume cost from Higgitt, Recreating Newton, 209n7.

[13] Brewster, *The Life of Sir Isaac Newton*, 234–235.

[14] Brewster, *The Life of Sir Isaac Newton*, 329.

[15] Benjamin Malkin, "Review of 'The Life of Sir Isaac Newton,'" Edinburgh Review 56 (1832): 3.

[16] Malkin, "Review," 3.

第 5 章
恶行曝光

1833 年的英国科学促进会大会显得格外繁忙。威廉·休厄尔刚刚宣布了"科学家"这个新词，用来描述与会的各位专家。柯尔律治的出席为大会平添了一丝艺术气息，他拖着孱弱的病体发问，下一代人路在何方。从银行家转向科学史研究的弗朗西斯·贝利（Francis Baily），指着面前一摞布满灰尘的文件，高呼要揭示出一个迄今不为人知的、真实的牛顿形象，震惊了在场的所有人。[1]

剑桥是牛顿的福地，正是在这里，他做出了一系列杰出的发现。然而如今，还是在剑桥，贝利呼吁刚刚成立的科学促进会，对最伟大的科学之父来一次全盘清算。他说，如果我们打算诚实地继续前进，就必须回到源头之处，重新审查以往的神话。我们需要梳理以前的账本，逐一核对账目，重新检视一切与牛顿有关的条目，并给予修正。法律意义上的比喻和术语越来越多，那时法律已是科学的一部分，讲究证明与证据。贝利指着面前的文件，换了一个姿势继续说道："我们必须揭开事实的真相，让公众自行判断。"贝利最后的这条建议似乎不够真诚，因为他已经确信，面前的这些材料，将对牛顿的声名造成致命打击，于是，他高举客观性作为自己的挡箭牌，就显得尤为重要了。他需要借助事实真相为自己的观点辩护，而这些文件正是他捍卫这种权利的有力武器。毕竟，所谓的科学，难道不就是为观点赋予真值的一套编码方法吗？

图5.1 弗朗西斯·贝利公开了弗拉姆斯蒂德的手稿，罗列了其中的证据，试图给牛顿定罪。他的朋友约翰·赫歇尔曾经评价他的性格"如同一个完美的球体，没有一丝棱角"。©国家肖像画廊，伦敦。

贝利的动机或许并不单纯，无论是出于袒护或贬低牛顿的目的，无论别人究竟怎样看待他，至少在他指向文件的那一刻，他是中立而客观的。在这一戏剧性场景的背后，是一个全新的印刷爆炸的时代——轰轰作响的蒸汽印刷机、精美逼真的凹版印刷术、铺天盖地的周刊日报，令人应接不暇。在这个充斥着印刷品的世界中，原始文件显示出前所未有的重要性和独特性。

这些文件到底写了什么呢？朴茨茅斯伯爵依然严加看管着牛顿手稿，贝利在大会上出示的文件并非来自赫斯特本庄园。这批文件是一些信件，一部分是皇家天文学家约翰·弗拉姆斯蒂德写给其好友、前助手亚伯拉罕·夏普（Abraham Sharp）的，还有一部分是弗拉姆斯蒂德的另一助手约瑟夫·克罗思韦特（Joseph Crosthwait）写给夏普的。这些信件，大多涉及弗拉姆斯蒂德的巨著《不列颠星表》（*Historia Coelestis Britannica, British Catalogue of Stars*），这原本是一部对恒星加以辨识和定位的著作，但出版过程并不顺利——牛顿从中作梗，处处和弗拉姆斯蒂德对着干。

与积极搜寻材料、企图反驳毕奥的布鲁斯特相比，贝利发现弗拉姆斯蒂德与牛顿之间的纠葛纯属偶然。他的一位邻居从弗拉姆斯蒂德家中发现了一些信，并交给了他，说是从"一个堆满书籍和手稿的阁楼中"找到的。[2]贝利透露，这些信件原本放在一间老木屋的盒子里，和一些乱七八糟的纸张混在一起，佣人们一开始用这些纸张引火，所以用去了不少。好在还有120封信件保留了下来。贝利说，这些通信包含着每一位科学家都会感兴趣的内容，将会揭示出他们思想前辈的真实一面，其中涉及的人物包括弗拉姆斯蒂德、萨维尔天文学教授埃德蒙·哈雷（Edmond Halley）（《原理》正是在他的资助下得以出版的）以及最重要的——艾萨克·牛顿。

贝利的报告在科学促进会大会上显得格外与众不同。其他大会报告均来自精密科学和自然科学领域，而贝利则是科学史环节的唯一报告人。不过，从另一个方面来讲，他的报告在这场科学盛会中并不显得突兀，和其他发言人一样，他的发现同样引人入胜、激动人心。如果说他的发现"仅仅"是一沓文件，那么其他科学家的发现也不过如此，他们的报告所基于的实验结果，也必须通过笔记或学术期刊，才能获得对其可靠性（或优先权）的认可。在这些维多利亚科学家看来，"发现"本身就是一个让人困惑不解的问题，因为科学的进步必须建立在一个个发现之上。然而，发现的本质究竟是什么？或者更确切地说，取得发现的灵感究竟是什么？能否制定出一套规则，指导科学家去发现或产生灵感呢？

在大会的开幕演讲中，休厄尔探讨了科学促进会这类协会应尽的使命。每一门科学都有赖于属于该学科的伟人，有赖于像牛顿这样的天才，他们能对庞杂的知识加以综合，对世界的运行提出数学上的预测。休厄尔认为，这样的人是天生的，而不是培养的。到目前为止，只有天文学达到了这样的高度，而且多亏了牛顿，像光学等其他学科才不至于落后得太远。

休厄尔提醒与会来宾注意这次大会的局限性。他说，谁也不要指望着"一次科学界的大会就能解决所有问题"，这个环境优雅、充满自鸣得意气氛的会议大厅，或许根本无法产生一条"通向知识的康庄大道"。科学不可能按照人们一厢情愿的方向发展。相反，人们必须时刻注意自己脚下的路，清楚自己的位置，"前人前进的任何方式，都不可能为我们自己的行程加速"。[3]无论如何分门别类、逐一击破，无论如何分工明晰、协调一致，科学工作都不可能被还原为事实的堆砌。正因为这样，一位天才对自然界隐秘秩序的一次顿悟，才显得如此必不可少。

通过指向桌面上的文件——这些文件中隐藏着牛顿人格的秘密——贝利，和休厄尔一样，希望他的科学同仁们明白一项真理：对于日益增多且不断专业化的科学学科而言，发现是根本的，而且根本上是偶然的。不仅如此，无论在科学领域还是历史领域，所有的发现都基于档案，只有在以往文献记录的基础之上，才能做出新的发现。通过在大会上呈现这些材料，贝利表明，他的研究方法和意图，同物理科学或自然科学中的别无二致。他同样指出，有关科学圣徒的陈词滥调，在档案证据面前只能土崩瓦解。台下的大卫·布鲁斯特，此刻一定认真地听着，做着笔记。

贝利的故事揭示了《不列颠星表》迟迟无法出版的原因。眼下桌上的这些信件，将为围绕牛顿的陈年争论提供新的事实证据。这段往事始于1694年，那时，牛顿正为《原理》第二版的出版做准备，他四处搜罗天文学上的证据，以支持其月球轨道理论。他首先找到了弗拉姆斯蒂德，要求他分享他的观察记录。但弗拉姆斯蒂德是个完美主义者，当时，他正忙着绘制一幅可见星的星图，不愿意泄露尚未严格核查的任何数据。他勉强答应，提供给牛顿部分月球数据，条件是牛顿决不能将其公开使用。不过，牛顿的礼貌并没有持续太久，随着出版日期的临近，他变得越来越不耐烦，他需要大量数据以检验理论，而只有弗拉姆斯蒂德才掌握这些数据。牛顿的想法是，这些数据一旦公之于众，便可以拿来为己所用。1705年，弗拉姆斯蒂德迫于压力，将一批密封起来的、包含不完整星表的手稿，交给了一个皇家学会下的委员会。毫不出人意料的是，牛顿正是该委员会的成员之一。他在幕后操纵着一切，1711年，他叫人撕开封印，在未经弗拉姆斯蒂德允许的情况下，将这份不完整的星表公开出版。火上浇油的是，弗拉姆斯蒂德自己撰写的序言被替换成了一篇伪作，原序谴责了牛顿和哈雷，而伪序批评了弗拉姆。弗拉姆斯蒂德感到非常委屈，请求皇家学会退回他的手稿，却被由牛顿操控的委员会拒绝了。他悲愤交加，买下300本长达400页的未经授权的星表，将其付之一炬。他被彻底击败了，至死也没有要回自己的手稿，而他唯一的心愿，仅是将自己花费19年辛勤观察的星体记录完整出版。（最终，"授权版"的《不列颠星表》于1725年出版，其中记录了超过3000颗恒星的位置，不过那时弗拉姆斯蒂德已经去世6年了。）

初看上去，以贝利的性格，他似乎不应卷入这场历时已久的纷争。与追求完美、紧张焦虑的布鲁斯特相比，贝利总是心如止水、心平气和。天文学家约翰·赫歇尔(John Herschel)苦于找不到合适的字眼形容他的性格，因为他实在太平和了，"如同一个完美的球体，没有一丝棱角"。[4]不过，自从卷入这场纷争，贝利便以弗拉姆斯蒂德的代言人自居，一改往日的作风，为追求客观性而大声疾呼。

早年的冒险生活塑造了贝利波澜不惊的性格。他的父亲是一位成功的银行家，贝利打小就知道自己早晚要接管家族生意，14岁便当起了学徒。但17岁那年，他读到了约瑟夫·普里斯特利(Joseph Priestley)的著作。普里斯特利是一位激进的异议分子，同时也是一位化学家(他发现了氧气)，是科学理性主义与民主政治理想的完美结合。怀着对民主政体的热爱，20岁出头的贝利来到美国。他周游全美，积极捍卫黑奴的权利，热情拥护倡导个人主义、自由精神、自由经济的美利坚理想。他独自穿越了杳无人烟的北美荒野，在印第安人的领地露宿了近一年，两次从海难中死里逃生，还曾驾着一只小舟从匹兹堡漂流到了新奥尔良。

结束冒险家的生活之后，贝利出人意料地选择了回归平静的生活，回到了英格兰。他原本计划前往非洲的旅行，但因缺乏经费而被迫放弃，他只能留下来，继续父亲的事业。不过，贝利并没有固守传统，而是成为了人寿保险业的先驱人物，他发表过一系列计算寿命的精算表，奠定了这一新兴行业最早的操作规范。

在25年多的时间里，他始终是一位成功的银行家。

从银行退休后的贝利仍不消停，他有颗精于数字计算的头脑，似乎一刻也不想停下来。他的第一项任务是着手绘制一幅"新历史图表"（New Chart of History），对此他满怀期待，认为这必将开创真正理性历史的新纪元。"新图表"完成于1812年，就像他的寿命精算表一样，"新图表"将此前人类的活动，还原到一份具有预测性的有序表格之中，可以进行计算和分析。如果人类的生命长度都能还原到一张概率表中，难道不能用相同的方法来分析一切历史吗？

贝利对历史的兴趣将他引向了天文学，对于一个对计算充满热情、受精确性驱使的人而言，天文学是最完美的历史工具。贝利在皇家学会宣读的第一篇论文，就能很好地反映他的这种研究特点。这篇论文试图确定历史上一次著名日全食的日期，泰勒斯曾预测过这次日食，希罗多德也在著作中提到过它。虽然在理论上，可以通过月球星表反推日食的日期，但在实际操作中，由于月球星表并不精确，这种反推很难奏效。于是，贝利计算了公元前6世纪、大约100年内的所有日食日期。他将这一成果附在了其论文《普遍历史概要》（Epitome of Universal History）之后，此外还有一份"历史图表"，用图像的方式呈现了历史的全貌。

出于历史学和天文学的双重兴趣，贝利很快成了天文学圈子中的领军人物。1820年，他协助筹建了皇家天文学会，并承担一项艰巨的任务：整理和修订以前的星表。在历史上，很多天文学家都曾编订过星表，如托勒密（Ptolemy）、第谷·布拉赫（Tycho Brahe）、哈雷、赫维留（Hevelius）。这项工作需要对细节投入极大专注和近乎宗教般的信仰，通过将过去、今天和未来的天文观测联系到一起，形成一个完整、准确和可靠的数据链条，使历史学与科学研究从中受益。当然，恰恰是缘于这项工作，才有了后来邻居家阁楼中的偶然发现。

面对这些轻松获得的丰富材料，贝利决定挖得更深一些，他最不缺的就是寻根究底的韧心。在皇家天文台，他果然挖到了宝贝。在那里，他发现了弗拉姆斯蒂德的私人文件，这令他"喜出望外"。这些文件在图书馆的书架上放了近60年，"无人注意，也无人知晓"。这些文件包括夏普写给弗拉姆斯蒂德的信，弗拉姆斯蒂德在皇家天文台所做的原始天文观测记录，他基于这些观测数据所做的计算，他亲笔书写的、未被出版的序言，以及一系列国内外通信——被贝利描述为"一大捆信件"。[5]就像修建全国铁路时挖掘出来的化石，彻底改变了人们有关地球年龄和上帝造物的观念，这些不为人知的文件，也仿佛默默等待着某个时刻的降临，那时它们的重要意义终能被世人所认识。就在贝利敏锐的目光落在这些文件上之时，这一刻终于到来。只不过，一切进行得非常缓慢。文件的状态"相对混乱无序"。许多书本的封面脱落了，信件和手稿散落得到处都是，更要命的是，手稿原本用浆糊粘贴在文件夹上，而这些浆糊"已经彻底腐败变质了"。[6]贝利果断采取了抢救措施，先将纸稿从原来的浆糊上剥离出来，再分门别类、重新装订。

　　与此同时，贝利继续搜寻"猎物"。他跑遍了大英博物馆、牛津和剑桥三一学院的图书馆，甚至成功说服了朴茨茅斯家族，有幸一睹牛顿的手稿——布鲁斯特一直没有获得这样的机会。1835年4月，贝利进入了赫斯特本庄园，终于亲眼见到牛顿本人的手稿。与霍斯利不同，他立刻意识到了这些手稿的巨大价值。贝利知道佩莱特在牛顿去世后不久对手稿的评价——"几乎没有什么价值"，但他指出，佩莱特的评价是针对手稿的经济价值而言的。贝利道出了问题所在：这些手稿或许无法为牛顿的后裔增加太多收入，但毫无疑问，其中包含着许多新鲜的极富启发性的内容。他希望，不久之后能对手稿进行编目，并将其中的一部分加以出版，从而"更全面地展现我们这位杰出同胞的一生与辛劳"。[7]

　　在搜寻历史文献方面，贝利完成了出色的工作，这些历史材料记录了很多牛顿的性格和为人，揭示出其生命中极不光彩的一面。它们表明牛顿敏感易怒、睚眦必报甚至两面三刀，为达个人目的而不择手段，甚至不计代价地打击对手。在一篇日志中，弗拉姆斯蒂德回忆起盛怒中的牛顿，如何给他"安上了许多难听的名字，'狗崽子'（puppy）已经是其中最温和的一个了"。[8]牛顿原本承诺只私下使用月球观测数据，但后来又将它公之于众，谈及此事，弗拉姆斯蒂德称牛顿是一个"懒惰而恶毒的小偷"。[9]同样牛顿扯谎的本事也不小，他欺骗弗拉姆斯蒂德，打开他的密封手稿是出于女王的命令，这完全是一个谎言。弗拉姆斯蒂德写道，牛顿对他的工作"毫无帮助"（no friend）。他"处心积虑，要么把自己的荣誉建立在我的痛苦之上，让我屈服于他……要么就糟蹋它、贬损它"。[10]

信件中被颠覆的不仅仅是牛顿的形象，弗拉姆斯蒂德也不例外，不过结果截然相反，"现实中的他，和人们印象中的大不一样"。由于观测记录迟迟未能出版，无论生前还是死后，不断有人指责弗拉姆斯蒂德是一个"自私、懒散的观测者"：舍不得公开自己的观测数据，而这些数据本该用于航海作业，拯救许多人的生命。然而，贝利的文件则表明，弗拉姆斯蒂德是如何全心全意地投身工作——他自掏腰包、亲手研发观测仪器，并把所有的业余时间花在研究月球和行星的理论上，试图解释观测到的反常现象。而对于精算师出身的贝利而言，最值得赞赏的还是这一点："为计算天体的位置，他不断绘制更加精确的表格，怀着极大的善意，和同行们交流自己的成果。"[11]换句话说，贝利发现自己和弗拉姆斯蒂德是一类人：极富耐心的观测者和制表员。贝利已经找到了足够丰富的历史材料，为这位精神前辈进行全盘辩护和道德拯救。

1835年，贝利的鸿篇巨著出版了，书名为《可敬的约翰·弗拉姆斯蒂德，第一位皇家天文学家的传记》（*Account of the Revd. John Flamsteed, the First Astronomer Royal*）。考虑到该书的出版可能引发的巨大争议，既为了澄清事实，也是为了保全自己的名声，贝利随书一起出版了《经修订与扩充的不列颠星表》（*British Catalogue of Stars, Corrected and Enlarged*），使得该著作涵盖了绝大部分的历史文献。在当时，这是一种相当新颖的图书编辑方法，而且在很多方面颇有先见之明。这本超过800页的著作共分为两大部分。第一部分包括一篇弗拉姆斯蒂德亲笔撰写的、内容翔实的自传体回忆录，他的手稿目录以及一份将近300页的附录，收录了当时天文学家之间的大量通信，通信人包括克里斯托弗·雷恩（Christopher Wren）、哈雷和牛顿。著作的第二部分完整收录《不列颠星表》的原始版本，贝利对其进行了详细校勘，篇幅长达300余页。于是这本大书被一分为二，一半是文本文件，另一半是公认无偏见的观测数据（即经修订的星表）。通过这种方式，贝利表明，历史可以成为一门科学——客观、冷静、价值中立。他宣称，获得真相永远是最高目标，文献应该自己开口说话。

然而，文献并没有说出牛顿的什么好话。为了让自己显得更加客观中立，贝利确实寻找过"具有对立倾向的"、能够为牛顿和哈雷脱罪的历史材料。[12] 他查阅赫斯特本庄园中收藏的牛顿手稿，试图从中找到一些线索。不过，他最终一无所获，没有找到任何证据，可以修正对牛顿两面三刀、睚眦必报、以权谋私的指控。如果说毕奥揭露了牛顿的精神失常，布鲁斯特试图挽回牛顿的虔诚之心和正常心智，那么贝利的工作则表明，历史上的牛顿是个不折不扣的卑鄙之徒。

贝利在其著作的序言中问道，为什么这些宝贵的历史材料被尘封了如此之久？他想到的唯一答案是，先前整理弗拉姆斯蒂德生平的编辑们,"缺乏慎重的考虑,或是有意回避风险",他们担心这些文件的出版,会对牛顿和哈雷造成极其严重的负面影响。[13]贝利承认,得知这些大人物曾经卷入了如此不堪的丑闻,读者或许会感到不舒服,但他紧接着强调,"出于对真相与正义的尊重",他必须将这些文件中的事实公之于众,无论这些事实多么令人难堪。

"出于对真相与正义的尊重"很像私人对决时的战斗口号,这样的对决曾经发生在弗拉姆斯蒂德和牛顿之间,如今又发生在贝利和布鲁斯特之间,他们两人分别给出了两种截然相反的牛顿形象,对牛顿遗产的评价也大相径庭。贝利的《传记》对牛顿(以及哈雷等人)的谴责是毁灭性的。对于新兴的科学共同体来说,当前的任务不仅是评估贝利公之于众的大量材料,而且需要继续挖掘更多新的历史档案。贝利已经发现了牛顿的卑鄙行径,剩下的人则要对他的发现进行检验。

尽管贝利呼吁公众根据既有的事实,对牛顿的所作所为做出自己的判断,但他的《传记》并没有公开发售,而是采取了赠阅的方式,直接寄送给了英国、欧洲其他国家和美洲的知名个人、学术机构、天文台和大学等。这一深思熟虑的市场策略收效甚佳,250册图书成功点燃了人们的热情,对于那些渴望了解真实牛顿的读者而言,这本书是尤为珍贵的资料。为这套价格不菲的图书出资的是英国海军部,当时的英国水手们正在标绘航线,他们亟需这套经过修订的星表。当然，贝利的《传记》最吸引人的，依然是其中高度私人化的传记部分。

在搜集反驳材料方面，最重要的人物之一是休厄尔。他在19世纪的科学史中占据重要的一席之地，而如今早已被大多数人遗忘。尽管他始终强调，科学中唯一重要的事情就是发现，他本人却没有做出任何科学上的发现。他将自己的角色定位为一位科学"评论家"。现如今，只有在科学史和科学哲学领域，人们才会提到他。

图5.2　威廉·休厄尔相信，在科学实践过程中，科学家将会逐渐接近上帝，而牛顿是离上帝最近的。©国家肖像画廊，伦敦。

休厄尔出生在兰卡斯特的一个木匠世家。他在地方中学成绩优异，后考入剑桥大学三一学院继续深造。从偏僻乡村陡然进入顶尖大学，面对急速改变世界的机器文化，休厄尔深感震撼。[14]他在剑桥大学度过余生，一开始担任矿物学教授，后来又摇身一变，成为了道德哲学教授，这样的学术经历，恐怕在历史上也绝无仅有。

正是在道德哲学教授任上，休厄尔开始着手回应贝利的《传记》，他拿出了一些新的证据，此外还包括布鲁斯特、毕奥等人此前出版的牛顿传记。他怀着沉痛的心情，目睹了19世纪30年代英国社会的空前变革，铁路里程飞速增长，轰鸣的火车打破了英格兰乡村的宁静，而这不过诸多变革之一。他尤其关心的是，科技进步如何改变了科学家的道德品质，科学家的道德品质又是如何反过来决定了科技的进步。在他看来，最佳思想的形态，即唯一可以产生真正的科学发现的思想形态，绝不依赖于自动化和系统化的规则（这在新的机器文化中特别受到推崇），而是依赖于一个人正确的道德行为。正像他在1833年科学促进会上的讲话所言，他相信，科学的进步有赖于一批精英——姑且称他们为天才——他们具有某种超凡的能力，能够从大量积累的事实细节之中洞悉普遍规律，这种能力近乎于神性。如果说，从事科学探索意味着学习上帝的智慧，那么，这种学习便不可能脱离坚定的信仰。休厄尔这样论证说，当一位真正的科学发现者"恰好读到了宇宙律法之书上的法条，他怎么可能怀疑立法者的存在呢？"[15]

因此，针对贝利《传记》中的煽动性内容，休厄尔早已做好了准备。他打心眼儿里讨厌这部著作，贝利不仅对观测这种枯燥乏味的科学活动大肆褒扬，而且对英国最伟大的科学家的人品妄加论断。他揪住贝利的著作不放，试图借机宣扬自己所强调的那种特殊的思维形态。显然，若想证明纯粹思想的价值，再没有比牛顿更好的例子了。作为回击，休厄尔写了一本名为《弗拉姆斯蒂德与牛顿》（*Flamsteed and Newton*）的小册子，他不仅试图以此挽救牛顿的名节，更希望在其中探讨自然哲学家（他有时也将其称为理论家）与观测者之间的复杂关系。他区分了弗拉姆斯蒂德的观测和牛顿基于观测所做的解释，两者的差别在于，"一个是对'发生了什么（what）'的探索，一个是对'为什么（why）发生'的探索——而这正是观测者和哲学家之间的区别。"[16] 这种论证当然是在拉偏架，休厄尔自己也不否认。在这本小册子中，他承认自己和其他人一样，对塑造"牛顿公允的声名"怀有强烈的兴趣，"每个人都能感受到，他有心成为一名德才兼备的人"。[17]

休厄尔强调，弗拉姆斯蒂德和牛顿之间的关系，并非彼此对立，而是相互需要。借助弗拉姆斯蒂德的观测数据，牛顿可以验证他的月球理论，还能进一步验证更为一般的万有引力定律。牛顿自己完全清楚这一点，在 1695 年 2 月 16 日的一封信中，他提醒弗拉姆斯蒂德："世人皆知，我自己从不进行观测。"而弗拉姆斯蒂德也需要牛顿的理论，因为只有他的观测数据与牛顿的理论预测一致，才能像牛顿所说的那样，"验证了其数据的精确性"，从而证明他是一位出色的观测者。[18]然而，在休厄尔看来，即便存在相互依存的关系，牛顿依然更胜一筹。说到底，还是弗拉姆斯蒂德更离不开牛顿，因为理论"太过复杂"了，只有少数人才能理解它、完善它。要找到一个比牛顿还精通引力理论的人，又谈何容易呢？

休厄尔渴望赢得这场辩论的胜利，但这其中并没有输赢之分。随着文本证据的积累，评论者们逐渐意识到，即便是最伟大的人物，其人性中也可能存在阴暗的力量（也许比普通人更甚）。自然，也有一些人能够摆脱科学和基督教道德沦丧的狭隘视角，对于他们来说，这一事件将成为理解复杂人性的契机。在1833年出版的《外文书评季刊》(Foreign Quarterly Review)中，有一篇关于毕奥和布鲁斯特著作的书评，作者是苏格兰数学家托马斯·加洛韦(Thomas Galloway)，他根据这些新的文本材料，总结了牛顿的人格特征（其中并没有涉及贝利的新发现）："性格忧郁，不善交际"，有些"胆怯多疑""经常伴随着疑病症气质"，厌恶出版和争论，"具有某种病态的心智结构"，饱受"极高天赋"的折磨，这些性格导致牛顿极易遭受精神疾病的"痛苦摧残"。[19]加洛韦赞同毕奥对牛顿精神失常的看法："这正是人类的可怕处境。天才与疯癫可能同时并存于一个头脑之中。"[20]这一洞见标志着人们谈论牛顿方式的巨大转变，标志着人们已经做好接受他双重人格的准备。因此，当新的证据公之于众，人们立刻将其视为对牛顿形象的重要补充。那种仅从单一角度刻画牛顿形象的时代彻底结束了。

描述更完整的人物形象意味着需要更多的证据。随着《传记》一书的成功，贝利打算以一己之力，推动朴茨茅斯手稿的出版。尽管贝利宣称，追求真相是他唯一的目的，但牛顿的后人仍不为所动。当年贝利获准查阅手稿，是朴茨茅斯第三任伯爵的侄子——亨利·费洛斯(Henry Fellowes)带领他进入庄园。在贝利的《传记》和随后的《补遗》(*Supplement*)出版之后，亨利的父亲、日后的第四任朴茨茅斯伯爵牛顿·费洛斯（Newton Fellowes），用冷冰冰的口气回绝了他："对于任何查阅手稿的企图，以及在未征得授权和同意的情形下使用手稿的行为，我始终心存戒备。"尽管伯爵也承认，手稿出版或许会对公众"有益"，但在这个问题上，他打算保留自己的权利。[21]

1836 年，针对贝利的著作，加洛韦又写了一篇书评。他在文章中证实，有好几个牛顿手稿的出版计划正在进行之中，并且有小道消息透露政府正准备动用公共经费协助出版。显然，在出版问题上，朴茨茅斯家族内部出现了分歧，而加洛韦则希望抓住这个机会，推进事情的发展。现在，手稿出版将是"消除负面印象最好的解毒剂"。在加洛韦心目中，牛顿的人格属于"国家财富的一部分"，代表着"国家的荣耀"，因而有必要进一步深入探究。他预感到，如果牛顿的后人依然顽冥不化，这场斗争或许只能以失败告终。他希望，那些书信至少可以"以更有条理的方式加以保存，而不是像现在所报道的那样，人们应该以宗教般的虔诚之心来守护它们，直到出版的时机成熟"。[22]

在这些充满争议性的材料曝光之后，布鲁斯特再也按捺不住，他决定再次投身到捍卫英雄的斗争之中，因为在他看来，这或许是一劳永逸地挽救牛顿声望的唯一机会了。仅在贝利的著作出版两年之后，在这场牛顿传记的猫鼠游戏中，布鲁斯特似乎就要取得突破性的进展。1837 年 5 月，他终于完成了那个看似不可能的任务：他被允许翻阅朴茨茅斯手稿，在一周的时间里，他在赫斯特本庄园"紧张地工作着"。此时距离贝利上一次来访，已经过去了两年。[23]亨利·费洛斯在一旁协助他，他"不分昼夜，誊抄着手稿上的内容"，他们将手稿来来回回翻了"两遍"。[24]我们现在知道，布鲁斯特面对的，正是那批数量巨大、未加分类的手稿，涵盖了神学、年代学、炼金术、自然哲学等多个领域，其中许多内容只有该领域的专家才能读懂。不过在困难面前，布鲁斯特表现出了大无畏的英雄气概。手稿的数量之多、内容之丰富，让他深受震撼。在布鲁斯特写给朋友的信中，兴奋之情溢于言表他说，自己发现了"原本不该存在于世间"的材料，特别提到了一封牛顿写给寡居的诺里斯（Norris）夫人的"情书"。[25]

面对贝利公开的负面材料的巨大冲击，布鲁斯特决定奋起一战。如果他能够找到相关的文本证据，证明牛顿的宽容、谦恭、勤奋，那么他就有机会为国家挽回牛顿的声誉。他原本计划尽快完成这部著作，无奈事与愿违。颇具讽刺意味的是，在此后的很多年里，布鲁斯特不得不为生计操劳奔波，以至于这部期

　　　　　　　　　　　　　　　　　牛顿手稿漂流史

望证明牛顿清白，并为英国科学地位辩护的著作，他根本无暇顾及。

注释

［1］ Francis Baily, "A short Account of some MSS. Letters (addressed to Mr. Abraham Sharp, relative to the Publication of Mr. Flamsteed's *Historia* Coelestis,) laid on the table, for the inspection of the Members of the Association," in *Report of the 3rd meeting of the British Association for the Advancement of Science, held at Cambridge in July 1833* (London: John Murray, 1834), 462–466.

［2］ Francis Baily, *Account of the Revd. John Flamsteed, the First Astronomer Royal, to which is added, his British Catalogue of Stars, Corrected and Enlarged*(London: Lords Commissioners of the Admiralty, 1835), xiii.

［3］ William Whewell, in *Report of the 3rd meeting*, xi–xii.

［4］ John Herschel, "Memoir of Francis Baily," in Augustus De Morgan, ed.,*Journal of a Tour in Unsettled Parts of North America in 1796 & 1797 by the late Francis Baily; with a memoir of the author*(London: Baily Brothers, 1856), 54.

［5］ Baily, *Account of the Revd. John Flamsteed*, xiv.

［6］ Baily, *Account of the Revd. John Flamsteed*, xiv–xv.

［7］ Baily, *Account of the Revd. John Flamsteed*, xxi.

［8］ Baily, *Account of the Revd. John Flamsteed*, 228.

［9］ Baily, *Account of the Revd. John Flamsteed*, 323.

［10］ Baily, *Account of the Revd. John Flamsteed*, 76.

［11］ Baily, *Account of the Revd. John Flamsteed*, xvi–xvii.

［12］ Baily, *Account of the Revd. John Flamsteed*, xx.

［13］ Baily, *Account of the Revd. John Flamsteed*, xix.

［14］ 有关对休厄尔思想轨迹的深刻洞察，来自 John Hodge, "The History of the Earth, Life and Man: Whewell and Palaetiological Science," in *William Whewell: A Composite Portrait*, edited by M. Fisch and S. Schaffer (Oxford: Oxford University Press, 1991), 253–288, 259.

［15］ William Whewell, *Astronomy and General Physics with reference to Natural Theology* (London: Pickering, 1834), 307. For more on Whewell, see Richard Yeo, *Defining Science: William Whewell, Natural Knowledge and Public Debate in Early Victorian Britain* (Cambridge, UK: Cambridge University Press, 2005).

［16］ William Whewell, "Remarks on a Note on a Pamphlet entitled 'Newton and Flamsteed' in No. CX of the Quarterly Review" (London: John Parker, 1836), 21–22.

［17］ Whewell, "Remarks on a Note on a Pamphlet," 28.

［18］ 转引自 Whewell, "Remarks on a Note on a Pamphlet," 6.

［19］ Thomas Galloway, "Reviews of Three French and English Biographies of Newton," *Foreign Quarterly Review* 12 (1833): 1–27, citation 22.

［20］ Galloway, "Reviews of Three French and English Biographies of Newton," 17.

［21］ Letter from Newton Fellowes to Baily, November 24, 1835, Cambridge

牛顿手稿漂流史

University Library, Royal Greenwich Observatory Manuscripts (hereafter CUL RGO MSS), Baily Papers, RGO 60/3, cited in Higgitt, *Recreating Newton*, 96.

[22] Thomas Galloway, "Life and Observations of Flamsteed—Newton, Halley and Flamsteed," *Edinburgh Review* (1836): 359–397, citation 397.

[23] Letter from Brewster to Rigaud, May 21, 1837, MSS Rigaud 60/86, BLO, cited in Higgitt, *Recreating Newton*, 130.

[24] Letter from Brewster to Napier, June 14, 1837, Napier Correspondence, Add. MS 34,618, f61, BL, cited in Higgitt, *Recreating Newton*, 131, 强调为原文所加。

[25] Letter from Brewster to Mrs. Liddle, September 12, 1838, David Brewster Papers, Edinburgh Library, cited in Higgitt, *Recreating Newton*, 131.

第6章
专家介入

19世纪30年代末，英国进入维多利亚时代，这是一个生气勃勃、充满自省精神的进步年代，与牛顿相关的讨论也打上了相同的时代烙印。1831年~1836年间，查尔斯·达尔文（Charles Darwin）乘坐小猎犬号扬帆远航，他沿途收集证据，试图捍卫自己的理论，以应对人们的诘问；与此同时，牛顿的研究者们也逐渐意识到，文本证据的增加并不必然澄清事实，新的问题将会不断涌现，而原本清晰且神圣的牛顿形象，也将会变得越来越陌生。

布鲁斯特的牛顿传记已经搁置了将近20年，他原本打算以此来反驳贝利和毕奥的指控。1838年，布鲁斯特最终在圣·安德鲁斯大学找到一份稳定的工作，此后，他忙于大学的改革，协助建立了苏格兰自由教会，继续光学研究，为畅销书刊写下上百篇书评文章，所有这些工作都导致牛顿传记的写作一拖再拖。在这段时间里，人们的时间观发生了空前的变化。地质学和博物学的专家们提出了一种全新的观点：自然界的变化速度比人们预想的要缓慢得多。而另一方面，钟表的普及，工作流程的标准化，四通八达的铁路网，似乎又让时间过得更快，分得更细。全新的生产生活方式带来了激烈的社会变革，城市人口激增，再一次加速事物的更新迭代。时间，如今成了一个陌生的变量，其全新的流速和长度，让人们感到无所适从。

贝利的《传记》出版之后没过几年，1838年英国国会通过一项新的法案，决定成立公共档案馆。原先，这些档案散落在遍布全国的56个存放点中；现在，它们将被集中安置，存放在伦敦的档案馆内。以前，档案馆的职员根据所收集的档案获得报酬；现在他们将拥有稳定的薪酬，工作上更为独立自主。历史学开始走向专业化，逐步拥有哲学式的独立探究精神，日渐摆脱单一的技术或行政职能。这种对历史的痴迷绵延至今，涌现出一种全新的历史自我意识。作为这种新时间意识的象征，一个新的短语——"时代精神"（spirit of the age），开始出现在一批作家的作品中，包括约翰·斯图尔特·密尔（John Stuart Mill）、威廉·黑兹利特（William Hazlitt）和托马斯·卡莱尔（Thomas Carlyle）。因此，有关牛顿的争论不仅限于关心科学史的小群体（尽管这对他们来说最为重要），而且涉及一种更加宽泛的文化，这种文化刚刚意识到历史之于当下的作用，意识到当下本身就是某种历史。

除了公共档案馆，那些原本默默无闻的、堆满书籍和手稿的角落，现如今突然受到极大的关注。古老的文本吸引了越来越多的私人收藏家，他们拥有巨大的热情和充沛的财力，完全不需要政府的帮助。和化石不同，善本书籍和手稿的数量更为庞大，也更容易获得。老道的藏书家理查德·希伯（Richard Heber）专门收集早期的英文诗歌和戏剧作品，他的藏品超过10万册，花费10万多英镑，他的名言是："同一本书，绅士一次要买三本，一本作秀，一本阅读，一本外借。"[1]

托马斯·弗罗格纳尔·迪布丁（Thomas Frognall Dibdin）是这个疯狂世界中的精神导师。他第一个发现，原来世界上还有"藏书癖"（bibliomania）这种怪病，他本人已病入膏肓"。19世纪的头30年，正是在他的煽动下，善本书籍和手稿市场的投机泡沫迅速膨胀，简直到了令人头晕目眩的地步。在其1809年出版的著作中，迪布丁将"图书狂热"（book-madness）定义为一种"致命疾病"，三教九流都会染上：善本书商、腰缠万贯的藏书家（大部分是贵族子弟）以及囊中羞涩的穷酸文人（虽然只有在一旁看热闹的份儿），纷纷卷入了这场盛大的狂欢。迪布丁著作的第一版，让"图书狂热"的概念深入人心，该书的第二版更是实实在在地创造了一场"图书狂热"。这场热病的起因，是1812年拍卖的一批早期的印刷本图书，它们原本收藏在罗克斯伯勒（Roxburghe）家族巨大的图书馆中。在图书收藏的历史上，时至今日，这场拍卖会依然为人津津乐道。对决的双方是两位贵族藏书家——斯潘塞勋爵（Lord Spencer）和布兰福德侯爵（Marquis of Blandford）。誓不服输的劲头、贪得无厌的欲望冲昏了两人的头脑，他们来来回回出价，竟把一部1471年版的薄伽丘的《十日谈》（Decamerone），抬到了宝石般的价格。最终，布兰福德侯爵以2 260英镑的天价（约合今天的

75000 英镑）购得了此书。[2] 不过在这场比拼中他到底是赢是输，则是仁者见仁、智者见智了。

紧随罗克斯伯勒拍卖会一起出现的，是一批罗克斯伯勒特许经销商（这场拍卖会的另一个副产品，创造了一个稳定的早期善本书籍交易市场）。在拍卖会的庆功晚会上，与会来宾决定当晚成立一家同名俱乐部。俱乐部的成员们（最多时有 31 人）同意，将再版一批文学价值不明却稀少罕见的英文文学著作。后来人们发现，这批善本图书的实际情况是，"当它们变得独一无二的时候，已经被大量印刷出来了"。[3] 然而，这种做法完全忽视了问题的关键：稀缺性才是王道。对于陷入图书狂热不能自拔的人群来说，所谓的文学品味，向来是纯粹收藏活动祭坛上的牺牲品。版本意味着一切，内容却无人过问。罗克斯伯勒俱乐部最早注意到过去的文学作品的价值，至 19 世纪中叶，这种热情逐渐流行开来，甚至变得有些平庸。普通人虽然并没有罗克斯伯勒俱乐部成员那样极端，但早期图书的再版与收藏，依然对他们产生了深远的影响。书籍不再仅仅是标志特权阶级的装饰品，还可以作为怀古抒情的象征物。

19 世纪 20 至 30 年代，在工业化和资本主义浪潮的冲击之下，人们被新的机器文化摧残得遍体鳞伤，美好的往日岁月成了抚慰心灵的良药，人们普遍怀有一种对往昔的乡愁。这种乡愁表现为不同的形式。历史学和考古学成为体面人所追求的对象。在英格兰，每个郡县至少成立一家文物协会，致力于探索当地的历史和古董。专门的印刷学会如雨后春笋般涌现，大量印刷方方面面有关英国历史的各类稀见文本。例如1834年成立的瑟蒂斯学会（Surtees Society），它号称自己的使命是出版这样的一类手稿："反映英格兰和苏格兰部分地区的思想、道德、宗教和社会情况"，这些地区曾属于"古老的诺森伯兰王国"。[4]

对英国道德、宗教和社会基础的探索吸引了各色人等的参与。善本书籍市场，连同对英国史的兴趣，将中产阶级古董爱好者、贵族藏书家和职业书商集合到一起。紧张刺激的鉴定过程、谨慎购买后的狂喜，或者仅仅是书籍的展示，都变成了可敬乃至光荣的事，因为在所有人看来，保存这些图书的私人图书馆和私人领地，本身就是英国遗产的一部分。正如一本详细讲述英国图书史的作者所说的那样，"像斯潘塞这样的家族，其私产中最有价值的一部分，就其使用和利益而言，属于公共财产"。[5]

当然，没有人强迫贵族们打开他们私人庄园或图书馆的大门，使之向广大公众开放。事实上，数个世纪以来，贵族成员们始终精心守护着国家的这些文献遗产，将他们的图书馆视为伟大的国家财产的一部分。这些遍布英国土地上的图书馆，仿佛一口口知识之泉，虽然远离公众视野，终有一天将流向大众图书市场。正如刚才提到的那位作者所总结的："正是斯宾塞这样的图书馆坚持不懈地收集稀有昂贵的书籍，才使普通人有机会接触到这些书。建立图书馆时，他们有一双开明大度的手；散布出去时，他们也有一颗慷慨大方的心。"[6]

正是由于这种传播的方式，英国私人财富的公共化过程并不等同于国有化。在大革命期间，法国贵族的私人财产被强行充公，与之相比，英国的进程显得支离破碎，有时甚至只是装模作样、敷衍了事。虽然这一进程远远谈不上系统化，但至少让古董走向了公众。公众怀着品鉴或感激的眼光打量它们，并为其赋予价格。将宝贝藏在家里自然是再舒服不过的事，可现如今，贵族们被迫像普通大众一样屈从于市场。但市场是一个怪物，它贪婪、危险、毫无理性。价格总是在剧烈波动。罗克斯伯勒拍卖会仅仅过去7年，斯潘塞勋爵就以区区750.7英镑的价格买下那本《十日谈》善本，而他原本为此准备了2 000多英镑。[7]

19世纪30年代初，手稿第一次成为拍卖会的拍品。在这之前，手稿之所以有价值，缘于它是文本存在的唯一形式。一旦文本被大量印刷，手稿就沦为排版环节淘汰下的垃圾，一钱不值。然而，随着蒸汽驱动的印刷机的出现，在激增的印刷品海洋中，亲笔书写的手稿反而获得更高的地位。一开始，人们还不知道如何评估手稿的价值。1831年，在蓓尔美尔街的一次拍卖会上，埃文斯(Evans)展示了沃尔特·斯科特爵士①的手稿，这批手稿数量巨大，是13部威弗莱系列小说的原

---

① 沃尔特·斯科特爵士（Sir Walter Scott, 1771—1832），英国苏格兰小说家、诗人、历史小说首创者、浪漫主义运动的先驱，主要作品有长诗《玛密恩》（*Marmion*）、《湖上夫人》（*The Lady of the Lake*），历史小说《威弗莱》（*Waverley*）、《鲍勃·罗伊》（*Bob Roy*）、《艾凡赫》（*Ivanhoe*）等。《威弗莱》原本只是一部小说，由于出版后大受欢迎，斯科特后来的小说均注有"《威弗莱》作者著"的字样，他在同时创作的作品构成"威弗莱小说系列"。——译者注

始草稿。在人们之前的印象里，这些手稿一定"凌乱不堪、污迹斑斑"，不过是排版工作结束之后随手丢弃的废纸。然而现在，它们却成了宝贝，因为其中记录了作者创作时的情感和构思过程。

这正是手稿的魅力所在，人们有机会从中一窥创作过程的秘密，进而了解这些极富创造力的天才本身。和过去相比，如今的文本拥有更多的存在形式。稀有的头版书是藏书狂竞相追逐的对象，昂贵的再版书受到专家们的青睐，价格稍低一些的版本在图书馆中流通，就连普通的工薪阶层也能买到廉价的删节本：所有版本在内容上的差别并不大。斯科特的历史小说（如最受欢迎的威弗莱系列，讲述艾凡赫和鲍勃·罗伊的传奇故事），针对社会各个阶层的读者，发行了不同价格的多种版本，第一次创造出如今所谓的大众市场。斯科特的手稿最先受到少数收藏家的青睐并非偶然。只有当印刷书的销量激增时，相应的手稿才能受到精英收藏品市场的重视，与之相伴的是对创作天才的敬仰。在这一过程中，一份"文本"本身的含义变得复杂起来。斯科特的小说讲述的是英国历史上的传奇故事，而他的手稿记录了其创作过程，其本身也是历史的一部分，这当然不是一种巧合。

大众对手稿日益增加的热情，同样与对天才的狂热崇拜密不可分。事实上，收藏活动一开始就笼罩着这种情绪。所谓的藏书狂，和后来收藏名人签名的人一样，不过是出于相同的心理：哪怕能摸一下明星的衣服下摆，在他们看来都是一次朝圣。他们把浪漫主义运动中新涌现的天才当作信仰的对象，渴望接近他们，这种情绪在此前从未有过。这类天才往往具有相同的特征：充满激情、灵感四溢、让人感到既敬畏又惊叹，他们无与伦比的创造力仿佛只存在于人类的幻想之中。塞缪尔·泰勒·柯尔律治和约翰·济慈(John Keats)就是其中的代表。他们都是独一无二、无法效仿的天才诗人，不过他们为激发灵感付出了高昂代价，并不值得效仿。柯尔律治的灵感来自吸食鸦片的片刻陶醉，而济慈燃烧生命，点燃创造的火花，25岁就因肺结核英年早逝。

为这种情感估价显然很困难。在1831年的埃文斯拍卖会上，一位名叫道森·特纳(Dawson Turner)的精明的善本书买家和收藏家，决定为斯科特的手稿出价5英镑。这份出价激怒了迪布丁，他相信这些手稿的价值应该接近1 000英镑。"你们这些忙忙叨叨、不知疲倦的邮戳收藏者们，你们这些签名收藏者们，叫价的时候跑到哪里去了？"他气急败坏地咆哮道，人们应该明白，"这些杰作的原稿，充满了智慧、雄辩和激情"，本应受到更大的重视。[8]最终，这13件拍品拍出了相当可观的317英镑，约合今天的2.5万美元。[9] 在这一时期，书籍和手稿的买卖并没有太多方法可循，但却有很多疯狂之处。回想起来，这似乎是在有意模仿天才们的狂热，正是他们的作品激发了这种疯狂。

狂热的收藏活动从来都不乏牺牲者，但这并不削减其巨大的诱惑力。事实上，那时收藏市场的狂热，确实导致了不少监守自盗的罪行。尽管很难确证，不过当时一批最顶尖的藏书家和文献学家，都或多或少地参与过此类犯罪。在个别案例中，图书或手稿看管人的确是被高昂的价格冲昏了头。但大多数情况下，促使这些人走上犯罪道路的，绝不仅仅是丰厚的经济回报。比如伦敦研究所的一名图书管理员威廉·厄普科特（William Upcott），他从1813年开始为手稿编目，其间把很多手稿占为己有，因而被告上了法庭。人们在他的家中发现了成堆的图书、肖像画、名人签名和剪报，其中大多是非法占有的。他显然无力抵挡这些老旧纸张的诱惑，亲口承认说，"亲笔签名"这个词，"如同一杯烈酒撩拨着我的心，就像比林斯门的一位渔妇，在一杯杜松子酒面前无力招架一样"。[10]

亲自参与并创办英国第一家科学史学会的詹姆斯·奥查德·哈利韦尔（James Orchard Halliwell），同样有过这种双面人的生活。尽管直到今天，人们依然缅怀他在科学史领域先驱性的贡献，不过在当时人们的眼中，他是个不折不扣的偷书贼。1837年，正值牛顿和弗拉姆斯蒂德的陈年旧事闹得最凶的时候，他进入三一学院，开始读本科。他来自一个富裕的商人家庭，精力特别旺盛。到18岁那年，他已经为《帕特农》（*Parthenon*）杂志撰写过近20篇数学家和科学家的传记，在《大众科学杂志》（*Magazine of Popular Science*）上发表过3篇有关科学著作的文章，出版了一本介绍塞缪尔·莫兰（Samuel Morland）生平的小册子，收集了一批中世纪算术和几何方面的手稿残篇，编纂成集，取名《数学稀稿》（*Rara Mathematica*），于1838年开始陆续出版。

在《伦敦和爱丁堡哲学书评》（*London and Edinburgh Philosophical Review*）上，一位匿名作者高度赞扬了哈利韦尔的后两项成就，称其在科学文献学方面具有"真正的价值"。与文学及考古挖掘相比，它将继续为整个国家的科学史提供资料。1838年，对科学史的忽视已经受到广泛关注。该评论者指出，"英国人对英国科学史的漠不关心已是老生常谈。几乎所有人类活动领域的历史都得到了研究，人们忙着出版手稿，撰写传记，只有科学是个例外"。他提供了一种解释：科学史研究的这一困境，源于它无法将知识和优雅调和起来，"解读古代手稿与纯粹科学研究，二者难以友好共处"。[11]总而言之，这一问题将始终困扰那些科学文本的潜在出版商们，毕竟这些文本本身晦涩难懂。科学和对古代手稿的"破译"很难融为一体，即便可以，也极不协调。

在剑桥，哈利韦尔很快从三一学院转学到邻近的耶稣学院。他的传记作者告诉我们，虽然不清楚他在剑桥的最初几年究竟干了些什么，"有一点可以肯定，他经常逃课"。[12]他一头扎进了对历史文物的研究之中，开始对剑桥大学图书馆，或许也包括皇家学会图书馆内的手稿进行整理编目，担任了"古代手稿残篇"的联合编辑工作，独立编辑耶稣学院的拉丁文历史，重新编辑1725年版的约翰·曼德维尔（John Mandeville）的寓言游记，这本书最早出现于14世纪初。他还参与创立了剑桥古文物学会和珀西学会（Percy Society），该学会致力于出版稀有诗歌和歌曲。他还大量收集了数学和天文学史方面的早期手稿。

结果，这部分收藏沦为了哈利韦尔过度消费的第一批牺牲品。到了1839年，他不得不被迫将这批藏书和手稿低价出售，对此他曾感叹道，"这突如其来的几乎将我碾得粉粹。"[13]哈利韦尔打算将这批藏品，卖给同样有藏书癖的托马斯·菲利普斯(Thomas Phillipps)，售价250英镑。不过，菲利普斯的出价更低，因为他也欠了一屁股债。哈利韦尔的这部分藏品包含136份手稿，绝大多数是中世纪时期的，还包括天文学家詹姆斯·弗格森(James Ferguson)的手稿，约翰·柯林斯(John Collins，牛顿的一位通信者)关于球面三角学的手稿，皮埃尔·伽桑狄(Pierre Gassendi)和约翰·弗拉姆斯蒂德的签名手稿。最后，一位书商买下了它们，转手卖给了另外一位买主，后者将其捐献给了大英博物馆。哈利韦尔很快从这次打击中恢复过来。1839年—1844年间，他为卡姆登学会(Camden Society，类似于瑟蒂斯学会的一家印刷学会)编辑了四部著作，准备着手撰写一部关于英国手稿早期历史的专著，还抽空写成《对手稿文献新手的若干建议》(*A Few Hints to Novices in Manuscript Literature*)一书。他刚刚成年那会儿，便已经是卡姆登学会委员会的成员。在此期间，他还创办过看似权威但短命的科学历史学会(Historical Society of Science)。

科学历史学会成立于1840年7月，仅仅维持了6个年头。哈利韦尔担任学会的秘书长和财务总监，学会成员最津津乐道的是他们的会长是萨塞克斯公爵①，还有五个会员是皇家学会的成员。12

---

① 萨塞克斯公爵(Duke of Sussex)，即奥古斯塔斯·弗雷德里克王子(Prince Augustus Frederick, 1773—1843)，他思想开明，废除了奴隶贸易，倡导宽容的宗教和移民政策。从1816年起担任皇家工艺学会(Society of Arts)主席，直至去世；1830—1838年任皇家学会主席。——译者注

人组成的委员会大致可以分为两派：一派来自皇家学会，另一派来自古文物学会，还有个别人同属两个学会。在这一时期，无须做出任何科学成果就能加入皇家学会，而科学史学会则希望招揽真正科学精英入会。其中，伦敦大学学院的数学教授奥古斯塔斯·德摩根（Augustus De Morgan）和牛津萨维尔几何学教授巴登·鲍威尔（Baden Powell）是科学史学会中最耀眼的代表。仅需花1英镑订购科学史学会的年度刊物就可获得会员资格。第一个登记入会的是弗朗西斯·贝利，紧随其后的是电磁效应的发现者迈克尔·法拉第（Michael Faraday）。截至1841年，科学史学会已经拥有了179名会员，包括45名皇家学会的成员、38位古文物学会的成员，以及34名来自其他顶级学会的成员。托马斯·菲利普斯也是会员之一，此外还有藏书家贝里亚·博特菲尔德（Beriah Botfield），他的图书馆建在威尔特郡伊丽莎白风格的朗利特庄园内，是贵族藏书家中最知名的一位。海外荣誉会员也被推选出来，其中包括法国数学家米歇尔·沙勒（Michel Chasles），意大利数学物理学家古列尔莫·利布里（Guglielmo Libri）。那时，皇家学会会员常常是各类学会极力拉拢的对象。1840年6月，哈利韦尔也曾邀请休厄尔参加科学史学会。哈利韦尔还在三一学院时，休厄尔就与他相见不过这一次，休厄尔表示，自己十分钦佩科学史学会的建会目标，但他本人已经加入太多学会。[14]休厄尔的婉拒，似乎是科学历史学会迅速失败的第一个坏兆头。

和其他出版学会类似，科学历史学会也将罗克斯伯勒俱乐部视为榜样，而正像我们之前提到的那样，对于他们而言，文献本身的价值是次要的考虑因素。复活某个旧版书更像是一场竞技比赛，决定是否出版往往基于稀缺性，而非相关性。因此，确定学会的出版清单，成为一项极富挑战的工作。目前的出版清单上有："中世纪科学的流行著作"，"13—14世纪英格兰的几何学著作"，此外还有"17世纪著名数学家"通信集，这些信写于牛顿的《原理》出版前夕，看上去很吸引人。不过，清单后续的条目就有些让人费解了，学会还计划出版"一部英文小册子，关于制作油脂和医疗用水，来自14世纪的一份手稿"，还有一套关于碎石术的小册子，介绍粉碎胆结石的外科方法。

最终，学会决定仅出版两套篇幅不大的著作。第一部是通信集，由哈利韦尔亲自操刀编辑，名为《从伊丽莎白女王到查理二世统治时期体现英格兰科学进步的通信选集》(*A Collection of Letters Illustrative of the Progress of Science in England from the Reign of Queen Elizabeth to that of Charles the Second*, London, 1841)。哈利韦尔的朋友托马斯·赖特(Thomas Wright)编辑了第二本著作，内容是中世纪流行的科学著作。

当时的一位书评家这样评价哈利韦尔的著作：虽然它并没有提供新鲜的、具有开拓性的内容，但却包罗万象、妙趣横生。[15]德摩根在《雅典娜神庙》(*Athenaeum*)杂志上发表一篇匿名书评，热情赞扬该书为未来学者的工作奠定了基础。尽管它看上去就像是一堆未经消化的资料，但这正是书写新的科学史所需要的原料。他哀叹道，"英国科学的历史还没有书写出来，而外国人早已写出了他们的历史，开始对科学追根溯源。"[16]

对于晦涩的科学和数学文献，德摩根具有罕见的热情。他也明白古老的科学文献所带来的挑战：这要求学者既拥有高超的专业技能（例如读懂古人手迹的能力），又有极高的工作热情。他感叹道："这就好比要求一个古文书学家，同时还是一名数学家，他必须有足够的精力和闲暇，既要研究矿石，还要研究金属，这如何可能呢？"[17]他期待科学历史学会能用体制化的办法，来取代这种个人英雄主义式的研究方法，虽然现在还没有，但不久的将来一定会有人挑起这项重担。

不过，新兴的科学历史学会显然无法完成这个任务，由于缺乏资金支持和有效领导，学会解散了。哈利韦尔依旧野心勃勃，不久又盯上新的猎物。一次，他去拜访托马斯·菲利普斯爵士，迷上他的女儿，立刻展开追求攻势。菲利普斯本人极力反对，他认为哈利韦尔不会是个称职的丈夫，但两人还是在1842年私奔，哈利韦尔甚至将自己的姓改成了冗长的哈利韦尔-菲利普斯（Halliwell-Phillipps）。在此后的30年的时间里，菲利普斯的大部分精力都用于诋毁自己女婿在出版界的声誉，指控他盗窃和散布虚假消息。这并非空穴来风。1845年，哈利韦尔-菲利普斯受到指控——7年前，当他还在三一学院读书时，就曾盗窃过一批科学手稿，那时他有钥匙，能打开上了锁的书架。虽然他声称自己无辜，但这桩丑闻还是搞得举国皆知。英国首相罗伯特·皮尔（Robert

图6.1 作为科学史的早期推动者，奥古斯塔斯·德摩根认为"即便是过去最没有价值的书，也是值得保存的记录"。在他看来，牛顿的性格和信仰与其科学成就无关。©国立肖像美术馆，伦敦。

Peel)以大英博物馆馆长的身份发表了自己的看法。没有确凿的证据表明哈利韦尔-菲利普斯曾偷过这些手稿，但如今这些手稿已经不在三一学院，而是收藏在大英图书馆。哈利韦尔-菲利普斯依旧不知收敛，一边通过买卖手稿大发横财，一边向许多图书馆捐赠文献。

就在人们对哈利韦尔-菲利普斯的偷盗行为展开调查的同时，科学历史学会的海外通信会员古列尔莫·利布里，正忙着从法国的各个外省图书馆中窃取大量的书籍和手稿。他本打算将其卖给

牛顿手稿漂流史

大英博物馆，却没有得逞，因为博物馆方面已从秘密渠道得知这批藏品实为赃物。罪行曝光后，利布里被迫带着18箱最值钱的书籍和手稿逃离法国。然而令人惊讶的是，当他抵达英国后不久，好心的大英博物馆的主管们，居然给他安排了份工作。

尽管科学历史学会因为缺乏方向和资金而解散，哈利韦尔-菲利普斯和利布里的盗窃行为再次为学会蒙上了一层阴影，但与此同时，另外一些人却已经踏上探索伟大思想起源的崇高道路。1838年，牛津萨尔维几何学教授斯蒂芬·彼得·里戈（Stephen Peter Rigaud），出版了一部著作——《有关艾萨克·牛顿爵士〈原理〉第一版的历史文集》（*Historical Essay on the First Publication of Sir Isaac Newton's Principia*），引发学界的密切关注，这是布鲁斯特和毕奥不可能完成的著作。这本著作详细考察了在准备《原理》第一版时牛顿思想的演变过程，它参考了许多此前从未出版过的历史材料（有一部分被里戈收入了附录），其中一部分材料来自皇家学会，一部分来自麦克尔斯菲尔德伯爵（Earl of Macclesfield）。伯爵从约翰·科林斯（John Collins）那里继承了一批牛顿手稿，科林斯是牛顿的好友，两人时常通信探讨数学问题。[18]

里戈在该领域的第二本著作在其死后于1841年出版。这本大部头的作品中收录了上千封通信，通信人包括艾萨克·巴罗（Isaac Barrow，牛顿之前的卢卡斯教授）、弗拉姆斯蒂德以及牛顿，信件内容是里戈从麦克尔斯菲尔德的收藏中亲手抄出来的。著作中的很多内容来自《通信集》（*Commercium Epistolicum*）一书，该书曾由皇家学会于1712年出版，收录了牛顿和莱布尼兹争论微积分优先权时的通信，该书名气很大，却难得一见。里戈的儿子在序言中反复强调，要了解"人们在科学发现过程中的心路历程"，最好的办法莫过于阅读他们的通信，这些信件是"对他们的职业、思想和困难的直接记录"。[19]

里戈的著作体现出非凡的史学素养，尽管对于当今的历史学家而言，这或许已经是家常便饭：在完整性（收录整封邮件的内容，避免断章取义）和清晰性（对文字拼写进行了统一的规范化处理）之间取得微妙的平衡。毕竟，这本著作的写作初衷，是"照亮那个科学进步的非常年代，而非仅仅影印出一批私人信件"。[20]里戈的著作立刻产生影响，读者可以利用这些材料，做出自己的判断。他是个出色的编辑，知道哪些地方应力求精确，哪些地方该适可而止。

在推动科学史前进的道路上，远远不止贝利、哈利韦尔、里戈几个人。越来越多直接涉及牛顿声望的研究逐渐涌现。1850年，剑桥三一学院的教师约瑟夫·阿多斯顿（Joseph Edleston）整理了学院档案馆中的一些文件和信件，并将其出版。除牛顿和罗杰·科茨（Roger Cotes）讨论《原理》第二版出版事宜的通信之外，阿多斯顿还收录有牛顿离开和抵达学院的记录（所有教师的出行都记录在案），在卢卡斯教席上的授课记录，以及在三一学院时的用餐花费。这些关于牛顿日常生活的细节，虽然看上去细碎无聊，在新的科学历史学的背景中却具有重要意义。阿多斯顿强调，有好几年的食堂账目缺失了，它们"对于修正微积分和新的宇宙理论的发现史是不可或缺的"。[21]三一学院的出入记录表明，在1692年—1693年之间，牛顿从未离开学院超过两周，而这段时间正是惠更斯暗示牛顿在伦敦精神崩溃的时间。于是，利用这些新材料，阿多斯顿完成了布鲁斯特一直想做的工作——指出毕奥提供证据中的漏洞。[22]这类细节上的点滴证据还在不断增加。

1847年，奥古斯塔斯·德摩根出版了《从印刷术发明至今出版的算术著作》（*Arithmetical Books from the Invention of Printing to the Present Time*），这是最早的书目类图书。在这本书中，德摩根直言不讳地提出了一批棘手的问题，说明为什么读者应该关心这类深奥的问题，例如，科学在中世纪的发展状况。对于科学而言，难道不是更应该关注当下和未来吗？科学史可能有用吗？德摩根在天文学中建立了这种联系，很容易让人联想到贝利和里戈的研究，"人们总认为过去的书籍是没用的，但其实它们是珍贵的记录，值得保留。就像从望远镜中观测到遥远的恒星，它们看起来模糊不清，似乎很难产生有效的用途。但是在知道如何运用它们的人手中，它们可以用来确定其他更重要的天体的位置"。[23]在学者手中，哪怕是最神秘难懂的参考点，也可以用来描画科学史上思想的宏伟星系。没有什么东西应该被轻易抛弃。

此前一直有批评认为，出版学会的出版物毫无价值，德摩根的辩护打消了这种疑虑。1846年，他完成一部新的著作，对此他的妻子索菲亚（Sophia）骄傲地宣称，这是继贝利的《传记》之后，第二部揭露牛顿"软弱一面"的英文著作。贝利新发现的信件强化了这一观念对莱布尼兹、弗拉姆斯蒂德乃至惠斯顿有必要全盘翻案。德摩根的文章《牛顿与弗拉姆斯蒂德》（Newton and Flamsteed）——不妨再次引用他的妻子的原话——显示出了"只有精通数学发现史的人才能展现出来的研究威力"。[24]换句话说，德摩根成为了他自己在1841年那篇文章中所呼唤的学者，既懂得"矿物"，又懂得"金属"，能够同时破解历史谜题和科学谜题。他提倡一种充满阳刚气质的科学史，勇于直面英雄身上的弱点，即便深谙人性的软弱，依然能够承认他们的力量。他写道，"牛顿一生的最大失败，或者更确切的说，一生的不幸，来自于他的性格，对他人不同意见的病态恐惧支配了他的一生。"[25]

在牛顿看来，自然哲学不应该是充满激烈辩论的诉讼法庭，德摩根强烈反对这种态度："面对自然，每个人都能自由地选择立场、填写议案、发起诉讼，这难道不就是科学探索的全部吗？"[26]德摩根在斗争面前从不胆怯，在他看来，科学中的竞争与交流不可避免，在这一点上，牛顿犯了大错。德摩根认为，科学发现具有自然哲学和社会两个维度：科学家不仅需要发现真理，而且应该分享真理。牛顿拒绝履行第二项义务，那么他的同仁就只能逼他就范。德摩根总结道："牛顿的科学发现具有两大特征：这是他的发现，其他人必须承认这是他的发现。"这个总结看似调侃，但

牛顿手稿漂流史

语气严肃。"有人号称牛顿有权这么做，如果这种说法能被接受，那么同理，对于牛顿传记作者在这方面对他的一切赞扬，我们和我们的读者也有权拒绝。"[27]公众享有充分的知情权，他们不仅有权了解科学知识本身，而且有权了解这些科学发现者的生活。

1855年，大卫·布鲁斯特最终完成了《艾萨克·牛顿生平传记》(*Memoirs of the Life of Isaac Newton*)，这部巨著共分两卷，长达1 032页。距离他的上一本牛顿传记已经过去20多年，布鲁斯特的新书再次引入了全新的历史材料，从而再次改变了牛顿争论的论域。尽管这些材料无法提升牛顿的形象，但在这个所谓科学的历史学的时代，这些材料使布鲁斯特的工作更加符合学术要求。同时代的评论家立刻注意到这一点。巴登·鲍威尔(Baden Powell)写道，在1831年著作和1855年著作之间的拖延，部分原因在于布鲁斯特"投身到对原始文件的艰苦研究之中，而这些原始文件迄今为止从未经过检验"。因此，耐心等待一部与牛顿地位相称的著作是值得的，正如鲍威尔所言，"牛顿的历史占据了科学史相当大的比例"。[28]

鲍威尔很恰当地注意到鲁斯特对新材料的使用。在著作的开篇，布鲁斯特首先回顾前人创作牛顿传记的历史，指出丰特内勒《悼词》的不足，提到了康杜伊特写作计划的落空。他不无刻薄地说，"由于无法消化牛顿身后留下的巨量手稿"，康杜伊特不得不放弃传记的写作，为此他也没有什么可后悔的。[29]

不难想见，对于贝利和弗拉姆斯蒂德的背叛，布鲁斯特表达了强烈的愤慨。他哀叹贝利的《传记》已经流传甚广，虽然这本书只印发250本（还用的是海军部的经费，他指责道），但全部流向有影响力的读者，恰恰这些人能够决定牛顿声誉的好坏。作为回应，布鲁斯特宣称，他最终找到一批弗拉姆斯蒂德写给牛顿的信件（并未收录于贝利的《传记》中），而正是这些信件使他"能够在这部著作中做出有力的辩护，反击那些在科学史上史无前例的诽谤和歪曲"。[30]

牛顿的信仰问题让布鲁斯特烦恼不堪，但他认为，不应对公众隐瞒这此事，"人们早就对此有所怀疑，早晚会知道真相"，尽管他承认自己"在这一主题上，只能极不情愿地点到为止"。布鲁斯特并不试图为牛顿的信仰辩护，而是决定公开相关手稿，让读者自行判断，同时提醒他们"只有伟大的导师才能教授真理"。[31]布鲁斯特辩解说，只有"端坐在法官席上的"上帝本人，才能解释为什么会有如此之多的反三一神论的糟粕，会和牛顿科学思想之精华混杂在一起。这种法律上的比喻依然很恰当。在其书评中，鲍威尔也有类似用法，比如他特别提到了布鲁斯特"证人席"中一位证人的"证词"。[32]

对布鲁斯特来说，牛顿的信仰问题是重中之重。他并非是唯一一个有此想法的人，直到19世纪中叶，围绕牛顿宗教问题的讨论依然持续。牛顿是否终生对神学问题感兴趣，还是这仅仅是他

图6.2 19世纪60年代的大卫·布鲁斯特。为了捍卫偶像艾萨克·牛顿的声誉，他进行了长期而艰苦的斗争，以反驳毕奥和贝利所揭露的牛顿发疯和卑鄙的形象。© 国立肖像美术馆，伦敦。

年老昏聩、心智减弱后的结果？他的信仰是否与基督教的正统信仰势不两立？他的神学兴趣和他1692年的精神崩溃有关吗？

布鲁斯特坚持不懈地为解开这些问题寻找新的证据，尽管答案有时会让他不安。他亲自阅读了牛顿的炼金术手稿，其中很大一部分是基于其他著作的笔记和摘抄，对此布鲁斯特深感困惑，"一颗如此强大而崇高的心灵，致力于对抽象的几何和物质世界的探究，如何能这样卑躬屈膝，甘愿成为一个最低贱的炼金术诗词的抄写员"。布鲁斯特将其归咎于牛顿所处年代的时代"品味"，此外没有再多说一个字，这多少有些让人惋惜。[33]布鲁斯特最关心的还是与牛顿神学信仰相关的新线索，他尽职尽责地将其出版出来，其中包括从1690年开始，洛克和牛顿之间关于启示与末日主题的一系列通信。在其中一封信中，牛顿写道："我很乐意请你来判断一些我的神秘想法，我把人子（《但以理书》第7章）与天堂中骑着白马的上帝之道（《启示录》第12章）看成同一的，因为他们都用一根铁杖统治万国；但你从哪里确定'亘古常在者'（the Ancient of Days）就是基督？基督是否安坐在无处不在的宝座之上？"[34]牛顿的激情提问并未得到及时答复，他只好又写了一封信，提醒洛克回复他之前的问题。

接下来，布鲁斯特开始讨论他认为牛顿最重要的神学著作，《评论》和死后根据手稿出版的《对两处显著讹误经文的历史解释》，后一本著作中的内容最成问题。在这本书中，牛顿清楚地表明，自己对三位一体学说缺乏信仰，质疑一封约翰书信的真实性："在天堂作见证的有三：圣父、圣子和圣灵，这三者乃是同一的"（《约翰一书》第5章，7—8节）。布鲁斯特忠实地重述了牛顿的结论——这段文字与原始经文有"严重出入"。[35]

尽管看上去牛顿的异端思想证据确凿，布鲁斯特仍然固执地认为，"这种看法得不到任何已有出版的文献的支持"。[36]他勉强承认，就像德摩根所揭示的那样，牛顿在其著作中的很多用语，决不可能出自三一神论的信仰者之口，但他依旧大胆声称，这最多只能证明牛顿存在异端的嫌疑。[37]为了捍卫摇摇欲坠的牛顿信仰，布鲁斯特不得不采用一些非常暧昧的论证手段。一种办法是对牛顿的公开出版物和私人手稿进行区分，其中的私人手稿主要是指布鲁斯特在赫斯特本庄园看到的朴茨茅斯手稿。另一个办法是坚持牛顿信仰的独特性。布鲁斯特辩解道："三一神论存在着不同的思想形式和表达方式，而这些不同表述，即便在最纯正的基督教团体中，也已经被奉为正统了。"[38]近乎绝望的布鲁斯特表示，也许牛顿只不过发展出了一套属于自己的真理形式，如果对其详加考察，就能发现它与任何一种真正的基督教信仰一样，是虔诚的、可以接受的。

牛顿的反三一神论思想让布鲁斯特饱受折磨，不过他相信，自己依然有义务竭尽所能，调查事实的真相。尽管此时已是19世纪中叶，反三一神论仍然是个十分敏感的话题。1813年，《三一神论法案》出台它在形式上包容了那些和牛顿持类似信仰的人。现在，他们可以合法地称自己为"神体一位论者"（Unitarians），可以成为法定监护人，还能担任公职。然而，在判例法（common law）的操作程序下，这种渎神的行为仍然会面临起诉，因为公开表达信仰，很多人被关进了监狱。最终，布鲁斯特还是没有发现对牛顿有利的辩护证据。在为父亲撰写的传记中，布鲁斯特的女儿这样写道："在牛顿的著作中，他找不到哪怕任何一句话、任何一条笔记，能够证明牛顿不是一位'高级的阿里乌斯派信徒'。"[39]阿里乌斯派是持反三一神论的一个教派，至少在基督教教会的早期就已出现。这并不是最好的结果，但已经是布鲁斯特可能做到的最好结果。根据他女儿的回忆，布鲁斯特找到了证据，证明牛顿相信耶稣是上帝之子，但"从来没有承认他与圣父具有平等的位格"。布鲁斯特从未彻底丧失信心，而且正像他女儿所说，布鲁斯特紧紧地抓着这一事实不放："牛顿从未明确地声称自己放弃了三一神论的信仰。"[40]确实，牛顿从来没有宣称自己不信三位一体说，但也从未承认天父、上帝和圣子基督具有相同的位格。

布鲁斯特需要这些修辞技巧，正是因为他心里清楚牛顿的真正信仰。在赫斯特本庄园，他亲自阅读过牛顿留下的手稿，毫无疑问，这些手稿是长期辛勤劳动的结果——而它们的作者绝非一位传统的基督徒。在私底下，布鲁斯特还是相当坦诚。他曾给有用知识传播协会的创始人巴伦·布鲁厄姆（Baron Brougham）写过一封信，透露自己掌握了"大量证据"，可以证明牛顿是一位反三一神论者。"但凡看过他手稿的人，对此事都不会有一丝怀疑。"[41]

不过，在其出版的著作中，布鲁斯特最后的结论却是，牛顿的手稿并不足以揭示其宗教观的全貌。他赞扬佩莱、康杜伊特、霍斯利，称赞他们"睿智的审慎"，从而避免了手稿公之于众。他指出，要是牛顿有足够的时间完成这些手稿，那么这些手稿将会"更加正确和完整地表明他在教理和教义重大问题上的观点，而不只是我们现在看到的这些草稿"。[42]最终，布鲁斯特诉诸英国古老的自然神论传统，强调牛顿的研究旨在揭示物质世界，即上帝造物的奥秘，而神圣意志则蕴藏于圣经之中。

布鲁斯特一心想为读者提供有关牛顿的"事实"，让他们不受其本人情感因素的羁绊，自己做出诠释。大体来说，评论家关注的是他对牛顿私人生活的描述，以及对那些古老争论的全新解读。不过，毕奥和德摩根都批评了布鲁斯特，指责他没有深入探讨牛顿在科学上的贡献。在他们看来，布鲁斯特应该利用朴茨茅斯手稿，对牛顿的思维方式进行更为充分的理解，但他却白白浪费了这次宝贵的机会。德摩根等人早就把牛顿科学圣徒的形象抛进了历史的垃圾堆，在他们眼中，牛顿的形象已经大为不同。德摩根曾经拒绝在保持正统信仰的宣言书上签字，他因此失去了在剑桥的任教资格。终其一生，他都拒绝佩戴传统的会员徽章。他婉拒了爱丁堡大学的法学荣誉学士，从未加入过皇家学会，甚至从来没有参观过议会下院、威斯敏斯特大教堂、伦敦塔。德摩根永远不懂得墨守成规，在他看来，牛顿的宗教信仰和他的"哲学信仰"一样，"既坚定又真诚"。[43]他直白地断言，牛顿的异端思想已经"不再是一个恼人的问题"。他这样写道："我们不仅生活在一个充满怀疑的时代……而且生活在一个具有鉴别能力的时代，它要求我们把思想和道德区分开来。"[44]这就意味着，人们不必再要求伟大的科学家同样具备伟大的人格。德摩根赞扬布鲁斯特在两部传记中表现出的心态变化，他看到布鲁斯特为此付出了沉痛的代价，"他自己也感到，必须放弃把牛顿视为半神半人（demigod）的态度"。[45]

在父亲的传记中，布鲁斯特的女儿证实了德摩根的判断。尽管布鲁斯特感到自己不得不放弃牛顿的半神形象，却依然渴望继续捍卫他。看到自己心目中的英雄遭受围攻，他无比心痛。牛顿入土已经100多年了，但他依然被视为一个"个人的悲剧和英国的丑闻"，饱受攻击。这就是为什么布鲁斯特花了这么长时间才完成其第二本牛顿传记，在其间的岁月中，他竭尽所能搜集"每一条证据和线索"，为牛顿做出辩护，使他免于"对其精神、人品和公正上的指控，当这些指控大肆传播之时，被告人和他同时代的人已在坟墓中慢慢腐去"。[46]

至于德摩根，他拒绝用"天才"（genius）这样的字眼描述牛顿，而是偏爱用听上去更成熟的"睿智"（sagacity）一词。很多读者依然津津乐道于牛顿神话中令人兴奋的桥段，而德摩根则以剥夺他们残存的幻想为乐，责备他们总是渴望听到"惊人的谜题得到解决，以及人类心智的丰功伟绩"。德摩根写道："人们总是以为，只有凭借纯粹的想象力，才能猜出紧锁在宝箱中的内容。而事实上，打开宝箱不过是通过一系列技艺工序，用一把又一把钥匙耐心地尝试而已，人们得知这一真相后总会大失所望。"[47]在科学中，并不存在上天的灵感启示或英雄主义的发现瞬间，它是一项进程缓慢且极需耐心的工作。德摩根所谓的"一系列技艺工序"指的是科学的实践方法——一套需要逐渐积累、苦心学习的具体技能——而不是很多人认为牛顿所拥有的那种脑力大爆发。

德摩根同样想把牛顿从宗教虔诚的捆绑中解救出来。他本人就是一位异议人士，毫不介意展示牛顿真实的一面：他就是一个异端分子，德摩根及其持异议的同道们始终这样认为。在为《内阁肖像画廊中的英国名人》(*Cabinet Portrait Galleries of British Worthies*)一书撰写的牛顿简传中，德摩根开诚布公地讨论了牛顿的信仰问题。他同时为论辩的双方提供证据。一方面，牛顿确实有一些阿里乌斯派朋友，其中包括威廉·惠斯顿，以及牛顿的一位雇员霍普顿·海恩斯(Hopton Haynes)；另一方面，他分析牛顿的"圣经中两处显著讹误的历史解释"，指出仅仅依据这本著作，无法确定牛顿本人的立场。虽然在这本书中牛顿没有明确表达自己的反三一神论倾向，但德摩根指出，牛顿同样没有证明自己持有正统的基督教信仰。他进一步强调，考虑到牛顿时代对反三一神论的严厉处罚，人们不难想象这样一部作品中实际上包含着异端思想。在德摩根看来，虽然存在如此之多的争议，牛顿依然是"一位真正的伟人"。"品行上的污点"并不足以贬损他的伟大。道德操守和思想成就能够——事实上也应该——分而论之。许多传记作家希望将他塑造为一个"完美的怪物"，但这样一个"完美的怪物"并不存在，牛顿是"一个值得无条件惊异的对象，而绝非一个值得无条件膜拜的对象"。[48]

　　或许是出于对布鲁斯特作为传记作家局限性的不满，德摩根再次动笔，撰写了一部关于牛顿的半传记型的著作。由于一位出版商认为这部著作无法得到公众的青睐，直到1885年德摩根死后才得以出版。[49]在德摩根夫人索菲娅所撰写的导言中，我们可以窥见德摩根在讨论牛顿时所陷入的道德争论。

德摩根在文中猜测，侄女凯瑟琳寄住在牛顿家时，可能与查尔斯·蒙塔古有过一段私情，蒙塔古是一位诗人、政治家，第一任哈利法克斯伯爵，在三一学院学习时受牛顿的庇护。伏尔泰最早爆料，牛顿之所以能被任命为造币局的督办，正是得益于其侄女和蒙塔古的关系。布鲁斯特否认了上述说法。德摩根总结道，他们举行了一场秘密婚礼，才最终将这桩私情遮掩过去。对于这件发生在自己屋檐下的丑行，牛顿不仅装聋作哑，甚至故意从中渔利，就连一贯离经叛道的德摩根，也觉得牛顿这一次在道德上的越界过于出格。[50]

1868 年，已经获得骑士头衔的大卫·布鲁斯特躺在病榻之上，心中依然挂怀着牛顿。他同一位访客谈起自己的信仰，强调自己依然是一位虔诚的信徒。他说，对上帝的话语保持怀疑是"理性的骄傲，从而能让自己的文字保持明智"。他感到，在走过漫长而曲折的道路之后，终于能谦虚地坦言自己的无知。他感慨说："虫子竟想测度全能者的旨意，这是多么荒谬啊！"他再一次想起牛顿那谦虚的名言："我就像是一个在海边玩耍的孩子，不时为拾到比通常更光滑的石子或更美丽的贝壳欢欣鼓舞，而展现在我面前的是完全未探明的真理之海。"但到最后，他回忆起牛顿，满怀悲伤而非自豪，因为在最终的评价中，他只得承认，牛顿显然信奉反三一神论，"他竟然在错误的道路上走了这么远，这是何其可悲"。终于，神秘主义成为布鲁斯特最大的避难所和心灵慰藉。"有些秘密，仅仅属于上帝"。这是显而易见且可被接受的想法，即使对于牛顿，一个毕生都在尝试比别人看得更远的人来说，也是如此。[51]

在生命的最后一刻，布鲁斯特干净得像一张白纸。当被问及是否还应该为他留下的科学手稿做点什么时，他语气坚定地回答："没有了。"他已经做完了一位科学家所能做的一切，出版了一切值得出版的手稿。他的一生毫无秘密可言。无论是关于牛顿生命中的黑暗片段，还是手稿可能带来的阴影，布鲁斯特在著作中都没有作出进一步的推断。牛顿死后留下的种种谜团，在布鲁斯特本人的生命中并未占据一席之地。

布鲁斯特所言不虚，在其漫长而多产的一生里，他笔下的每一份成果都被用来供养他和他的家人，他几乎没有留下什么私人手稿。如今，他的私人手稿只有爱丁堡大学图书馆所藏的70封信件和圣·安德鲁斯大学的15封信件，仅此而已。

注释

[1] Arthur Sherbo, "Heber, Richard (1774—1833)," in *Oxford Dictionary of National Biography* (Oxford: Oxford University Press, 2004).

[2] 有关迪布丁和藏书热，见 Philip Connell, "Bibliomania: Book Collecting, Cultural Politics and the Rise of Literary Heritage in Romantic Britain," Representations 71 (2000): 24–47.

[3] H. R. Luard, "Thomas Dibdin," in *Dictionary of National*

Biography (London: Smith, Elder, 1888).

[4] Philippa Levine, *The Amateur and the Professional: Antiquarians, Historians and Archaeologists in Victorian England,* 1838—1886 (Cambridge, UK: Cambridge University Press, 1986), 41.

[5] Edward Edwards, *Libraries and the Founders of Libraries* (London: Trubner, 1864), 446.

[6] Edwards, *Libraries and the Founders of Libraries*, 446.

[7] Edwards, *Libraries and the Founders of Libraries*, 406.

[8] Thomas Frognall Dibdin, *Bibliophobia: Remarks on the Present Languid and Depressed State of Literature and the Book Trade. In a Letter Addressed to the Author of the Bibliomania by Mercurious Rusticus* (London: Henry Bohn, 1832), 10–11.

[9] A. N. L. Munby, *The Cult of the Autograph Letter in England* (London: Athlone Press, 1962), 7.

[10] Upcott to Turner, June 2, 1820, cited in Munby, Cult, 32; Janet Ing Freeman, "Upcott, William (1779—1845)," in *Oxford Dictionary of National Biography* (Oxford: Oxford University Press, 2004).

[11] Review, *London and Edinburgh Philosophical Review*, third series, 13 (1838): 221.

[12] Theodore Hornberger, "Halliwell-Phillipps and the *History of Science*," Huntington Library Quarterly 12 (1949): 391–399, citation 392.

[13] Arthur Freeman and Janet Ing Freeman, "Phillipps, James Orchard

Halliwell (1820—1889)," in *Oxford Dictionary of National Biography* (Oxford: Oxford University Press, 2004).

［14］有关哈利韦尔-菲利普斯和科学历史学会的材料，依赖于 A. N. L. Munby, *The History and Bibliography of Science in England; The First Phase, 1833-1845* (Berkeley: University of California Press, 1968).

［15］Review, *London, Edinburgh and Dublin philosophical magazine and journal of science, third series*, 18, (1841): 412-413.

［16］[Augustus De Morgan], "Review of 'A Collection of Letters, Illustrative of the Progress of Science in England, from the Reign of Elizabeth to that of Charles II.' Edited by J. O. Halliwell," *Athenaeum* 2 (1841): 588-89, citation 588.

［17］De Morgan, "Review," 589.

［18］Stephen Peter Rigaud, *Historical Essay on the First Publication of Sir Isaac Newton's Principia* (Oxford: Oxford University Press, 1838), vii.

［19］Stephen Peter Rigaud, *Correspondence of Scientific Men of the Seventeenth Century, including Letters of Barrow, Flamsteed, Wallis and Newton* (Oxford: Oxford University Press, 1841), v.

［20］Rigaud, *Correspondence of Scientific Men of the Seventeenth Century*, viii.

［21］Joseph Edleston, *Correspondence of Sir Isaac Newton and Professor Cotes* (London: John Parker, 1850), lxxxvi.

［22］Edleston, *Correspondence of Sir Isaac Newton and Professor Cotes*, lxii.

[23] Augustus De Morgan, *Arithmetical Books from the Invention of Printing to the Present Time* (London: Taylor and Walton, 1847), ii.

[24] Sophia De Morgan, *Memoir of Augustus De Morgan* (London: Longmans, Green, 1882), 256.

[25] Augustus De Morgan, *Essays on the Life and Work of Newton* (Chicago: Open Court, 1914), 37. This edition is a reprint of De Morgan's original publication "Newton," in *Cabinet Portrait Gallery of British Worthies* 11 (1846): 78–117.

[26] De Morgan, *Memoir of Augustus De Morgan*, citing Augustus De Morgan, 258.

[27] De Morgan, *Essays on the Life and Work of Newton*, 38.

[28] Baden Powell, "Review of recent books on Newton," *Edinburgh Review* (1856): 499–534, citation 500.

[29] Baden Powell, "Review of recent books on Newton," *Edinburgh Review* (1856): 499–534, citation 500.

[30] Brewster, *Memoirs of the Life, Writings, and Discoveries of Isaac Newton*, xii.

[31] Brewster, *Memoirs of the Life, Writings, and Discoveries of Isaac Newton*, xv.

[32] Powell, "Review of recent books on Newton," 511.

[33] Brewster, *Memoirs of the Life, Writings, and Discoveries of Isaac Newton*, 374.

[34] Newton to Locke, February 7, 1691, cited in Brewster, *Memoirs of the Life, Writings, and Discoveries of Isaac Newton*, 318.

[35] Brewster, *Memoirs of the Life, Writings, and Discoveries of Isaac Newton*, 332.

[36] Brewster, *Memoirs of the Life, Writings, and Discoveries of Isaac Newton*, 332.

[37] Brewster, *Memoirs of the Life, Writings, and Discoveries of Isaac Newton*, 337n1.

[38] Brewster, *Memoirs of the Life, Writings, and Discoveries of Isaac Newton*, 340.

[39] Margaret Maria Gordon, *The Home Life of Sir David Brewster*, 2nd edition (Edinburgh: Edmonston and Douglas, 1870), 262.

[40] Gordon, *The Home Life of Sir David Brewster*, 262.

[41] Letter from Brewster to Brougham, July 11, 1854, Brougham Papers, 26,679, University College London, cited in Higgitt, *Recreating Newton*, 144.

[42] Brewster, *Memoirs of the Life, Writings, and Discoveries of Isaac Newton*, 355.

[43] Augustus De Morgan, "Review of Sir David Brewster's Life of Newton," *North British Review* (1855): 307–338, citation 336.

[44] De Morgan, "Review of Sir David Brewster's Life of Newton," 333.

[45] De Morgan, "Review of Sir David Brewster's Life of Newton," 333.

[46] Gordon, *The Home Life of Sir David Brewster*, 260–261.

［47］ De Morgan, *Essays on the Life and Work of Newton*, 51.

［48］ De Morgan, *Essays on the Life and Work of Newton*, 63.

［49］ Augustus De Morgan, Newton: *His Friend: and His Niece* (London: Dawsons, 1885).

［50］ De Morgan, *Newton*, vi.

［51］ Gordon, *The Home Life of Sir David Brewster*, 410. 这条号称是牛顿的名言，在牛顿本人的所有文字作品中均无迹可寻，很可能是布鲁斯特本人杜撰的。

第7章
剑桥双星

1872年7月29日，约翰·库奇·亚当斯(John Couch Adams)搭乘下午1点17分从剑桥开往伦敦圣潘克拉斯站的火车，接着转车前往滑铁卢车站。在那座繁忙的、"异常喧闹"的火车站里，他见到了乔治·加布里埃尔·斯托克斯(George Gabriel Stokes)。他们此行将完成一个任务：将牛顿的手稿从赫斯特本庄园带回它们的诞生之地和精神故乡——剑桥。

继布鲁斯特之后，牛顿的手稿想要重见天日，恐怕再也没有比亚当斯和斯托克斯更合适的人选。剑桥官方也许出于同样的考虑，让两位鼎鼎大名的科学家承担起护送手稿的工作。朴茨茅斯伯爵最终决定将手稿捐献给剑桥，他感到它们"更适合存放在牛顿自己大学的图书馆里，而不是某个私人图书馆中"。[1]不过，伯爵对手稿的责任感一定来自于某种私人情感，因为他的名字就是艾萨克·牛顿·沃洛普(Issca Newton Wallop)。[2]

亚当斯和斯托克斯从滑铁卢继续搭乘火车，抵达位于伦敦西南110千米外的汉普希尔的惠特彻奇火车站，朴茨茅斯伯爵已经派马车在那里迎接他们。伯爵本人则乘坐从伦敦出发的最后一班火车归来，到达时已是晚上8点，正好赶上晚饭时间。亚当斯回忆说，当晚，伯爵夫人很早就回去休息了，而伯爵先生则非常健谈。正是他给剑桥官方写信，表示愿意将与科学有关的手稿捐献给学校，这些手稿已经在他的家族里传过好几代人。

图7.1　艾萨克·牛顿·沃洛普，第五任朴茨茅斯伯爵。1872年，他慷慨地将同名祖先手稿的科学部分捐赠给了剑桥大学。不过，要再过16年，这些手稿才最终被整理编目。©国立肖像美术馆，伦敦。

　　第二天一早，斯托克斯和亚当斯便忙碌起来，他们很快发现这些手稿极为混乱。亚当斯记录道，第一天早上，他偶然找到一些相当有趣的手稿，包括对"大气折射"的研究，以及"一些与月球远日点有关的研究"。[3] [那天晚上，亚当斯沉浸在《再见，心上人！》(Goodbye, Sweetheart!)的故事里，那是一本言情小说，描写一位无畏的女英雄，在月光下泛舟冒险。亚当斯博览群书，爱好广泛，植物学、地质学、历史、神学无所不读，对小说也是情有独钟，特别是"当从事了繁重的脑力劳动之后"。] [4]

两位科学家与伯爵建立了深厚的友情。到了8月2日，伯爵决定进一步扩大捐赠范围。他写信给剑桥主管行政事务的副校长，表示自己将捐赠"牛顿的手稿，以及牛顿亲笔修订的《原理》第一版和第二版的两个副本"。他还写了一份附带条款，因为斯托克斯和亚当斯发现，一些手稿中混杂着"和数学有关的片段"，需要进一步仔细甄别，如果这些内容日后证明确实和数学有关，那么也将捐赠给大学。伯爵大人的慷慨远不止如此。他还同意将"知名人物写给牛顿"的信件借（他着重强调了这一点）给大学，如果这些信件中存在有用的内容，或者对"启发科学问题"有所帮助，那么日后也可以将这些内容公开出版。[5]

不过，伯爵的慷慨也是有限度的。他表示，自己愿意捐出所有与科学有关的手稿，但所有与"私人事务"有关的手稿只供外借。他执意要亲自保管这些"传家宝"，期待着两位教授能够一丝不苟地工作，满足自己的这些愿望。他最后写道："就算斩断双手，我也不希望斩断自己和牛顿的联系，他是我们家族最骄傲的荣耀。" [6]

返程路上两位教授的双手也没闲着，尽管亚当斯在日记中没有明确记录这一点，但他们两人从赫斯特本庄园带走的不仅是科学类的手稿，而是朴茨茅斯手稿的全部。1696年，它们被牛顿带到伦敦，那时他刚刚接任造币局的工作。现在，这些手稿在其主人去世后踏上了第二次旅程——重回剑桥，其中一部分手稿正是在那里写成的。在这中间的150年中，这些手稿一直静静地存放在赫斯特本庄园。只有几个人有幸见到它们：18世纪末皇家学会的秘书塞缪尔·霍斯利，19世纪初的贝利和布鲁斯特。伯爵夫人对两位教授必须带走全部手稿深表歉意。她解释说，手稿处于"非常混乱的状态"，好像从来没有被仔细整理过，在一沓标写着"无用的"字样的手稿中，教授们发现"一些数学手稿，相当有趣，而且极其重要"。[7]伯爵夫人说得没错，在牛顿死后，他的手稿确实没有被完整整理过。一方面是由于手稿的内容复杂难懂；一方面也因为人们缺乏持续的热情，总之，这些手稿就算不是完全神秘，也至少笼罩着厚厚的面纱。这就是为什么朴茨茅斯伯爵认为将手稿全部移送剑桥不失为明智之举，毕竟整理手稿是漫长而繁重的工作，哪怕再好客的主人，其耐心也是有限的。显然，斯托克斯和亚当斯的短暂到访表明，手稿的整理工作可能要花上好几个月，而不是几天。在当时，没有人能预料到这项工作实际上将用去好几年，甚至十几年的时间。斯托克斯是黏性流体方面的专家，他曾经用实验计算出了小水滴悬浮在大气层中所需的摩擦力。而如今，这些部分被赠予、部分被外借的牛顿手稿，也和悬浮的小水滴一样——在经历16年的编目工作之后，才最终得以找到归宿。

在这16年中，剑桥将再次成为物理实验科学和工业化的中心，牛顿的数学物理学再度发挥其基础理论的作用，并且将经历一次重大革新。斯托克斯和亚当斯拼尽全力，力争赶上时代变化的脚步。在赫斯特本庄园沉寂多年的牛顿手稿甫一出世，就发现其诠释者正处于一个前所未有的美丽新世界中：一个电磁理论的新世界。

朴茨茅斯伯爵对剑桥两位教授的邀请可谓正当其时，因为那时人们对贵族占有丰富历史文献的行为已经越发不满，更糟糕的是，有些贵族对这些国有档案管理不善，任凭其腐烂殆尽。之前人们总是认为，这些珍贵的历史文献应该由少数精英妥善保管，而现在这一观念已经遭到挑战。书籍和手稿应该从贵族的乡间宅邸转移到像剑桥、牛津和伦敦这样的学术中心。位于伦敦的公共档案馆致力于收集全国各地的档案，这一方面可以使律师更容易找到用于解决财产纠纷的诉讼证据；另一方面也可以使历史学家更容易接触到一手的研究材料。一场全国范围内的档案清理工作正在有条不紊地展开。

这场运动的重要标志之一是1869年成立的历史手稿皇家委员会（Royal Commission on Historical Manuscripts）。尽管并没有法律强迫贵族和私人机构打开大门，但其中的意图清晰无疑。委员会在其第一份公告中强调："不少机构和私人家族收藏了大量的手稿和文件，而它们在历史、法律、科学和一般的文学领域，具有重要的实用价值和普遍的公共利益。"[8]这实际是在暗示，这些手稿是全体民众的财产，到了将其奉还于民的时候。

一开始，委员会四处游说，诉说自己的主张，取得相当大的成功。仅在第一年，委员会已经和180位个人与机构取得了联系，为表明自己行为的合法性，委员会还特别聘请两位律师作为官方的档案检查员。到了第二年，委员会进一步明确自身的职责："对于从事传记、历史或政治学的研究者而言，没有什么比真实的一手信息更重要的了。"[9]到了第三年，他们在报告中透露，成功远超预期。这一成功是贵族和学者共同努力的结果。每个人的表现都值得尊重。"很多贵族、绅士、公共机构都已做好准备，慷慨地将他们收藏的手稿提供给委员会的官员们"，而学者和历史学家也以相同的"热忱"迎接这些全新的材料。[10]

各类发现层出不穷。在菲利普斯(Phelips)家族的蒙塔丘特庄园(Montacute House)里，人们发现一包信件，上面仅仅标注着毫不出奇的"法律文件"字样，实际上却装着和火药阴谋①有关的大量文件。[11]委员会还收到一些手稿，其空白处的笔迹疑似是莎士比亚留下的(后来证实并不是)。[12]在巴基(Buckie)，人们发现了玛丽皇后的72封信，其中大部分是密码信。[13]在诺福克的考尔索

---

① 火药阴谋(Gunpowder Plot)，指1605年由英格兰极端天主教徒策划的、企图炸毁国会大厦、刺杀国王詹姆士一世(James I, 1566 — 1625)的恐怖活动。由于消息泄露，阴谋并未得逞。——译者注

普勋爵（Lord Calthorpe）家中，发现了亨利八世（Henry VIII）、菲利普（Philip）、伊丽莎白女王（Queen Elizabeth）、苏格兰玛丽皇后（Mary, Queen of Scots）的亲笔书信。[14]

委员会的调查人员在探访私人图书馆的同时，还在积极采取行动，试图将这些国民档案纳入国家收藏。委员会声称，他们努力将收藏从私人手中转移到公共机构，好处之一是让"学习历史的学生能更容易地接触到它们"。[15] 不过，在委员会的官员赶到之前，朴茨茅斯伯爵已经将牛顿手稿转交给剑桥大学，这其中却另有一番原因。事情还要从第七任德文希尔公爵，威廉·卡文迪许（William Cavendish）讲起。威廉·卡文迪许不是一位普通的贵族老爷。他毕业于剑桥大学三一学院，在极为困难的数学期末考试中排名第二。毕业后，他开始经营家族产业，那时其家族的地产和工厂已经遍布全英国，但卡文迪许依然让家族财富更上层楼。到了19世纪60年代，他感觉自己应该追求一些更高尚的事业。1861年，他出任剑桥大学学长一职（在这一职位上干了30年），并于1872年至1874年担任科学指导与科学促进皇家委员会主席（斯托克斯也是该委员会的成员之一）。他向剑桥大学出资，建设了以他的姓氏命名的、第一家大学实验物理学实验室。正是他鼓励朴茨茅斯公爵捐出牛顿手稿，从而使剑桥大学能够赶在政府的历史委员会到达前，抢先一步得到手稿。[16]

在19世纪，纸张仍然是一种相当值钱的商品，教授会回收学生的答卷，用试卷的背面当作科研计算的草稿。在维多利亚时代，剑桥大学中数学理论研究的手稿，正是通过这种方式被保存下来，否则它们可能早就消失殆尽。[17] 不过也正是这种用纸习惯，或许能够解释为什么牛顿的手稿会被送到剑桥，又为什么会在那里被冷落了那么久，以及为什么在16年的分类工作之后，手稿的价值依然得不到重视。

那些在试卷上奋笔疾书、涂涂写写的，首先是牛顿数学物理学的学生。牛顿本人在剑桥任教时这一传统还没有出现，但到了18世纪末，牛顿《原理》中的理论和数学内容，已经成了剑桥竞争最激烈的科目的考试内容，学生们还要根据考试成绩进行排名。这便是著名的"数学优等考试"（Mathematical Tripos）。考试名称为什么叫"Tripos"，现已无法找到确切的出处，但很可能来自于学生进行口头测试所坐的三腿板凳。

1820年，一批年轻的学生尝试将莱昂哈德·欧拉（Leonhard Euler）和约瑟夫-路易·拉格朗日（Joseph-Louis Lagrange）等欧陆数学家的创造性工作引入保守的剑桥大学，当时剑桥依然沿用着牛顿自创的、相对笨拙的符号方法，这已经严重影响学校在数学上的发展。但是，采用全新的现代化的符号方法并不意味着抛弃牛顿主义。剑桥的现代改革者们明白，所谓的"分析学革命"，就其本质而言，依然建立在牛顿一百多年前成果的基础之上。正是由于他们的努力，后牛顿时代的数学物理学在剑桥再度繁荣起来。经过改进之后的"优等考试"，无疑是对牛顿在数学、天文、光学、力学和流体静力学中研究主题和解决方法的伟大致敬。

在这一努力的过程中，对原著含义的偏离总是在所难免，为解决这个问题，威廉·休厄尔于1846年出版了《原理》第一卷的教科书版。他强调，自《原理》首次发表以来，剑桥始终在研究这部巨著，对原文的偏离却越来越普遍，不仅"品质低劣"，而且"昙花一现"。通过坚持阅读原文，学生们将获得"某些固定主题的精神操练，在一定程度上掌握和理解相关知识"。[18]

这些固定的主题及其相对应的文本，足以成为考试中最让人头疼的环节，进而从已经非常优秀的学生中选拔出真正的精英。"优等考试"的第二名被称为"第二优胜者"（Second Wrangler），第一名被称作"首席优胜者"（Senior Wrangler），获得"首席优胜者"荣誉称号的学生立刻就能被奉为民间英雄。他的家乡会举行庆典，当地学校会设立特别的假期，举国上下的报纸都会报道这一成就。[当1880年约瑟夫·拉莫尔（Joseph Larmor）摘得"首席优胜者"称号之后，都柏林举行了盛大的"火把游行"以示庆祝。]由于对考试结果寄托太多的希望，没有拿到"首席优胜者"的学生常常会遗恨终生。1874年，一位一心以为自己能拔得头筹的学生考了第12名，他的同学这样写道："他一生的希望就这么被毁了，这恐怕是他遭受过最痛心的绝望了。"[19]甚至像詹姆斯·克拉克·麦克斯韦（James Clerk Maxwell）、威廉·汤姆孙（William Thomson，即后来的开尔文勋爵），以及J. J. 汤姆孙（J. J. Thomson）这样的大师，也因为屈居亚军，一辈子都感到心塞。

"数学优等考试"设立的目的是考验年轻学生思维耐力的极限，不知疲倦的练习是取得成功的不二法门。考试题目涉及复杂的代数计算和几何处理，纸和笔是唯一的工具。一位优秀的教练同样必不可少，而剑桥恰恰存在这么一批传奇般的教练，特别是约翰·海默斯（John Hymers）、威廉·霍普金斯（William Hopkins）以及爱德华·劳思（Edward Routh），他们的学生总能占据三甲位置。1865年至1888年之间，前三名的学生中有四分之三都是劳思的学生，这归功于他独到的训练方式：强化的培训课程（使用了当时刚刚发明的教学工具——黑板）、大量的实战习题和反复的模拟测验。[20]这种一对一的训练方法，在一个世纪之前还没有出现，就连牛顿本人也从未体验过，但到19世纪40年代，这种训练方法已经成了在优等考试中取得成功的必要保证。教练不仅负责思维上的训练，还要在方方面面培养考生。思维上的敏捷离不开身体上的敏捷，因此参加优等考试的年轻学子每天都要进行体育锻炼。游泳、划船、竞走、跑步能够帮助学生缓解紧张的学习带来的精神压力，锻炼时间也不分早晚。麦克斯韦的一位同窗不无怨气地回忆道："每天凌晨2点到2点半，他都要在走廊和楼梯里跑上跑下，折腾不停。"[21]

　　优等考试不仅考查旧有的知识，有一些新的研究也是在答题过程中完成的。题目的设计有意鼓励学生进行创新研究。不少考生往往能在巨大的考试压力之下爆发灵感。书写答案的过程不仅能让考生回顾已知的内容，而且迫使他们钻研未知的领域，书写技术能够帮助他们在错综复杂的思维迷宫中开辟道路。如今，人们已经很难理解这在当时是多么巨大的创新，因为我们已经把书写看成学习和考试中最基本的模式。但直到19世纪早期，考试依然是口头上的，通过问答的形式考查学生对某一领域知识的掌握情况，并不要求有任何创新的内容。笔试为探索未知的知识版图创造条件，在这种新模式下，学习和研究的界限并不明显。

斯托克斯和亚当斯都曾在优等考试中大放异彩，这奠定了他们日后在学术道路上的成功，使他们最终成为那一代"牛顿主义者"中最杰出的代表。因此，当斯托克斯和亚当斯拿到牛顿手稿时，他们深知，自己手上的不仅是一位科学圣徒所留下的遗产，而且是牛顿生前书写习惯的证据。从这个角度上说，牛顿也可算作笔试教学体系的最早实践者，他们二人既是这套体系下培养出来的优秀"产品"，而且人到中年，也成为这一体系中最卓越的"生产者"。

19世纪30年代，阅读过牛顿手稿的大卫·布鲁斯特和弗朗西斯·贝利仅仅把手稿当作法庭证据，用来指控或辩护牛顿的道德操守。这些手稿是否能够证明或者证伪某些事件？牛顿的宗教信仰到底是什么？他和约翰·弗拉姆斯蒂德之间究竟发生了什么？对于斯托克斯和亚当斯来说，牛顿手稿所涉及的问题却和教育密切相关。在剑桥，牛顿不仅是一位科学上的圣人，而且是一位教学法上的先驱。直到1870年，他的理论依然提供了科学类本科教育的综合框架。如果能够理解牛顿思维的运作方式，那么就有可能进一步深化和延伸他的思想体系。就像教师档案室中保存着的学生试卷一样，牛顿的私人手稿也将成为一窥其思考模式的证据。

　　牛顿对自己的研究方法向来讳莫如深，这一点是出了名的。他对《原理》中真正的发现方法秘而不宣，只用几何学的语言将成果公开发表。因此，现在的问题是，牛顿本人是否也遵守着那种严格刚直、合乎正道的思维技巧，这些思维技巧正是剑桥本科生通过训练所获得的。这些思维技巧，被冠以牛顿之名，牛顿是否当之无愧？这是斯托克斯和亚当斯必须考虑的问题。牛顿手稿可以使人们深入探索耐心工作和神圣灵感之间的模糊界限，使人们不仅了解他所做的工作，而且知道他是如何做到的。布鲁斯特和贝利在回应毕奥时曾提出过这个问题，但这个问题此时在剑桥大学有着特殊的紧迫性，在那里，学习具有至高无上的道德价值。在这方面，牛顿手稿关乎每一位数学优等考试的考生，关乎优等考试本身所代表的意义。牛顿的众多成果本身固然是值得学习的榜样，那么他的手稿是否能向世人表明，他同样是学习方法上的榜样呢？

　　尽管存在诸多相似之处，斯托克斯和亚当斯对待写作的态度却截然不同。斯托克斯一生多产、笔耕不辍，他将写作视为了解自己的最好方法，他的写作也在科学界产生巨大的影响。亚当斯则以从不动笔著称，结果他为此付出过一次惨痛的代价。

　　两人都出生于1819年，亚当斯来自康沃尔郡，斯托克斯是爱尔兰人，在剑桥都被当作"外省人"看待。当他们于19世纪30年代末进入剑桥时，毕奥著作所引发的争议已经趋近尾声，詹姆斯·哈利韦尔创办的短命的科学历史学会尚且健在，而时任三一学院院长的休厄尔，正操着他那著名的兰开夏郡口音，鼓吹着牛顿主义教育方针的优越性。到了毕业之时，斯托克斯和亚当斯出色地证明了他们的学术能力，对于课程的设计者来说，他们同样证明了学习牛顿的思想，可以培养出牛顿主义标准下的思想家。

斯托克斯从小就表现出了数学上的早慧，他甚至对学校的教科书提出一些修正和改进。和出生于贫苦佃农家庭的亚当斯不同，斯托克斯来自一个相当显赫的爱尔兰家庭，家族中的好几位成员都曾在都柏林的三一学院求学。在1837年进入剑桥的彭布罗克学院（Pembroke College）之前，他在都柏林和布里斯托上过学。斯托克斯是一位虔诚坚定的福音派圣公会信徒，经常边听布道边做笔记。尽管进入剑桥后斯托克斯才接触到微积分，但他进步飞快。在当时最好的教练威廉·霍普金斯的指导下，他在优等考试中不仅第一个交卷，而且赢得了"首席优胜者"的桂冠，这可是一项了不起的成就。由于在数学上的出色表现，他还荣获了当年的史密斯奖。毕业后，斯托克斯顺利留校，在彭布罗克学院度过早期的研究生涯。他在流体运动学领域取得了丰硕的成果，这不仅使他跻身皇家学会，而且奠定了其一流物理学家的地位。在19世纪40年代，斯托克斯致力于对黏性流体和弹性介质中波的传播运动的研究，并且在大地测量学(研究地表形状的科学)领域发表过多篇革命性的论文。[22]

1849 年，年仅 31 岁的斯托克斯获得了最具有牛顿色彩的职位——剑桥卢卡斯数学教席，正是牛顿让这一教席举世闻名。5 年后，他被任命为皇家学会的秘书，在这一职位上一干就是 30 年。而他占据卢卡斯教席的时间，更是长达惊人的 54 年之久。在这期间，他成功地将这一荣誉性的闲职转变为一个教学平台，将整整一代年轻人培养成国家的科学精英。

至于亚当斯，他属于那种才能非凡，总能成为同学谈资的学生。他的一位同学曾回忆说，1839 年，他初到剑桥，刚见到亚当斯，顿时感到无比绝望，因为这位在剑桥结识的第一位朋友，"比自己强无数倍"。[23] 让亚当斯显得如此与众不同的是他的心算能力。他是那个时代的特例，几乎算得上是个传奇人物：周围的同学都在奋笔疾书，一边计算着转轮和悬轴的作用力大小，一边估摸着废纸篓还能装下多少草稿纸，而与此同时，亚当斯只在心里默默演算，在纸上写下最后的答案。尽管亚当斯也有教练，但显然他更有自己的一套。

有关这个古怪本科生的故事很多。他的女房东回忆道，她发现亚当斯时常一个人躺在沙发上，手上既没书本，也没纸笔，要么就是一个人坐在写字台前，望着墙壁发呆。她说，打断其思绪的唯一方法，"只有走到他跟前，拍拍他的肩膀，光喊他是没有用的"。在他的同学眼中，亚当斯无与伦比的专注力和牛顿很像。他的一位同学曾说，每当亚当斯躺在沙发上时，看上去好像是在休

图7.2 乔治·加布里埃尔·斯托克斯和亚当斯负责牛顿论文的编目工作。斯托克斯在剑桥大学牛顿曾经的职位——卢卡斯教席上一干就是54年,教授牛顿的光学、力学和数学,培养了一批又一批的本科生。©国立肖像美术馆,伦敦。

息,"实际上,那时他的头脑是最为活跃的"。[24]

很难证实这些轶闻的真实性,不过至少亚当斯在优等考试中的惊人表现和巨大成功,是实实在在被记录下来的。他的得分比第二名高出两倍之多,而且赢得十分轻松。一位学生回忆说:"当时所有的学生都在埋头答卷,而亚当斯第一个小时一直在读题,几乎没有动笔。然后他飞快地将'在脑中'已经想出的答案写了下

图7.3 身着毕业礼服的约翰·库奇·亚当斯，不久之前，他刚刚在数学优等考试中摘得"首席优胜者"桂冠。经剑桥大学圣约翰学院许可复制。

来。"[25]和斯托克斯一样，亚当斯也同时荣获1843年的"首席优胜者"和史密斯奖，毕业后继续留校。很快，他便投入到一项研究计划之中，这是牛顿体系中依然悬而未决的谜题之一：天王星的运行轨道和牛顿力学的预测不符[牛顿本人并没有做出这一预测，因为天王星直到1781年才由威廉·赫歇尔（William Herschel）发现]。

当亚当斯着手这项研究之时，他不善于动笔的缺点立刻暴露出来。文字记录是科学发现的基础。亚当斯将会意识到，缺少了写作和记录，几乎不可能做出任何实际的发现。

对于天王星的轨道偏差存在两种可能的解释。第一种解释是牛顿的理论出现了错误。第二种解释是存在另外一颗没有观测到的行星，它对天王星的运动轨道产生了扰动。亚当斯决定找出哪一种解释才是正确的。他的研究方案涉及繁复的计算，从而确定大小合适的未知行星的运动轨道和造成扰动的确切位置。亚当斯和牛顿一样，都能在计算中找到乐趣。无论在选题还是研究过程之中，亚当斯都能感到自己对那位剑桥最伟大毕业生的不二忠心。正如他的传记作者所言，他的心里怀着"对牛顿最真诚的敬意"，他的心灵"在许多方面和牛顿天然地相似"。[26] 1845年9月，经过两年的摸索，亚当斯最终确定那颗未知行星在天空可能出现的位置——或者说，他相当肯定，那颗行星一定会出现在那里。这其中的计算相当复杂，不过回头看去，它仿佛非常简单。

学术领域中的书面交流是一件更加复杂的事情。亚当斯心里清楚，其他人解开天王星轨道偏差之谜只是时间问题。然而，对一个患有写作恐惧症的人来说，他之后的所作所为都在情理之中。说得稍微委婉一些，他公开自己发现的方式有些迟钝。虽然现在已经无法搞清其中的诸多细节，但他很有可能是将自己的重大发现写在了一张很小且没有标明日期的纸片上，上面没有记录关于做出这项发现的任何具体过程。[27]他将这张纸交给剑桥大学天文台台长詹姆斯·查利斯（James Challis）。不过，他在优等考试上的那套做法——完全不写解题步骤——用在发现新行星这样的科学发现上根本行不通。

查利斯催促亚当斯将他的结果转告皇家天文学家乔治·艾里（George Airy），因为艾里也在研究这一问题。亚当斯确实照做了，不过他的举动温吞而反常，让后人质疑他在当时是否真的做出了发现。他并没有将自己的研究方法和成果以正式的书面形式呈交艾里，而是在不打呼的情况下，在离家前往康沃尔的路上，突然造访皇家天文台。这一做法相当不合常理，也不合规矩，就算顶着"首席优胜者"的头衔，他也不应该如此莽撞。艾里平日非常忙碌，而且职位很高。亚当斯再怎么讲也不过是剑桥大学的一名普通教师。结果，艾里当天不在天文台。10月，亚当斯再次拜访天文台，由于艾里当天无瑕会客，他只好把自己的成果简短地写下来，投到了皇家天文台的信箱之中。这封信函，连同他交给查利斯的那张纸片，全都存在重大缺陷。虽然两份文件都包含了最关键的细节——对假设中行星平均经度的估测，但亚当斯又一次没有写出发现的具体过程，甚至没有标明信件的书写日期（这对于确定优先权尤其重要）。缺少了这些必要的解释，人们根本无法确定，亚当斯是否要求利用望远镜检验他的发现。

亚当斯对科学成果交流的漠然态度最终造成了严重的后果，他漫不经心地造访皇家天文台，将没有署名和日期的信笺投入信箱，继而对艾里合理的询问充耳不闻、不作回复。与此同时，法国人于尔班·勒威耶（Urbain Leverrier）同样解开了谜题，并且将望远镜对准天空中的正确位置，从而第一次让一颗新的行星进入了人类的视野。[28]艾里确实给亚当斯写了回复，表示对他那张有关"包含某些假设成分的行星的纸片"很感兴趣，并且询问了一些后续问题，要是亚当斯及时做出答复，说不定艾里会立刻动手探索这颗新的行星。然而，由于迟迟没有收到亚当斯的回信，这位年长的天文学家只能认为，年轻的数学家的古怪来信让人"捉摸不透"，然后就将其丢在一边。[29]最终，法国人赢得了胜利，这颗新的行星就是海王星。[30]

在勒威耶成功做出发现之后，查利斯写信安慰艾里，告诉他亚当斯没有回信的行为确实有失礼貌，但他并非故意这般无礼："我发现，他总是喜欢用口头的方式沟通，不愿意动笔。"查利斯继续写道，他也只收到一张很小且没有注明日期的纸片，以此为依据观测新的行星。查利斯心里清楚，亚当斯的结论很可能是正确的，但他无论如何无法相信，这个年轻人怎么能够仅仅出于对写作的厌恶，基于这一简单且奇怪的原因，而让自己与发现新行星的殊荣失之交臂。他承认，"公众或许很难接受，但这就是事情的原因，但他没有答复的真正原因就是如此。我恐怕这其中的阴差阳错只能留给历史了"。[31]巨大的国家荣誉就因为这一阴差阳错而化为乌有。

1846年，勒威耶因发现海王星，荣获皇家学会颁发的科普利奖章。虽然英国人感到无比痛心，但不得不承认这一次法国人打败了他们。不过，亚当斯本人没有受到丝毫影响。围绕这一发现的争论持续不断：谁才是海王星真正的发现者？他们二人是否应该被算作海王星的共同发现者？亚当斯从未参与过这些争论，终其一生，他始终置身事外。[32]

说起个人声誉，亚当斯更关心的是艾萨克·牛顿的声誉。根据亚当斯传记作家的说法，他对未知行星的轨道预测的计算，完全建立于"对牛顿定律和自己数学能力的信心"。[33]1843年，研究工作才刚刚开始，亚当斯就坚信牛顿的引力平方反比律一定是正确的。牛顿的平方反比律表明，任何两个物体之间的引力大小，由两个物体之间距离的平方所决定，而在当时，有人怀疑这一定律不适用于距离太阳过于遥远的物体。但亚当斯却不这样想："万有引力定律的根基牢固，其他假说终将消亡。"眼下让定律受到质疑的"偏差"，最终将成为对它"最惊人的确证"。[34]这就是为什么亚当斯坚信，一定存在着另外一颗行星。在漫长而孤独的计算过程中，他的信心来自于他对牛顿成果不加质疑的全盘接受。

亚当斯第一个计算出正确的结果，但在国际舆论中，他的发现优先权并不受到认可。尽管亚当斯本人对此毫不关心，他的英国同胞们却感到异常惋惜，他们不明白为什么这样一位杰出的牛顿主义者没有继承牛顿勤于动笔的好习惯，而这个习惯对于科学发现和科学工作而言是如此重要。要是不写下来——也不进行交流——那么从某种意义上讲，就等于什么也没有发现。海王星的发现尤其如此，正是由于亚当斯没有及时告知天文学家，应该在正确的位置搜索行星，这才让法国人捷足先登。

亚当斯没有因为自己的失误而特别懊恼，他向来淡泊名利。他很快将自己出色的计算能力用在确定月球的运动上，甚至连牛

　　　　　　　　　　　牛顿手稿漂流史

顿都抱怨这个问题"让他感到头疼、彻夜难眠"。[35]亚当斯重新计算方程，对月球视差提供全新的解释，比牛顿甚至拉普拉斯都走得更远。（直到20世纪，科学家才用潮汐力解释地球的变慢效应，进而说明月球偏移的原因。）[36]在这段时期内，亚当斯申请了学院中一系列职位，终于在1859年获得了朗兹天文学和几何学教席。他本想在这一职位上一直干下去，但在斯托克斯和查利斯的劝说下，他最终选择担任剑桥天文台的台长，填补查利斯退休后的空缺。新的职务带来很多意想不到的变化：由于天文台远在郊区，他不得不搬家；又在斯托克斯妻子的介绍下，结识伊丽莎·布鲁斯（Eliza Bruce）。43岁的亚当斯从此告别了将近20年紧张而孤独的研究生活，迎来家庭和事业上的双丰收。不出所料，他将天文台的日常事务委托给一位有能力的助手，而自己则在大学继续讲授基于牛顿思想的月球理论。

剑桥官方并没有要求亚当斯监督天文台的出版事务，到1872年，即他和斯托克斯启程前往赫斯特本庄园的那一年，剑桥天文台已有13年没有发行过任何出版物。以至于艾里（多年来一直在皇家天文台工作）担心"剑桥正在开始失去它的地位"。[37]然而，剑桥天文台的进展依然缓慢。1861年~1865年的观测记录直到1879年才获得出版。此时距离亚当斯给艾里留下那张潦草的信笺已经过去30多年，但年事已高的艾里依然对这位年轻人感到绝望。

与存在写作障碍的亚当斯不同，斯托克斯似乎把写作当成探索自我的唯一途径。还在彭布罗克学院教书的时候，斯托克斯面临着一次艰难抉择，一边是他钟情的孤独工作，另一边是他所谓"家庭亲情"的快乐。故事开始于某届英国科学促进会的会议，会上他结识了爱尔兰著名天文学家、阿马天文台（Armagh Observatory）台长鲁宾逊（T. R. Robinson）的女儿玛丽·苏珊娜（Mary Susanna）。虽然玛丽·苏珊娜接受了他的求婚，但订婚后的斯托克斯陷入了巨大的焦虑，他怀疑自己是否能在婚姻生活中找到幸福。写作成了他摆脱这种心理困境的唯一方式。

在写给玛丽·苏珊娜的信中，斯托克斯直言不讳地剖析了寻求自我认知的痛苦过程。他对自己内心的恐惧坦诚到了令人发指的程度。他因为怀疑而痛苦，而其强大的自我意识，又迫使他将这些怀疑血淋淋地展现在她和自己面前。在6月的一个星期日早晨（此时距离他们的大婚之日仅剩三周时间），他在给她的信中这样写道："在我内心深处，亲密关系所带来的幸福，远远超过我所放弃的科学活动所能带来的幸福。然而，科学活动所带来的幸福，又远超任何'寡淡无味'的感情所能给予我的。"[38] 斯托克斯的内心异常纠结：他们的婚姻最终会和谐美满，还是会变得"寡淡无味"呢？

斯托克斯曾给玛丽·苏珊娜写过一封极其冗长的信，向她讲述自己到底是个怎样的人，因为他希望，她所爱的是"他真实的自己，而不是别的什么东西"。因为不得不使用一个科学上的类比，他表示歉意："之于一封信件，（我的来信）就像霍夫曼（Hofmann）

的甲基乙基戊基邻苯铵（methylethylamylophenyla-mmonium）之于一个单词：我猜想，你从来没有收到过一封长达55页的信吧。"[39] 斯托克斯无法停止手中的笔，他满怀真诚、奋力挣扎，希望从人生的两难抉择中，趟出一条道路。

斯托克斯饱受孤独之苦："我总是孑然一身，一个人吃早饭，一个人吃晚饭，一个人喝茶，周而复始，以至于连正常的社会交往和思想互动的热情都没有了。"[40] 他明白，从自己的小世界和对数学的执迷中走出来，终究是好的。然而，他又害怕婚姻生活可能会妨碍到他的科研水平，牛顿终生未婚，自然也没有这般苦恼。有得必有失。斯托克斯感觉自己陷入了困境，这一困境，集中反映出那时关于如何获得科学洞见或发现的假定：如果说科学上的发现总需要缓慢的细致的且不断积累的观点和证据作为保证，那么究竟是婚姻生活，还是孤独专注的单身生活，更有利于这种思考活动呢？

最终，斯托克斯选择了婚姻（当然，前提是玛丽也同意和他结婚）。他们一共生了5个孩子，这让他们经历了极大的痛苦——其中两个孩子未出襁褓就夭折了，还有一个孩子在少年时期不幸去世。对于一个患有社交恐惧症的人来说，斯托克斯无奈地陷入了无休无止的社交生活，因为他是庞大的科学通信网络中的核心人物。

1872年一起出发前往赫斯特本庄园之时，斯托克斯和亚当斯既是同事又是好友，他们都感到自己不仅是牛顿主义者，而且也是那个时代牛顿的化身。斯托克斯是继牛顿之后，第一位同时担任卢卡斯教席和皇家学会主席的人，他也和牛顿一样是剑桥在议会中的代表。而亚当斯凭借自己的才能和对牛顿定律的坚定信仰，证明伟大的发现依然应该归功于牛顿。

他们二人的数学技巧是对牛顿思想的直接继承，这一点也得到了同时代人的认可。亚当斯去世后，他的好友詹姆斯·格莱舍（James Glaisher）为其撰写悼词，将他称为"牛顿之外，英国最伟大的数理天文学家"。[41] J. J. 汤姆孙在评价斯托克斯时说，和牛顿一样，"他属于极少数的一群人，能够将卓越的数学才能与高超的实验技能有效结合起来"。[42] 在担任卢卡斯教授期间，斯托克斯的讲座成为优等考试的基础内容。他对剑桥大学的教育产生了翻天覆地的影响。19世纪70年代，他的课堂上大约有20位学生，总能在优等考试的前十名中占有百分之八十的席次。

没有人能够否认，斯托克斯和亚当斯是当时最杰出的科学家和牛顿主义者，不过在两人走进赫斯特本庄园翻阅牛顿手稿之时，牛顿主义者的含义已经和他们年轻时代的大相径庭。科学在大学中的作用正在发生变化，强大的帝国此时迫切需要科学专家的帮助，诸如铺设海底电报电缆、设计更快的蒸汽轮船和更安全的火车。就在1872年，卡文迪许实验室在剑桥成立，正是由劝说朴茨茅斯家族捐赠手稿的那位卡文迪许勋爵出资建设。在这个实验室中，学生将使用精确的仪器，在热动力学、电学、磁学等领域，从事全新的、以工业应用为导向的实验研究。与训练学生利用数学技巧通过笔试的传统教育方式不同，卡文迪许实验室培养的学生将把知识应用于英国大大小小的工厂车间。在詹姆斯·克拉克·麦克斯韦、瑞利勋爵（Lord Rayleigh）、J. J. 汤姆孙等人前仆后继的努力下，卡文迪许实验室得以帮助剑桥顺利转型：曾经的数学物理学研究仅仅需要纸和笔，而现在的自然科学则需要将理论和实验密切结合起来。

斯托克斯曾打算出任首任实验物理学教授教席，这一职位同时也是新建的卡文迪许实验室的主任，但他对实验室所预示的那个美丽新世界深感疑虑。他写信给威廉·汤姆孙，对于自己能否为这些新兴学科开设课程犹豫不决。汤姆孙在回信中写道："我认为，你完全不必对'电学和磁学'感到恐慌。至于有关热和光的课程，在我看来，只讲'光'而完全不谈'热'，也足够满足40个课时的课程要求。"但这并没有说服斯托克斯。他觉得自己年事已高，不应该成为年轻人进步的障碍。[43] 他欢迎未来，不过希望与它保持足够的距离，在这一点上他是开明的。他为剑桥物理学的大规模改革贡献良多，其中包括将卡文迪许实验室中的新学科引入优等考试，不仅如此，他对那个时代整体的科学教育都有着深远的影响。然而，他从未热切地拥抱过新物理学。

最终，斯托克斯选择了担任当时最重要的科学期刊《皇家学会哲学学报》（*Philosophical Transactions of the Royal Society*）的秘书。在职30年，无论是开始在特兰平顿的住所，还是后来在兰斯菲尔德的别墅，他每天都要在书房中处理成堆的信件。他的工作包括联系作者、征求审稿意见、编辑待刊稿件。对他来说，在一天之内就紧急事务给同一位通信者写三封信，然后又发电报澄清某个重要问题，不过是家常便饭。[44] 他的女儿曾生动地回忆起父亲，果不其然，他的办公室总被各种纸张所淹没，宛若信件、笔记、手稿的海洋，永远处于杂乱无章的状态。他的女儿强调，斯托克斯有"两大古怪的个性"：一是在工作上绝不允许他人的帮助；二是"自己保管邮局寄来的每一封信，就连广告也不放过"。正是这两大个性，造就了其办公室里铺天盖地的纸片。由于其特殊的工作性质，家里的任何仆人都帮不上忙。他女儿回忆道，他混乱的房间"足以让任何女佣'发疯'"。在其办公室里，斯托克斯尽可能地放置桌子，"留下窄窄的过道，只能挤扁身子，从中间穿过"。每张桌子上都堆着一尺来高的文件。因此，斯托克斯总是找不到东西也就不足为奇了。每次去伦敦讲座之前，他都要在文件堆里痛苦地寻找一番。一开始，他总是拒绝别人插手，不过眼看就要赶不上火车，"越加感到绝望"，才最终接受别人的帮助。每当斯托克斯一离开家门（例如去伦敦处理皇家学会的事务），他的夫人便赶忙抓住这个机会，"冲到他的屋子里，把衣篮中没用的东西清理出去"。[45]

联想上述场景，整理牛顿手稿用了这么长时间，也就在情理之中了，或许真正意料之外的是，整理工作居然最终完成了。斯托克斯是个有名的拖延症患者，他本人的大量研究都没有出版，后来也因为很多份内的工作没有完成而饱受病诟。除了繁忙的日常工作和混乱不堪的书房，他似乎还对手稿的整理工作产生了某种厌恶情绪，而且随着时间的拖延不断加深。在为斯托克斯撰写

图7.4　1888年的约翰·库奇·亚当斯，那一年，剑桥四人组终于完成了牛顿论文的编目工作。亚当斯以在脑子里算出复杂的数学问题而闻名。承蒙剑桥大学天文研究所供图。

传记时，约瑟夫·拉莫尔说，他"讨厌那些一再拖延、且毫无兴趣的任务"。拉莫尔承认，这位老先生"有时对待工作拖拖拉拉，非常反感那些自己必须完成的事务"。至于牛顿手稿的分类工作，斯托克斯"保管这些珍贵的文件如此长的时间，以至于让人们感到焦虑，怀疑他是否彻底无视它们的存在，为此人们给他写了好几封信，也都不了了之，最后不得不请他的家人出面处理此事"。要是他能找机会翻看一下手稿，或许能"一步一步地"完成分类工作，然而，面对着"一大堆手稿"，斯托克斯畏惧不前，"他开始讨厌这项工作，而且越是拖得久，就越是厌恶"。[46]

　　斯托克斯并非唯一的拖延症患者。他被各类职务和缺乏条理压得喘不上气，与此同时，亚当斯也在饱受完美主义的折磨，任何事情只要到了他的手上，都无法推进下去。就连他终生的挚友和捍卫者詹姆斯·格莱舍也承认，亚当斯总是"要么想着改进研究的过程和方法，要么就是想着取得更精确的结果"，这使得他的出版日期一推再推。对于亚当斯来说，总有办法可以将数值再多计算出几位，每当他的朋友询问他的著作时，他永远会用那句经典的口头禅作为回复："我还要再添上两笔。"[47]结果是，他永远会拖延下去。

亚当斯更愿意完成牛顿手稿数学部分的整理工作。格莱舍这样写道：

> [这是一项]艰难而繁重的劳动，而且已经拖了数年，但他始终对此怀有浓厚的兴趣，总是能够苦中作乐。有好几次，他顺着牛顿在手稿中取得的数值结果，成功找到牛顿所使用的方法。揭开谜团的数字分散在不同手稿中，此外没有其他线索可资利用，而亚当斯的专业技能正好适合这项研究，他不厌其烦，兢兢业业，翻遍了手稿，而且他对牛顿始终满怀热情，投入再多时间也毫不吝惜。他的心智在许多方面和牛顿天然地相似，又对牛顿的思想风格有着深刻理解，因此他无疑是最合适的牛顿解读者。只有和他最亲密的少数几位朋友才知道，他在这些手稿上花了太多时间，也在其中收获了很多乐趣。

以截然相反的方式，亚当斯和斯托克斯与牛顿手稿苦苦缠斗，时而回避，时而钻研，他们各有所长，足以胜任这项工作。他们的发现，直接关系到他们作为牛顿主义者的身份，关系到整个数学优等考试系统的基础。

注释

[1] *A Catalogue of the Portsmouth Collection of Books and Papers, written by or belonging to Sir Isaac Newton, The scientific portion of which has been presented by the Earl of Portsmouth to the University of Cambridge, drawn up by the Syndicate appointed the 6th November 1872* (Cambridge, UK: Cambridge University Press, 1888), ix.

[2] 显然，约翰·康杜伊特当初向牛顿遗产继承人许诺的手稿收益担保，此时已经被彻底遗忘了。

[3] John Couch Adams diary, July 30, 1872, St. John's Library/Adams/Box 21/11.

[4] James Glaisher, "Memoir of the Life of John Couch Adams," in *The Scientific Papers of John Couch Adams*, edited by W. G. Adams (Cambridge, UK: Cambridge University Press, 1896), xlvi.

[5] Lord Portsmouth to Vice-Chancellor Taylor, August 2, 1872, CUL Add. MS 2588.495.

[6] Lord Portsmouth to Vice Chancellor Taylor, August 2, 1872, CUL Add. MS 2588.495.

[7] Lady Portsmouth to Vice Chancellor Taylor, August 6, 1872, CUL Add. MS 2588.496.

[8] *First Report of the Royal Commission on Historical Manuscripts*, Parliamentary Papers (hereafter PP) 1870 [C.55], 3.

[9] *Second Report of the Royal Commission on Historical Manuscripts*, PP

1871 [C.441], xxii.

［10］ *Third Report of the Royal Commission on Historical Manuscripts*, PP 1872 [C.673], xxvi–xxvii.

［11］ *First Report,* ix.

［12］ *First Report,* x.

［13］ *First Report,* xi.

［14］ *Second Report,* x.

［15］ *Third Report,* xxvi–xxvii.

［16］ Lord Portsmouth to Vice-Chancellor Taylor, July 23, 1872, CUL Add. MS 2588/494.

［17］ 以下大部分讨论19世纪剑桥数学优等考试，参考自 Andrew Warwick, *Masters of Theory: Cambridge and the Rise of Mathematical Physics* (Chicago: University of Chicago Press, 2003)。瑞利和麦克斯韦都曾把学生试卷用作科学手稿的草稿纸，见 Warwick, Masters of Theory (19).

［18］ William Whewell, ed., *Principia, Book 1, Sections I. II. And III. In the original Latin with explanatory notes and references* (London: John Parker, 1846), iii.

［19］ Warwick, *Masters of Theory*, 205.

［20］ 有关教练，见 Warwick, Masters of Theory, 227–85.

［21］ 转引自 Warwick, *Masters of Theory*, 196.

［22］ 更多有关斯托克斯在黏性理论方面的贡献，见 Olivier Darrigol, "Between Hydrodynamics and Elasticity Theory: The First Five Births of the Navier-Stokes Equation," *Archive of the Exact Sciences* 56 (2002): 139–145.

[23] Cited in Morton Grosser, *The Discovery of Neptune* (New York: Dover, 1979), 74.

[24] 笔名为 "Peregrine" 的本科生发表于 *Queen*, November 11, 1893, 转引自 William Sheehan and Steven Thurber, "John Couch Adams's Asperger Syndrome and the British Non-Discovery of Neptune," *Notes and Records of the Royal Society of London* 61 (2007): 285–99, citation 292.

[25] Glaisher, "Memoir of the Life of John Couch Adams," xliii, n1.

[26] Glaisher, "Memoir of the Life of John Couch Adams," xlv.

[27] Sheehan and Thurber, "John Couch Adams's Asperger Syndrome," 292.

[28] 事实上，1612年，伽利略已经观测到这颗行星，但他误将其当作了一颗恒星。

[29] Airy to Sedgwick, December 4, 1846, cited in Sheehan and Thurber, "John Couch Adams's Asperger Syndrome," 294.

[30] 有关发现海王星故事的复杂细节，见 N. R. Hanson, "Leverrier: The Zenith and Nadir of Newtonian Mechanics," *Isis* 53 (1962): 359–378。

[31] Challis to Airy, December 19, 1846, cited in Sheehan and Thurber, "John Couch Adams's Asperger Syndrome," 294.

[32] Glaisher, "Memoir of the Life of John Couch Adams," xxxii.

[33] Glaisher, "Memoir of the Life of John Couch Adams," xxxi.

[34] Glaisher, "Memoir of the Life of John Couch Adams," xxxii.

[35] John Conduitt, "Notes on Newton's character," Keynes Ms. 130.07, UK6v.

[36] J. C. Adams, "On the Secular Variation of the Moon's Mean Motion," *Philosophical Transactions of the Royal Society* 143 (1853): 397–406.

[37] Airy to G. H. Richards, September 13, 1872, CUL, RGO 6 150/158.

[38] George Gabriel Stokes, *Memoirs and Scientific Correspondence of the Late Sir George Gabriel Stokes*, edited by Joseph Larmor (Cambridge, UK: Cambridge University Press, 1907), vol. 1, 72.

[39] Stokes to Mary Stokes, January 17, 1857, in Stokes, *Memoirs and Scientific Correspondence*, 52.

[40] Stokes to Mary Stokes, April 1, 1857, in Stokes, *Memoirs and Scientific Correspondence*, 63.

[41] James Glaisher, "Obituary of John Couch Adams," *Observatory* 15 (1892): 173–189, citation 173.

[42] Stokes, *Memoirs and Scientific Correspondence*, 274.

[43] Kelvin to Stokes, November 30, 1884; Stokes to Kelvin, December 6, 1884, in *The Correspondence between Sir George Gabriel Stokes and Sir William Thomson, Baron Kelvin of Largs*, edited by David Wilson (Cambridge, UK: Cambridge University Press, 2011), 572–574.

[44] [Chemicus], "The late Sir G. G. Stokes," *Nature* 67 (February 19, 1903): 367.

[45] Stokes, *Memoirs and Scientific Correspondence*, 34–35.

[46] Stokes, *Memoirs and Scientific Correspondence*, 25.

[47] Glaisher, "Memoir of the Life of John Couch Adams," xliii.

第8章
分门别类

整理牛顿手稿的工作不仅限于亚当斯和斯托克斯两人。斯托克斯负责手稿中有关光学的部分，亚当斯负责数学部分，但手稿还涉及不少非科学的内容，这部分手稿必须退还给伯爵大人。不过，手稿究竟包含了哪些非科学的内容，这在当时并不清楚。这项工作也不属于亚当斯和斯托克斯的专业范畴。为此，剑桥聘请了另外两位合作者，参与到牛顿庞大手稿的编目和拆分工作之中。跟亚当斯和斯托克斯一样，这两位也是不折不扣的剑桥人：亨利·理查兹·卢亚德（Henry Richards Luard）和乔治·利文（George Liveing）。两人分别来自三一学院和圣约翰学院，成年之后的生活，几乎都在剑桥大学度过。在优等考试中，他们的成绩只能算是中等，卢亚德第十四名，利文第十一名。因此，他们无法像斯托克斯和亚当斯那样获得研究岗位。幸运的是，他们分别找到了属于自己的一片天地。

作为圣玛丽大教堂的牧师，卢亚德致力于教会的复兴和改革。在担任剑桥大学教务主任期间，他着手更新学校的档案记录。他是一位"建立索引目录的小王子"，整理剑桥校史相关的海量文献，这正对他的胃口。在他的努力下，剑桥大学所有的文件档案，均按索引分门别类，重新装订，这是一件相当烦琐的工作。他怀着一种宗教忏悔般的心态，一丝不苟地完成这些工作，据说表现出"一种对细节近乎于痛苦的关注"。从孩童时代起，卢亚德已经开始迷恋图书收藏，长大后，他将这种热情投入到学术研究之中。他把编纂长长的书目列表发展成了一项爱好，翻译有一本中世纪法语版的忏悔者爱德华（Edward the Confessor）的传记，还翻译出国家传记辞典中的许多条目（其中一条是藏书狂人托马斯·弗罗格纳尔·迪布丁）。虽然在大学中的专业是数学，但卢亚德具有扎实的古典学知识，因此他很自然地选择处理牛顿手稿中与历史和宗教相关的部分。[1] 在四人组中，利文年龄最小，思想却最超前。在1850年的数学优等考试中，他名列第十一位，这个成绩最多只算得上受人尊重，还达不到辉煌夺目的程度。第二年，他参加首届自然科学优等考试，位列成绩最优秀的6个学生之一，在化学和矿物学两个方向上荣获特别勋章，此后他余生的职业都与化学息息相关。利文希望能效仿卡文迪许勋爵的物理学实验室，建立一所现代化的化学实验室，用于研究和教学。在剑桥中心区域的一栋小楼里，他自掏腰包，草草搭起了一间化学实验室。在那里，他面向医学院学生，开设剑桥第一门实用化学课程。很快，圣约翰学院意识到他工作的价值，在学院的围墙里，为他建设一所新的实验室，并付给他管理实验室的薪水。利文在其他领域也是一位进步分子，例如他积极推动剑桥的实践教学改革，还曾劝说达尔文出版《物种起源》（*On the Origin of Species*）。

现在，亚当斯、斯托克斯、卢亚德和利文组成了牛顿手稿编目工作的梦幻团队。牛顿手稿将第一次按照数学、物理学、历史学、炼金术，被分门别类，这种分类办法反映了编目者每个人的专长。斯托克斯和亚当斯的能力毋庸置疑，卢亚德和利文在各自领域也拥有深厚的专业知识。通过这种人员搭配，人们期待牛顿在不同领域的研究成果，能够被一一揭示。然而现实情况则是，由于无穷无尽的拖延和成员性格上的差异，编目工程几近瘫痪。更要命的是，四个人不仅需要将手稿编目，还要将其拆分，将那些非科学类的手稿送回赫斯特本庄园，这一做法意味着牛顿形象将被刻意撕裂和隐瞒。

这些受命检验手稿的人本身已经通过检验——在优等考试的教育体系中，数学物理学被当作最高级的知识形式。斯托克斯和亚当斯在考试中拔得头筹，而为非科学手稿编目的卢亚德和利文的名次则在前十名开外。优等考试是以数学物理学家的牛顿形象为基础被设计出来的，依据考试成绩，手稿编目者有高下之分，这实际上也意味着，在被分类之前，手稿的内容已经有优劣之别。然而，牛顿本人的想法或许完全不同，他并不认为科学和非科学源于截然不同的思维模式。因此，手稿的编目计划从一开始就存在着严重的先天缺陷。

尽管通常斯托克斯和亚当斯对手稿中非科学的部分并不关

心，但就像毕奥和贝利曝光的材料那样，有些手稿确实反映出牛顿在为人处世中极为糟糕的一面，他们两人不可能对此视而不见。手稿的编目工作一再延宕，与此同时，历史委员会的工作却如火如荼，在全国范围内收集手稿，赫斯特本庄园也包括在内。1878年，调查员来到赫斯特本庄园，他们发现的材料将揭示出牛顿人性中的另一侧面。

在报告中，调查员们以喜忧参半的口吻说道："数量庞大且极为珍贵的赫斯特本手稿已经少了很多，最近朴茨茅斯伯爵将其中的科学手稿作为礼物，赠予剑桥大学"。然而，在汉普希尔依然有一批"数量可观的文献收藏"。J. C. 杰斐逊（J. C. Jeaffreson）曾经是一位律师，后来转职成为调查员，根据他的讲法，这批手稿所揭示的，既非牛顿的聪明才智，也非他的精神失常——而是他的官僚作风：手稿的编目者们不得不承认，牛顿"在行政工作的奇怪举动，反映出他在这方面相当无能"。这些从未公开的手稿不仅表明牛顿在造币局的岗位不过是个闲职，而且表明他被"这些琐碎而无聊的工作折磨得痛苦不堪"。大量废弃的草稿提供了"足够的证据"，证明牛顿撰写公文的能力非常有限，他为此耗费了大量的时间和精力，"有时，为了找到一个令人满意的表达方式，他要打上好几篇草稿"。[2]关于牛顿性格的惊人事实从四面八方涌现出来。

剑桥大学对拖延的忍耐也是有限度的，到了1887年——距离手稿送达剑桥已经过去了15年之久——手稿分类小组遭受了空前的压力。当年的3月8日，剑桥大学副校长、数学家、神学家查尔斯·泰勒(Charles Taylor)写信给亚当斯，抱怨卢亚德消极怠工。[3] 3天后，泰勒决定把利文的工作成果分离出来，并且报告说小组成员已经就手稿的顺序和分类达成了一致：

数学

炼金术(或化学)

编年学

历史主题之手稿

神学

信件

书籍

返还的手稿[4]

泰勒在报告中还说，小组成员同意，将归还的手稿副本也按照上述主题进行分类。

5天后，1887年3月16日，泰勒催促亚当斯拿出一份尽可能详细的报告。这份报告尤其应该说明，数学手稿在何种程度上揭示了《原理》的工作方法。泰勒鼓励亚当斯说："你应该在手稿编目的导言上多花些时间，从而把手稿中包含的新观点统统讲出来。例如，牛顿曾经研究过流数法，随后将其改造为古老的几何学，手稿是否能够进一步澄清这一点。"[5]

到了6月，泰勒对四人小组的官僚作风丧失耐心，特别是对卢亚德。因为卢亚德整个夏天都不愿意抽空见他，非要拖到10月的秋季学期。在一封写给亚当斯的信中，泰勒终于找到机会，一吐心中怒火："如果把见面时间拖到10月，那么编目工作将无法按期完成，或许永远也不会完成了！我怀疑你也会默许卢亚德博士的提议。但是我希望你能站在我这一边，尽力把这项工作做完。这项工作拖了十五六年，我们已经足够宽容。我将不再对任何进一步的拖延负责。"[6]

四人小组以自我辩解的口吻答复说，手稿的分类工作相当"耗时费力"，有些手稿非常难懂。[7]除此之外，他们发现，在1665年—1666年的黑死病期间，牛顿回到了相对较为安全的格兰瑟姆，在此期间他爆发出惊人的创造力，做出一系列重大的发现，包括二项式定理、微积分和行星的轨道运动理论。牛顿本人将这一时期定义为其创造力的旺盛期，他孤身一人，投入到紧张的思考之中，"对数学和哲学的关注，超过以前的任何时期"。虽然在剑桥受过良好的训练，但牛顿认为这些发现与大学教育无关，他不是在三一学院的教室，而是在自己林肯郡的农村老家做出这些发现的。至少从目前看来，手稿似乎表明，牛顿具有圣徒般的专注力和超强的预见力，这不足以形成一套教学方法供他人效法。

不过，手稿还是提供了一些与方法论有关的边角料。[8]其中包括对月球理论的研究，虽然由于火烧和潮湿，这部分手稿有些许污损，但足以看出牛顿的一般研究思路。手稿记录下他改变计算方法的那个瞬间，因为他感到，之前的计算方法"在实践上不够方便"。[9]那时，他正在计算太阳和地球的相对运动对月球轨道的干扰强度，由于对描述月球远地点(顾名思义，即月球离地球最远的点)方程的结果不甚满意，他改变了研究思路。

由此可以确定，牛顿的科学研究的确遵循着一套逐步完善的方法，尽管在这一过程中，错误的假设和结论在所难免。就此而言，牛顿不像是一位不世出的天才，而更像是一个在数学堑壕中不懈劳作的苦工，研究进展是积累而非跳跃的。显然，这样的牛顿形象更值得剑桥的考生们效仿。亚当斯对此感同身受。1853年，他发表一篇重要的论文，指出拉普拉斯在计算月球运动中的错误，并且承诺很快给出正确的数值，结果这耗去他6年的时间。[10]现在手稿表明，牛顿为了获得最后的结果，同样需要勤奋地工作。

针对地球大气对光线弯曲作用的一系列计算，也体现出相同的方法。编目小组成员参考一份由牛顿编纂的折射率数表，1721年，哈雷将该数表发表在《皇家学会哲学会刊》上，"但没有提及任何关于数表绘制的方法"。牛顿的手稿表明，这份数表并不是通过理论方法获得的——通常认为，这才是真正天才的做法——而是通过一套对光线路径的迭代计算得到的，小组成员认为"这是一种非直接的方法，通过反复迭代而接近真实的光路数值"。类似地，手稿还解决了另外一个谜题，即"固体最小阻力的形状"问题，《原理》给出了解决办法，但对于这一结果是如何得到的，牛顿只字未提。在手稿中，有一封牛顿写给萨维尔天文学教授戴维·格雷戈里(David Gregory)通信的草稿，在信中，牛顿清晰地阐明了自己的方法，编目小组立即评论说，这一方法"简洁而精巧"。[11]

在之后出版的著作的序言中，编目小组解释了在接受朴茨茅斯伯爵委托之后，为什么对手稿的"检查、归类和分割"，花费了他们这么久的时间。这确实是一项极其艰难的工作，因为很多手稿处于"异常混乱"的状态——一些数学笔记夹杂在神学篇目中，很多标有页码的手稿也是七零八落。[12]编目小组强调，在1696年离开剑桥之后，牛顿的数学研究基本中断，因此朴茨茅斯手稿中有关这部分的内容非常有限。不过，他们还是发现牛顿物理学研究中的一些新材料，主要包括三个领域：月球理论(不出所料，这是亚当斯的专长领域)、大气折射(斯托克斯的专长领域)、确定固体通过流体中时最小阻力形状的技术细节。在这三个领域，手稿都提供了新鲜的内容。牛顿本人也曾在《原理》中声称，月球理论是代表此类研究的"典型样本"。

如果说经历了16年的编目工作，手稿中有关月球理论和微积分的争论，尚能引起人们巨大的兴趣，那么相比之下，剩下的非科学内容的手稿，则遭受冷遇。编目小组写道，"牛顿有关炼金术的手稿无足轻重"，基本上是抄录其他作者的著作。一提起炼金术，手稿立刻笼罩上了一层失败的阴影。编目小组总结说，牛顿的炼金术手稿远远谈不上简洁或精巧，它们相当复杂，而且不可否认的是，它们很不成功。很多手稿几乎全是其他著作的笔记，没有任何原创思想。更糟糕的是，手稿表明，牛顿并没有实现其预期目标：从一批秘传炼金术士（其中大部分是托名的）的文本泥淖中，找到化学关系的"某种关联系统"。牛顿收集和抄写的这部分内容，主要涉及一种炼金秘术，目的是利用和转化地球元素中的活性力量。牛顿一生始终保存着这些手稿，它们混杂在编目小组审查的其他手稿之中。手稿表明，牛顿试图归纳出一套基本的原则，使得高度象征性的、无法结合的物质，可以转变为能够相互结合的物质，但这一出发点决定了他的研究必将以失败告终。手稿同样证明，牛顿是一位坚定的炼金术士。从积极的方面看，牛顿确实在编目小组所谓的"化学"（而非"炼金术"）实验上花费了很多时间，小组成员欣慰地评论说，其中有不少实验采用了定量方法。

与此类似，编目小组宣称，历史和神学手稿缺乏"重要的价值"。这批手稿数量庞大，表明牛顿投入"很大一部分"晚年时光，"用于书写和重写自己关于神学和年代学的观点"。编目小组以不屑的口吻写道，牛顿总是习惯写出好几份草稿，这体现出他思维上的游移不定，而这种游移并不受欢迎，因为它和休厄尔对本科生所强调那种直接果断的思维风格大相径庭。对此，编目小组给出一个并不令人信服的解释，即牛顿着迷于书写这一行为本身。如果他写的世界末日或教会早期历史的文章，仅仅是供别人阅读，那么完全不必抄这么多份。"显然，能写出一手漂亮书法的能力坑害了他"。[13] 同一篇文章，他往往要抄上六七份之多，这着实让人感到费解。编目小组的成员感到困惑，为什么牛顿对完美的书写如此着迷？

编目小组成员明白，无论对于个人的数学计算，还是社会的知识建构，写作都极端重要：写作不仅可以证明发现的优先性，而且借助相互之间通信，可以消除争论，最终将发现转化为共同体普遍接受的结果。写作提供的文献网络将思想（有时也被称为"理论"）和社会信任实践（如今被称为"同行评议"）统一在一起，而这正是构筑科学价值的文本基础。

在手稿中，编目小组确实发现了一些牛顿工作方法和思维过程的证据，但依据上述标准，手稿这种写作形式却是基本无用的。牛顿不仅不愿意分享自己的工作成果，而且不能容忍那些在自己控制范围之外的同行评议。这位现代科学的奠基人总爱隐藏自己数学的思考过程，对于那些和自己意见相左的人异常刻薄，近乎于残忍。这类事情不胜枚举，例如当有人对他的颜色理论的实验步骤提出质疑时，他拒绝为自己辩护；他向莱布尼兹发难，宣称自己才拥有发明微积分的优先权；他违背弗拉姆斯蒂德的个人意愿，强行刊印后者的星表。他的手稿中绝大多数内容与科学无关，而他对这部分手稿始终秘而不宣。

从亚当斯和斯托克斯的角度而言，牛顿手稿没有揭示出有关其科学方法的更多信息，这多少是一大遗憾。更糟的是，手稿还包含他其他方面的兴趣。这部分手稿内容重复、范围狭窄（难以确定年代学手稿的写作日期，部分原因在于，此类研究几乎没有提及任何同时代的事件），四个人很难在其中找到可资利用的价值。

最早检查手稿的佩莱曾认为，手稿"污浊不堪"，大多尚未完成，内容粗糙，而剑桥的编目小组则给出了完全相反的看法。例如牛顿的神学手稿表现得相当平庸。这里隐含的观念是手稿应该反映出牛顿的某种思想特征。在19世纪30—50年代，作为牛顿最直接的思想继承者，剑桥的学生们被训练用纸和笔表达自己的思想。在优等考试的试卷上，他们要记录下每一步的思考过程（当然，亚当斯是个例外）。牛顿的神学手稿不仅内容极其庞杂，而且和考试试卷不同，这些手稿干净得令人可疑。手稿既没有体现出牛顿的思维脉络(如果有的话，斯托克斯一定会认出它们，正如他在优等考试中做的那样)，也没有显示出科学通信中那种必要的交流性。它们给人最直接的印象是一种诡异的执迷和乏味的整洁。

编目小组未能全面地揭示牛顿历史和神学手稿的主要特征，而面对他的反三一神论态度，小组成员则表现出个人的偏见。作为一位进步人士，利文或许更愿意支持牛顿激进的神学主张，但负责编辑历史和神学内容的是卢亚德。卢亚德秉持坚定的圣公会信仰，这让他最多只能说牛顿的宗教信仰是微不足道的。尽管在编目小组的分工中，卢亚德充当人文主义者，利文充当化学家，但说到底，只有两位"首席优胜者"——斯托克斯和亚当斯，才有权决定手稿目录的顺序，而这一目录顺序，则决定牛顿本人的形象。他首先是一位数学物理学家和天文学家，是长期以来人们印象中的那个可靠的、值得信赖的牛顿。

如果说神学写作的枯燥和重复令人起疑，那么数学计算中的混乱，只在有限的范围内才能被接受，因为在剑桥，数学计算代表考生最有价值的写作形式。1883年，查尔斯·达尔文的儿子乔治·达尔文（George Darwin），在1868年获得"第二优胜者"，受聘出任剑桥普卢姆天文学和实验哲学讲席教授。在就职演讲中，他对数学优等考试中"潦草的答卷风格"大加痛斥。达尔文说，这不仅仅是一个"不够整洁的小问题"，考试中答题的风格能够直接反映出一个学生的性格。"对形式的讲究"是一项基本素质。尽管达尔文承认，伟大的数学家们各有其独特的工作风格，但他强调，"那些书写潦草的学生是在自找麻烦、自讨苦吃"。这一点确实不假，他不无挖苦地说，威廉·汤姆孙总是爱在书上写东西，"在火车站和其他一些容易找到的安静场所从事学术研究"，而詹姆斯·克拉克·麦克斯韦总是爱用"口袋里揉得皱皱巴巴的信封背面和碎纸头儿"写东西。汤姆孙和麦克斯韦的写作方式毫无章法，实属个例，无须苛责。然而，对于其他人来说，整洁的书写风格意味着清晰的思路。自然，亚当斯依旧是"保持数学写作干净整洁的模范"。[14] 最后，达尔文建议学生们，要在毫无原创性的誊写和混乱不堪的笔记之间，尽量找到一条中间道路。

终其一生，亚当斯和斯托克斯坚持各自不同的人生道路。亚当斯的手稿出奇的干净，文字仿佛是从他的笔尖完整流淌下来似的。亚当斯那一代的剑桥学人，已经开始训练用纸笔写下每一步的计算步骤，而亚当斯则练就出一项非凡的技能，只写下自己脑中酝酿成熟、令人满意的结论。无论中间的思想过程有多么混乱（尽管这种情况并不多），后代学者都已无从了解。从本科时代开始，亚当斯就以纯粹的思考而闻名，他所留下的文字，丝毫没有折损他的这一声名。其结果是，他身后留下的手稿，看上去就像是后来伪造的一样。它们是如此整洁，以至于在亚当斯去世后，詹姆斯·格莱舍阅读手稿时惊呼，"很难相信，这些手稿居然不是根据已完成的作品工整地誊抄下来的"。[15]

亚当斯于1892年去世，不久之后，他有关月球理论的已发表的科学论文和未发表的演讲，由剑桥大学出版社编辑刊印。终其一生，亚当斯酷爱阅读，收藏了大量早期印刷的科学书籍，其中大部分被捐献给剑桥大学图书馆（如今剑桥图书馆所拥有的四本第一版《原理》，有一本就来自亚当斯）。他所收藏的天文学书籍捐献给剑桥天文台，余下的书籍捐献给彭布罗克学院和圣约翰学院。圣约翰老图书馆中有两百多本图书印有他的名字，其中很多是18至19世纪的经典作品。他的手稿同样收藏于圣约翰图书馆，其中包括超过24本袖珍日记本，日期从1841年开始，截止到1890年。这些日记的笔迹整洁而紧凑，记录下每天的活动，大部分是有关计算工作的进展。[16]亚当斯被安葬在距离天文台不远的一处公墓内，当中有一块刻有他名字的圆形浮雕，和牛顿在威斯敏斯特教堂中的那块很像。

斯托克斯于1903年去世，他的好友、科学家威廉·汤姆孙（此时已被封为开尔文勋爵）和瑞利勋爵等人立刻意识到他手稿的重要性。但当时的情况较为复杂，由于斯托克斯个人物品极度杂乱，他慷慨的遗产馈赠始终无法执行。任何见过他书房的人都能想象他的手稿该有多么混乱。为了拯救这些手稿，人们觉得有必要计划一次"有组织的突击清理"。[17]

斯托克斯的朋友和仰慕者们很快便策划了一次清理行动。那时，将伟大科学家的手稿弃之不顾，已经是不可想象的事情，人们有的是精力和资金来整理斯托克斯的遗稿。斯托克斯本人很早便开始编辑和重刊自己的科学论文，最终发行三卷（分别出版于1880年、1883年、1901年）。由于他拖延的毛病早已声名远播，因此能在去世前出版三大卷著作，已经被人们视为一件了不起的成就。（即便如此，瑞利依然讽刺道，第二卷出版之后，他用去了整整18年的时间才出版第三卷，而且是在整整15年之后，"才开始写第三卷的第一页"。）[18]由约瑟夫·拉莫尔（此人便是获得"首席优胜者"之后，人们举行火把庆祝游行的那位）主持的编辑工作进展顺利，在斯托克斯去世后不久，另外两卷著作便陆续出版。整理和出版斯托克斯通信的工作也在紧锣密鼓地展开。

很快，人们便有惊人的发现。斯托克斯遗留的未出版手稿，大多是算术推导和演算的草稿[19]，并无太多科学价值，真正有价值的内容要么已经出版，要么存在于书信中。斯托克斯的通信有上万封，其中记录了很多具有科学价值的内容。牛顿总是小心翼翼地守护自己的思想，和他不同，斯托克斯总是以通信的方式，无私地将自己最出色的工作成果，分享给朋友和同事。他曾经向学术界承诺，将出版一本光学著作和其他作品，但由于其声名狼藉的拖延症，他的这些思想——仅仅是其中一部分思想，最终只能以通信集的方式出版，为世人所知。1902 年，1 万多封通信整理完毕。1907 年，通信集正式出版，此时距离斯托克斯去世，仅仅过去 4 年。

牛顿的科学手稿最终留在剑桥，而那些不怎么招人喜欢的年代学、历史学和神学手稿则被运回赫斯特本庄园。牛顿仍然在等待着一部完整著作全集的问世。随着剑桥四人组手稿目录的刊行，这个时刻已变得越来越近，而且来得恰逢其时。

注释

[1] J. Willis Clark, *Old Friends at Cambridge and Elsewhere* (London: Macmillan, 1900), 338.

[2] *Eighth report of the Royal Commission on Historical Manuscripts*, PP 1881 [C. 3040], xi–xii.

[3] Letter from Taylor to Adams, March 8, 1887, St. John's College, Cambridge, Papers of John Couch Adams (hereafter JCA), 27/1/8.1. By kind permission of the Master and Fellows of St. John's College.

[4] Letter from Taylor to Adams, March 11, 1887, JCA 27/1/8.2.

[5] Letter from Taylor to Adams, March 16, 1887, JCA 27/1/8.3.

［6］ Letter from Taylor to Adams, July 6, 1887, JCA 27/1/8.4.

［7］ Preface to *A Catalogue of the Portsmouth Collection of Books and Papers written by or belonging to Sir Isaac Newton, the Scientific Part of which has been presented by the Earl of Portsmouth to the University of Cambridge, drawn up by the Syndicate appointed the 6th November, 1872* (Cambridge, UK: Cambridge University Press, 1888), ix.

［8］ 有关牛顿方法的更多讨论，见 Niccolo Guiciardini, *Isaac Newton on Mathematical Certainty and Method* (Cambridge, MA: MIT Press, 2009)。

［9］ Preface, xii.

［10］ J. C. Adams, "On the Secular Variation of the Eccentricity and Inclination of the Moon's Orbit," *Monthly Notices of the Royal Astronomical Society* 19 (1859): 206–208.

［11］ Preface, xv.

［12］ Preface, ix–x.

［13］ Preface, xix–xx.

［14］ George Howard Darwin, "Inaugural Lecture on Election to the Plumian Professorship," in *Scientific Papers by Sir George Howard Darwin,* edited by F. J. M. Stratton and J. Jackson (Cambridge, UK: Cambridge University Press, 1916), vol. 5, 5–6.

［15］ Glaisher, "Memoir of the Life of John Couch Adams," xliii.

［16］ 亚当斯科学手稿出版的标题为 *The Scientific Papers of John Couch Adams*, 2 vols., edited by W. G. Adams and R. A. Sampson (London: Cambridge

University Press, 1896—1900), 附有一篇由 J. W. L. Glaisher 撰写的传记。

[17] Stokes, *Memoirs and Scientific Correspondence*, v.

[18] Lord Rayleigh, "Obituary Notice," in *Mathematical and Physical Papers by the Late Sir George Gabriel Stokes* (Cambridge, UK: Cambridge University Press, 1903), vol. 5, xxiv.

[19] Stokes, *Memoirs and Scientific Correspondence*, v.

第 9 章
物换星移

经过数年拖延，到了 1888 年，牛顿手稿的编目和切割工作终于告一段落。科学部分的手稿，现在由剑桥大学图书馆保管。这是它们离开牛顿之后，首次面向学者开放。尽管亚当斯和斯托克斯做过一些精简的注释，这部分手稿仍然值得进一步挖掘，不过在此后 60 年的时间里，它们依然处于无人问津的状态。[1] 被送回赫斯特本庄园的非科学手稿，也将在那里继续享受 50 年的安宁时光。时间来到了 1936 年，我们的故事也终于迎来了它的高潮，在赫斯特本庄园几乎沉寂了两个世纪的牛顿手稿，将在这一年重返世界舞台。而这一切，皆源于朴茨茅斯家族内部的一次婚姻和财政危机。

决定拍卖手稿的是利明顿子爵杰勒德·沃洛普（Gerard Wallop），他是和牛顿具有一半血缘关系的侄女凯瑟琳及其丈夫约翰·康杜伊特的后裔，是该家族的直系后代与遗产继承人，顺理成章地接管了牛顿手稿。沃洛普是大英帝国国土的狂热捍卫者，将贵族对土地的管辖权奉为神圣传统。1932 年，奥斯瓦尔德·莫斯利（Oswald Mosley）成立了不列颠法西斯联盟。沃洛普没有加入该组织，但经历了20世纪30年代的社会动荡，他的政治态度由右转左。值得一提的是，沃洛普的母亲是美国人，他本人也出生在美国，然而这种盎格鲁–美利坚的混血身份，并没有改变他极度反犹、反移民的排外立场。[2]

图9.1　牛顿手稿被出售时的赫斯特本庄园图书馆。承蒙汉普希尔档案局供图。

　　沃洛普酷爱冒险和旅行，在他看来，这与其浓重的乡土情怀之间，并不存在任何冲突。自古以来，他的家族过着宁静的田园牧歌般的生活，他也自视为这种恬淡生活文化的代言人。不过，终其一生，他始终追随父亲的脚步，四处游荡，四海为家。沃洛普的父亲——即后来的第八任朴茨茅斯伯爵——奥利弗（Oliver），在牛津大学毕业之后便离开英国，跑去美国的西部边疆冒险、狩猎。他一边经营着西部农场，一边穿梭于旧世界的贵族圈子，这边刚和水牛·比尔①饮酒狩猎，那边又和沙皇的表亲②打成一片。杰勒德在父亲的农场出生长大，该农场位于怀俄明州靠近谢里丹市的小鹅谷。由于不得不回到英国公学读书，杰勒德在美国的童年生活突然中断，这或许能够解释，为什么他怀有浓厚的乡土情怀。父亲张扬不羁的个性给他留下了深刻的印象，第一次世界大战爆发后，父亲和战友在堑壕中奋勇搏杀，则给他带来了更强烈的心灵冲击。杰勒德感到，有必要发展出一套全新的意识形态，否则在战后的阴郁气氛中，人们将不断沉沦。杰勒德本是保守党议员，但这项工作寡淡无奇，任期结束后，他宣布辞职，以便追求更为自由的政治立场。在他辞职之后，左翼的工党曾主动上门，请求他以工党党员身份再次参选。杰勒德在政治上模棱两可的态度，由此可见一斑。

沃洛普拒绝了工党的邀请，转而投身于另一项政治实验中去。他结识了威廉·桑德森（William Sanderson），此人致力于挖掘"古代"仪式，试图在某些私人封地内，改革贵族和仆从制度。他成立了一个组织，名为"英国神秘会"（English Mistery），网罗的

---

① 指威廉·弗雷德里克·科迪（William Frederick Cody, 1846—1917），水牛·比尔（Buffalo Bill）是他的绰号。南北战争期间，他参加过联邦军队。退伍后，组建"水牛·比尔荒蛮西部"（Buffalo Bill's Wild West）马戏团，在美洲和欧洲巡演，甚至受到英国女王和罗马教宗的接见，极大普及了美国西部文化。——译者注

② 沙皇的表亲（the kaiser's cousin），指英王乔治五世（George V, 1865—1936），沙皇指尼古拉二世（Nicholas II, 1868—1918），两人的母亲为亲姐妹，故两人是姨表兄弟。——译者注

图9.2　1940年前后，身穿庆典长袍、手持王冠的杰勒德·沃洛普，朴茨茅斯第九任伯爵。面对遗产税和婚变，沃洛普于1936年决定出售牛顿手稿。承蒙保罗唐克瑞（Paul Tanqueray）庄园/NPG供图。

正是像沃洛普这号人，他们一方面欣赏墨索里尼（Mussolini）、霍尔蒂（Horthy）、希特勒（Hitler）等大陆独裁者激进的政治观点；一方面又对欧洲日益严重的集权化倾向感到绝望。大规模的群众集会和个人英雄崇拜，无疑将摧毁区域性的地方文化，而这种文化正是沃洛普试图维护的。英国神秘会在其纲领中写道，等级制度是通向真正民主的必经之路，这意味着处于社会底层的工人和用人，必须成为文明的保障。不过，这种等级制度具有鲜明的地方特色，是当地传统的一部分。按照规定，权力只有在封地之内才绝对有效，不能延伸至封地之外。除此之外，在沃洛普看来，土地以及传统的、保守的农牧业实践，才是人们真正需要加以延续、尊重乃至崇拜的对象。

英国神秘会抵挡住了集权主义的诱惑，但它的权力由普通党徒和庄园的实际管理者共同决定，这使得神秘会处于内部分裂和消极怠惰的危险境地。1936年年初，伦敦《泰晤士报》刊登了利明顿子爵夫人的有条件离婚判决书(decree nisi)，原来，在长达16年的时间，沃洛普对其美国妻子不忠，一时之间舆论大哗。报纸无情地披露了事件的细节：利明顿子爵夫人掌握了确凿的证据，表明在1935年7月，沃洛普曾与布里奇特·克罗恩(Bridget Crohan)小姐通奸，案件已无须辩护，她要求迅速中止两人的婚姻关系。[3]

桑德森在此之前已经被边缘化，他打算借助这一丑闻打压沃洛普，重新赢得主动权。在一封写给沃洛普的信中，他写道："在这件事情上，你的表现相当鲁莽，让已婚'管理者'(Stewards, 为神秘会中区域性领导人的头衔称谓)的家庭生活因此而蒙羞。你不负责任的行为完全辜负了友人的信任。"[4]不过，沃洛普诡计多端、寡廉鲜耻，他早有对策，利用组织内部的不和，成功地掩盖了自己的丑闻。1936年秋，神秘会终于走向分裂，沃洛普召集大部分的成员，成立了名为"民兵"(Array)的新组织。

正是由于这种复杂的个人处境，沃洛普最终决定出售家传手稿。这些手稿曾被第五代伯爵艾萨克·牛顿·沃洛普当作传家宝贝。在1月份宣布离婚诉讼之后，《泰晤士报》下一则载有沃洛普名字的新闻，是6月苏富比拍卖行的广告：利明顿子爵决定出售艾萨克·牛顿爵士的手稿，"手稿继承自艾萨克·牛顿爵士的大侄女、利明顿子爵夫人凯瑟琳·康杜伊特。"[5]《每日电讯报》的广告写道："作为炼金术士的艾萨克·牛顿，其有关物质嬗变理论的手稿，即将拍卖。"[6]除了离婚造成的财产损失，沃洛普的姑姑阿特丽斯·玛丽（Beatrice Mary）刚刚去世，她是朴茨茅斯第六伯爵牛顿·沃洛普的遗孀。沃洛普为此要上缴约30万英镑的遗产税（约合今天的1100万）。因此，他承受着财务上的双重压力，最终决定出售手稿，尽管他并不指望拍卖金能够填补财政亏空。到了4月，沃洛普卖掉了赫斯特本庄园，其中包括5 000英亩的"射击和钓鱼的理想场地"，以及一栋雅克布风格的房子。[7]除了赫斯特本庄园中大部分的固定资产外，他还出售了作为房产一部分的小别墅和小农场。与失去家园和土地所带来的精神痛苦相比，放弃牛顿手稿带来的痛苦似乎显得微不足道了。

这是一个理想与现实分离的时代。同年12月，英王爱德华八世宣布退位，原因是他迎娶了华里丝·辛普森（Wallis Simpson）。华里丝是美国社交名媛，已经离过两次婚。作为坚定的保皇党人，不管沃洛普在公开场合说过什么，对于这位为爱情而甘冒巨大风险的男人，他感到惺惺相惜。1936年8月14日，在与妻子离婚的第二天，沃洛普便与布里奇特·克罗恩小姐结婚了。

杰勒德·沃洛普曾大肆宣扬英国的价值高于一切，但到头来，他成为拍卖牛顿手稿的人。这一戏剧化的场面如今显得尤为讽刺，但在当时似乎并未引起太大关注。牛顿手稿所代表的那种英国传统，既无法抗衡沃洛普私人生活的迫切压力，也经不起大萧条时期空前的经济压力，那时，许多乡村住宅，包括其中的图书馆，都遭到了拍卖。许多比旧手稿更重要的文物都已危在旦夕，或者更恰当地说，是处在拍卖木槌的宰制之下。芒比（A. N. L. Munby）是苏富比拍卖行的编目员，1930 年前后，他成为英国乡村庄园图书馆的向导，这些图书馆正在逐渐消失：

> 参观图书馆的兴奋心情，至今记忆犹新——我们乘坐火车或汽车，经过长途跋涉，来到庄园门口，首先映入眼帘的是华美的建筑，图书馆的大门敞开着，可以看到几百英尺厚的牛犊皮、俄罗斯式的、摩洛哥式装订的图书。在那里，有人花了两三天的时间，挑选并列出值得在伦敦拍卖会上出售的书籍，有时在橱柜后面会有意想不到的发现，有时为寻找一套稀有书中缺失的一卷徒劳而返，但无论如何，参加这类活动，我总能沉浸于一种文化积淀之中，这种文化由几代人传承保管的图书馆所代表。[8]

在一座典型的乡村庄园图书馆中，主要藏书涉及庄园经营、园艺、农业、自然志和体育类图书，图书馆还长期订购《笨拙周报》（Punch）、《绅士杂志》（Gentleman's Magazine）和《书评季刊》（Quarterly Review）等刊物，它们通常放在台球室里，以供在打球时随手浏览。意料之外的珍宝也许就埋藏在这些藏书之中，那些美好而被遗忘的事物总是与人们不期而遇。卖家常常因出售庄园及其陈设而感到困扰，他们后悔因此丧失了家族传承和芒比所谓的"文化沉淀"，但图书交易并不会被归于粗鲁或庸俗。芒比曾耐心解释过这一点："从本质上说，每座历史悠久的图书馆，无不是建立在其他图书馆图书流失的基础之上。"[9]毕竟，善本书籍不会凭空产生，图书收藏有赖于一个巨大的生灭循环，正是在时间之轮的不息转动下，一些书籍变成稀世珍品，而且越来越稀有。

赫斯特本庄园并不是最宏伟的乡村庄园，但朴茨茅斯家族与他们的同代人具有相同的品味。牛顿手稿原本应该收藏在图书馆里，或是图书馆旁的大房间里，就像芒比笔下那些他在频繁拍卖过程中拜访过的地方。乡村庄园图书馆藏书大规模流失，构成了杰勒德·沃洛普拍卖手稿更为直接的时代背景，在这种时代氛围中，朴茨茅斯家庭放弃了200多年来一直精心保存的手稿。除个人因素的推动外，手稿的拍卖也反映出了另一种时代现象：财富开始从贵族阶层转移到更广泛的买家圈子，不断扩大的图书交易量，再次达到了19世纪藏书狂热时期令人眩目的高度。那个时代对图书交易的热情充斥着投机心态，人们乐观地认为价格会一路走高，但到1936年，恐惧（而非希望）占据了市场。有些贵族豪门认为自己无法被市场的力量所撼动，而如今他们发现，事实并非如此。几代人积累下来的文化象征物，沦为被市场支配的对象。

交易是伟大收藏时代的永恒特征，它也是一种润滑剂。高雅的鉴赏传统，和19世纪的签名狂热一样，都依赖于交易。书迷群体间存在竞争，但他们都理解和接受了交易。书迷群体的成员日渐混杂，包括贵族、暴发户和被他们的热情激发起来的中间商。商品的价值也在交易中产生，尽管这种价值并不可靠。只要书籍的买卖局限于一个封闭的世界内，图书就没有丢失的危险，图书所承载的文化也不会被破坏。

因此，每当芒比坐下来，为一家大型私人图书馆编目时，他感到自己不过是在为下一轮的循环做出贡献，这个循环将无限期地重复下去。这几乎构成了某种生态系统，各类琳琅满目的图书从一个拍卖会场，转移到另一个人的书架上。芒比的语气既不伤感也不唯利是图。相反，它鲜明地反映了其职业精神：

大约40年前，我在这些图书馆里精挑细选、去芜存菁，这些图书馆即将消失，对此我并不感到多少遗憾。有时，确实有人帮其主人留下最好的图书……当然，大部分情况下，这些图书拥有者不过是为了换钱，用来缴纳遗产税、翻新屋顶、清除虫蛀、维护牲畜和草场、支付赡养费，等等，但这些都与我无关。作为一名学者，我始终认为，在很大程度上，书籍是教育资源，而大多数图书馆显然并未被充分利用……我和许多同龄人一样，抱有一种幻想，仿佛庄园图书馆中藏书是取之不尽的。[10]

不过，上述这番言论，依然存在模棱两可之处。首先，芒比承认书是一种"教育资源"，是可以阅读的东西；其次，别忘了，芒比是来做图书拍卖的。事实上，这种拍卖并没有持续下去：庄园图书馆中的藏书，就像乡村豪宅一样，并非取之不尽。身为编目员的芒比，无论他多么渴望，书籍的首要属性都与学术（教育资源）无关。它们是一种商品。

芒比一定清楚，私人图书馆走向开放，固然令人兴奋，但注定不可能长久。尽管如此，英国贵族们依然花了很长一段时间，才肯放弃他们的庄园和固有生活——有时是心甘情愿的，大多数情况下则怀着强烈的不满情绪。英国的乡村庄园以及维系它的贵族秩序，其解体的速度极为缓慢。走到今天，这一过程持续了上百年。它以19世纪70年代农业大萧条为开端，第二次世界大战之后，又出现了一个缓慢的衰落期。早在1848年，白金汉和钱多斯公爵（Duke of Buckingham and Chandos）拍卖其伟大祖宅斯托庄园（Stowe House）中的物品，以偿还逾100万英镑（约合今天的近6 000万英镑）的巨额债务。这次拍卖持续了40多天。除了家具之外的几乎所有物品都参与了拍卖：盘子、书籍、手稿、印刷品、油画、瓷器、雕塑，等等。遭受打击的不仅仅是公爵及其家人。《泰晤士报》一针见血地指出："每当王朝将倾、贵族化为齑粉，耻辱将产生伤害的力量，个人的堕落相当于公开的叛国。"[11]

公众一致认为，正是由于公爵本人不可救药的粗枝大叶，才最终导致斯托庄园的拍卖。这一事件绝非预言未来的风向标。然而，有成千上万的人乘坐专列前来参观庄园及动产，对于他们来说，这所雄伟的庄园预示着社会秩序正在改变。凡事皆有可能，那些曾经看似坚不可摧甚至仿佛永恒不变的事物，如今已被摧毁，即便被摧毁，它也理应庄严落幕，而非在疯狂哄抢中草草收场。公爵竟屈尊如此，人们感到既错愕又惋惜，就好像面对一场突如其来的自然灾害，感慨这样的事居然也能发生。

到19世纪70年代，比起个人的粗心大意，一种更为强大的社会力量开始发挥作用。贵族通过财产、社会与政治权力、品味与习惯构建的完整体系，正在逐步走向瓦解。这是一种凌迟般的死法，残酷无情且不可阻挡。人们是否对此感到惋惜，在很大程度上取决于他们究竟会在最终的利益分配中获利多少。这一过程并不像看上去的那么清晰。地主乡绅的命运与普通民众的生活和工作条件，几乎同时发生重大改变。19世纪70年代开始的工业革命和农业大萧条，斩断地主房东赖以为生的收入来源，导致大量工人携家带口从农村迁入城市。这些工人一方面获得新的权利；另一方面又遭受新的屈辱。1884年至1885年，第三改革法案获得通过，投票权扩大到约60%的英国男性，稀释了拥有大片土地的家族的政治权力。1894年引入的遗产税，包括其他形式的税收，连同刚刚出现在美国的粮食过剩，进一步削弱了大庄园的经济生存能力。在第一次世界大战中，许多贵族青年失去了生命，他们原可以管理和保护这些伟大的庄园。两次世界大战中间的那段时间，朴茨茅斯的报纸销量达最低点。1871年，1英亩土地的交易价格为53英镑，而现在跌到了23英镑到28英镑之间。[12] 在19世纪中叶高收入时欠下的债，到了租金收入下降之时，就变成了压倒一切的债务。由于这些因素的共同作用，第一次世界大战后的四年里，英格兰四分之一的土地所有权发生了变化。[13]

这场所有权的转让规模空前，每每写到这段历史，难免滑入一种伤感的情绪。然而，从本质上说，庄园的解体就是一个严重不平等的阶级体系的解体。对庄园消失而惋惜，也就意味着对一个不平等体系的消失而惋惜，在这个体系中，少数人的舒适，乃是建立在多数人的汗水之上。那种认为庄园是英国文化的象征，名义上属于所有国民的老花招，在这个"凡事皆有可能"的世界中，已经不再有市场。

人们对土地的情感难以割舍，因而在拍卖庄园和土地之前，贵族成员首先考虑的是其他财产。藏书相对容易放弃。儿孙后代很少继承其父辈的收藏，芒比曾提到一位著名的英国出版商，他冷冰冰地写道："毕竟，卡克斯顿家（Caxtons）的损失，远没有范迪克家（Van Dycks）或盖恩斯伯勒家（Gainsboroughs）的损失那么明显。"[14] 拍卖书籍以避免财富整体流失，不失为一种丢卒保车的办法。如果书籍拍不出名画的高价，那么放弃它们也就没那么痛苦。在1882年和1884年，《定居土地法》（Settled Land Act）获得通过，这项法案允许继承人出售受到遗嘱保护的财产，在1880—1890年，庄园图书馆的拍卖量大幅上升。手稿，通常是一个家族辉煌历史的象征，经常被保留到最后，但当生活变得捉襟见肘之时，它们也难逃被放弃的命运。

当然，新世界中也不乏财富或富翁。高额商品的拍卖需要寻找新的买家。这些财富新贵们，假如没有沾染前辈的种种恶习，就能从他们留下的物品中找到价值。他们中有些是美国人，有些是犹太人。像费迪南德·德·罗斯柴尔德（Ferdinand de Rothschild）这样的富豪，注定不可能通过鉴赏活动，以缓慢而稳定的方式，创造出一座图书馆，他们既没有时间也没有兴趣。维多利亚女王的私人秘书亨利·庞森比爵士（Sir Henry Ponsonby），曾语带尖酸地描写了下面这一幕。那是在 1890 年 2 月的一场家庭晚宴上，晚宴由文艺杂志《19世纪》编辑詹姆斯·诺尔斯（James Knowles）举办，威廉·格拉德斯通（William Gladstone）、伦道夫·丘吉尔勋爵（Lord Randolph Churchill）、罗斯柴尔德男爵（Baron Rothschild）均在邀请之列，"他们的很多谈话都涉及图书……谈到了一座好的图书馆究竟该有多少藏书。大家一致同意，这个数量应该是 2 万册，一听到这个结论，罗斯柴尔德立刻掏出笔记本，记在上面"。[15]

财富新贵在研究他们的猎物，而他们的猎物也在观察他们，这样的笔记会变得越来越多。在某种程度上，这些物品成了步入上流社会的入场券，这才是它们真正的价值所在。图书馆的墙壁上往往嵌着管风琴，公共空间中整齐摆放着扶手椅和长沙发，覆盖着昂贵的丝绸。阅读并不是书籍的唯一功能。

在美国，新的财富阶级开始崛起，随之产生了一种新的欲望：从旧世界收集知识和文明的象征物。在这一过程中，罗森巴赫（A.

S. W. Rosenbach）等一批中间商，把倒买倒卖的手艺发展得炉火纯青。首先，他们寻找手头拮据的贵族，买下其全部家藏，然后随即倒手，卖给那些既有钱又有收藏欲望的买家。一位费城的书商曾买下了一批无与伦比的早期印刷书，卖家是威斯敏斯特公爵二世（Second Duke of Westminster），他庸俗不堪、毫无品味，最大的兴趣是赛马，而非书籍收藏。罗森巴赫指出，英国书商的问题在于，他们既无法"整批地买入好的收藏"，也没有"掌握通过私下协议，获取私人图书馆的本领"。由于英国书商的漫不经心，罗森巴赫抢占先机，从私人渠道买下了不少"好东西"。[16] 1953年，他花费4 500英镑（约合今天的78 000英镑），从威斯敏斯特公爵图书馆买了将近400本书，其中大部分是1700年以前的书，在他看来，这是一笔划算的交易。随着美国收藏者对欧洲珍宝的需求量越来越大，这些图书将变得越来越稀有。

罗森巴赫的客户汇集了美国最有势力的买家，包括金融家J. P. 摩根（J. P. Morgan）、"铜业大王"威廉·安德鲁斯·克拉克（William Andrews Clark）、铁路大亨亨利·亨廷顿（Henry Huntington）、美孚石油公司总裁亨利·福尔杰（Henry Folger）。他卖给这些工业巨头的书大多是文学、历史、绘本，这类书籍历来也受到英国收藏家的重视。美国的商业巨头大多靠科学和工程技术发家致富，他们购买了沃尔特·斯科特的信件（摩根）、诗人兼剧作家约翰·德莱顿（John Dryden）的作品（克拉克）、乔叟《坎特伯雷故事集》的精美抄本（亨廷顿）、莎士比亚作品的第一本对开本（福尔杰）。他们以经营企业的劲头搞收藏，几乎在一夜之间就创造出无与伦比的丰富藏品，也让罗森巴赫赚得盆满钵满。（他将自己的两艘船分别命名为"第一对开本1号"和"第一对开本2号"。）对于这些富翁来说，2万本书（罗斯柴尔德曾经记下，一个伟大的图书馆至少需要2万本书）不过是个开头，如今，他们的图书馆都成了世界顶级的研究机构，向所有学者开放。

在罗森巴赫的客户中，有一位买家的品味与众不同，他热衷的藏品涉及科学技术，而科技恰是美国收藏家积累财富的基础。不过，他的财富并非来自煤矿或铁路，而是来自股票市场。利用这些投资回报，他和他的妻子将把大批牛顿著作带到新世界，带到新英格兰海岸。

在马萨诸塞州的狗镇（Dogtown），有些巨石上刻着文字，比如"保持整洁""敢于尝试，永不言败""远离债务"。这是一座杂草丛生的公园，每当有自行车爱好者或徒步旅行者穿行其间，那些花岗岩巨石仿佛在下着无声的命令。狗镇坐落在古老的渔村格洛斯特（Gloucester）郊区，相传曾经闹过鬼，由于缺乏管理，总是弥漫着一股腐烂的气息，让它不怎么招人喜欢。多年以来，这里荆棘密布、蚊虫横行、碎石遍地、生存艰难，因此当地居民大多是在格洛斯特混不下去的人以及流浪狗，狗镇因此得名。

这些巨石来自另一个完全不同的世界，那里有着干净的地板和收支平衡的账簿，在那个世界里，地窖不会退化成腐烂的土地，玫瑰花也不会肆意生长。这些巨石，仿佛对传达的信息和自身的永恒，怀着某种疯狂的自信。这才是重点。罗杰·巴布森（Roger Babson）利用巨石道出了自己的心声，他是20世纪30年代的百万富翁、投资家、商业领袖。巴布森雇佣石匠，把23句格言刻在遍布该地的花岗岩上，比如"要守时""工作，学习"，等等。"我想写一本简单的书，将格言刻在石头上，而不是印在纸张上。"在其自传《行动与反应》（*Actions and Reaction*），他如此解释。这本书的书名，显然是参考自牛顿的运动与力学定律。①

巴布森擅长精打细算，不愿浪费一丝精力。比如，他会在桌布上画出几个圆圈，表示盘子应该放在哪里。他梦想有一种服装的邮购服务，每当衣服和鞋子穿旧的时候，新的产品将按照统计学上预先算出的时间，送到客户手上。他甚至设计了一个铺床的计划，白天不必整理床铺，到了晚上，再根据温度计的精确指示，决定所需毯子的数量。不过，巴布森的妻子格蕾丝（Grace）拒绝采用这些科学的家政解决方案，勤奋的巴布森被逼无奈，只好将自己的统计方法应用到股票市场上。

今天，罗杰·巴布森作为一位谨慎的投资者被人们铭记，他创立了巴布森学院（Babson Institute，现更名为Babson College）。他预言了1929年的大崩盘，并因此大发横财。但鲜为人知的是，巴布森还促成美国最全面的牛顿物品收藏，并且资助顶尖理论物理学家在

---

① "Actions and Reactions"也可理解为"作用与反作用"。——译者注

重力方面的研究。更昧昧无闻的是，格蕾丝才是夫妇二人中投资牛顿藏品的带头先锋。罗杰善于在巨石和财务报表上阐明自己想法，但格蕾丝的形象则较为模糊。如今，她的遗产并不体现在她自己的文字中，而是体现在她所收集的、与牛顿有关的数千件物品之中。

图9.3　格蕾丝·巴布森深信牛顿的作用力与反作用力定律是金融市场的基石，她创造了北美最大的牛顿收藏。承蒙巴布森学院档案馆惠允复制。

　　罗杰·巴布森发现，物理学和经济学遵从相同的内在法则，于是，他运用作用力与反作用力原理（即对于一个作用力而言，总是存在一个与它大小相等且方向相反的反作用力），创制了巴布森图（Babsonchart）。巴布森图是一种复合图，用来表示一段时间内各种商品和证券的价格波动。它的使用方法是这样的：首先，在某个"常态"线以下，绘制萧条（或价格下跌）期的曲线，相反，则绘制繁荣期曲线。然后，简单计算一下图表中萧条期和繁荣期的面积，此时，应用作用力与反作用力定律：每当萧条期的面积与前一个繁荣期的面积接近，就意味着下一个繁荣期即将到来。[17]巴布森是将统计学应用于投资分析的先驱，尽管如今看来，这样的做法似乎过于简单了。

　　巴布森在麻省理工学院获得学位，显然，他非常重视学习工程学。尽管他以牛顿之名命名他的定律，并将许多发明归功于科学，但商业活动中的作用力与反作用力定律，其理论基础来自心理学和历史学，而非物理学。巴布森解释说，"事实上，商业周期是人类对周围人和生活态度的曲线。"[18]在繁荣期，人们逐渐变得"粗心、低效、不公"。因此，商业"不可避免地"恶化，直到通过一段时间的萧条，人们将再次养成高效勤奋的工作习惯。巴布森认为，在某个基本层面上，自然界的两个特征是相互联系的——对抗最终趋于平衡——他对牛顿主义概念的挪用，旨在宣扬一种思想体系，这一体系并不像看上去那么幼稚。为纠正人类最糟糕的越轨行为，历史的洞见提供了出路。通过分析过去的萧条时期，人类得以预见事态的走势，从而规避最坏的情形。人们总爱人云亦云，不愿意独立思考，为了避免这种思想懒惰的蔓延，巴布森建议，"生意人要在历史之光的照耀下看待事物。"[19]在过去的书信及其他"人类档案"中，历史之光将揭示人类情感的不变性。

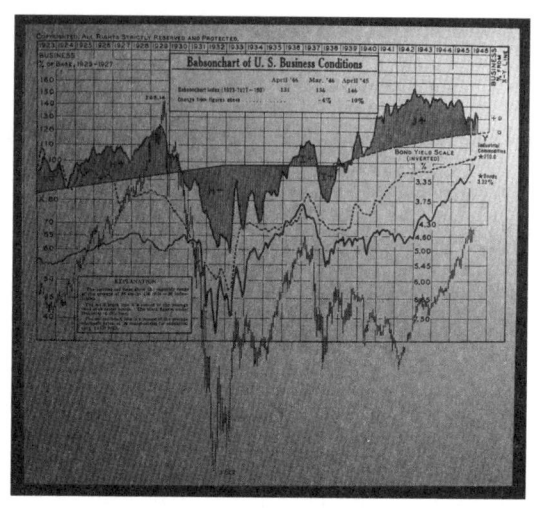

图9.4 罗杰·巴布森率先在投资中使用统计数据,他相信,牛顿的作用力与反作用力定律可以解释价格波动,正如他的巴布森图表所表示的,面积的正负代表了价格的涨跌。承蒙巴布森学院档案馆惠允复制。

　　罗杰·巴布森坚信,牛顿为他成功的商业模式提供了基础,但真正热爱牛顿的是格蕾丝·巴布森。那时,经四人小组编目的手稿正闲置在剑桥,英国的乡村庄园图书馆正在逐渐流失,而在美国,格蕾丝·巴布森已经开始着手打造其无与伦比的牛顿收藏。她对牛顿的兴趣,可以追溯到19世纪90年代初,那时她还在蒙特霍利约克学院(Mount Holyoke College)读本科,读到了一篇对牛顿著作的介绍。后来,当听到罗杰在麻省理工学院的导师乔治·斯温(George Swain)教授提出,牛顿的作用力和反作用力定律可以应用于非科学领域,她对牛顿的兴趣与日俱增。格蕾丝相信,斯温的建议是正确的,尤其在经济学领域,它和物理、化学、天文学一样，都遵循相同的基本法则。1906 年，巴布森夫妇开启了首次欧洲之旅。他们早期旅行的目的，一方面是为了向欧洲的银行家推销巴布森图；另一方面也致力于研究牛顿的生活和工作。

在英国，巴布森一家发现了一种将传统与雄心结合起来的优雅方式。在其回忆录中，罗杰写道："他们的银行大楼只靠开放的壁炉取暖，这些壁炉用来烧下午茶的开水。那里只有很少的打字机，几乎没有加法机。他们仍在使用鹅毛笔，使用通话管而非室内电话。"尽管设施略显陈旧，但历史悠久的好处显而易见："墙上悬挂着其祖辈们的肖像画，他们代表了正直与勇气。"[20] 作为牛顿的故乡，英国激发起格蕾丝和罗杰的收藏热情。他们成了收购庄园珍宝方面的先行者。牛顿手稿此时仍然无法获得，但可以购买大量牛顿本人的著作，或与牛顿有关的印刷品，它们能够激发美国人的兴趣，而且价格出奇的便宜。

在首次研究之旅后的几年里，格蕾丝被牛顿深深迷住了。除了完成罗杰所要求的"家庭责任"，照顾他们唯一的孩子伊迪丝（Edith）之外，格蕾丝把自己奉献给了牛顿。罗杰回忆说，她每天都要在这一爱好上花点儿时间。收藏的时机刚刚好：图书馆拍卖保证了新材料的稳定供应；那时的书商寥寥无几，懂行的书商更是少之又少；买家也不多，同时具有格蕾丝的专业知识和财力支撑的买家就更少了。格蕾丝的收藏有时也被称为"牛顿收藏品"（Newtoniana），意思大致是与牛顿有关的任何东西。她致力于搜罗尽可能多的牛顿著作版本，不仅是同一本书的不同版本（特别是《原理》和《光学》，而且还包括同一版本的不同副本，因为不同的副本常常包含微小却引人入胜的差异，或是包含着重要的拥有者写下的注释。

1926年，在没有罗杰陪同的情况下，格蕾丝只身前往英国，以便继续扩充藏品。在威斯敏斯特大教堂，她献上了花圈，提前祭奠即将到来的牛顿逝世200周年纪念日。她在花圈上题了词，将巴布森夫妇排在了众多牛顿主义者的行列中，题词带有一种典型的巴布森式风格："他在250年前发现的作用力与反作用力相等的基本定律，如今才终于开始应用于宗教和经济领域。"[21] 就在那次旅行中，她从查令十字路的福伊尔（Foyle's）书店，花了30英镑（约合今天的不到1000英镑），买下了一本1760年版的《原理》。

到了1935年，即苏富比拍卖会的前一年，格蕾丝已经建立了全美最大的牛顿相关物品与文本收藏。其中包括牛顿自己拥有的《原理》第一版的副本，以及哈雷拥有的一个副本（均有两人的笔记），保留了牛顿笔记和修改的《光学》第二版，一本特殊装订的《原理》第三版，当时人们为牛顿本人特别印刷的十二本副本，这是其中的一本。此外，还有一本牛顿拥有的奥维德的《变形记》，这是他16岁还在读书时购买的，页边空白处留有他少年时代的笔迹。此外，还有肖像、奖章、刻牛顿形象的版画，等等。格蕾丝甚至得到了一张牛顿的死亡面具，这是现存的5张面具之一，曾经属于托马斯·杰斐逊。它保存在马萨诸塞州韦尔斯利的巴布森学院图书馆，由一名全职图书管理员看管。格蕾丝并不满足于仅仅收藏书籍和物品，她甚至买下了伦敦牛顿故居的客厅，在伦敦的大部分时间里，牛顿都住在那栋房子里。如今，这个孤零零的房间仍属于巴布森学院，感兴趣的读者不妨前去一探究竟，那里的墙壁和门窗，和牛顿本人看到的一模一样。

　　格蕾丝是牛顿收藏的核心推手，而罗杰对牛顿的关注则超越了收藏，进入了一个更为陌生、更出人意料的全新领域：即对牛顿所启发的科学研究的资助。在夫妇二人第一次前往欧洲、开启牛顿收藏的 40 多年后，1949 年，罗杰成立了重力研究基金会（Gravity Research Foundation），该机构致力于理解并且设法对抗引力——正是牛顿首次将其视为一种普遍的作用力。^①第二次世界大战后，巴布森担心美国城市将成为下一次冲突中被长期打击的目标。于是，"为了避免在第三次世界大战中，大城市可能遭到轰炸的情况"，他将基金会的地址选在新波士顿的一块乡间飞地中，新波士顿位于新罕布什尔州，位于波士顿以北约100千米。^[22]在格蕾丝打造的牛顿图书馆中，罗杰挑选与重力相关的书籍，将其连同其余20万册"种类繁多"的图书一起，运送到新波士顿。^[23]这一做法的初衷，是保存与重力相关的研究，使之不会在波士顿

---

① 引力（gravitaiton）是宇宙万物之间的一种普世的吸引力，重力（gravity）特指地球上的物体和地球之间的引力。重力研究基金会（Gravity Research Foundation），名称中虽用的是"重力"，其官网的介绍则说，该基金会"致力于鼓励科学研究，以获得对引力现象（the phenomenon of gravitatoin）更完整的理解"。下文一律用"重力"翻译"gravity"，用"引力"翻译"gravitation"。——译者注

图9.5　罗杰·巴布森站在牛顿伦敦故居的房间里，墙上挂着一幅艾萨克·牛顿的肖像。他将该房间买下，并在马萨诸塞州的韦尔斯利（Wellesley）将其重新组装。1949年，巴布森成立了重力研究基金会，旨在消除日常生活中重力所带来的有害影响，包括与重力相关的溺水、疾病、跌倒。承蒙巴布森学院档案馆惠允复制。

这样的大都市受到轰炸时惨遭破坏。

　　在将牛顿著作妥善安放之后，巴布森把对世界末日的担忧放在一边，全身心地投入到新兴基金会的研究计划——"重力的研究与利用"当中。该研究缘起于巴布森少年时代的一场悲剧。在他年幼时，大姐在格洛斯特的安尼斯库姆河里溺毙。对于大姐的死因，巴布森得出了一个惊人的结论："是的，他们说她是'淹死的'……但实际上，她水性很好，可能只是因为突然抽筋或别的原因，她无法抵抗重力，重力就像一条恶龙，把她拖进了水底。"[24]

1947年，又发生了一场悲剧，巴布森的一个小孙子在新罕布什尔州温尼伯索基湖溺水身亡。这场悲剧使巴布森得出一个结论：亟须对造成大量不幸的源头开展更多的研究。他利用联邦调查局的数据，写了一本名为《重力——我们的头号敌人》(Gravity—Our Enemy No. 1)的小册子，对这一问题进行了概述。巴布森写道，除在水中溺毙外，在火灾中窒息身亡也是一种由重力引起的溺亡，而骨折则"直接是由于人们在关键时刻无法对抗重力"而导致的。呼吸系统疾病(比如肺结核，巴布森多年来一直深受其苦)是由于吸入满载重水和病害的空气而引起的，而这些空气正是在重力的作用下，才进入山谷和房屋。[25]

与重力的战斗事关生死，在日常生活中，每个人应该掌握一些实用的反重力工具，比如救生衣、电风扇(用来驱散有害气体)、电梯、火灾探测器，等等。除此之外，巴布森还相信，对重力本质的基础研究，有可能产生控制甚至消除重力的方法。为此，他设立一项奖金，专门奖励在探索"重力波的局部绝缘体、反射体或吸收体"的可能性方向上的优秀论文。他最钟爱的一个设想是，利用重力波制造永动机，从而彻底消除对不可再生的化石燃料的依赖。

1960年，85岁的巴布森仍然希望，新波士顿这座小镇，有朝一日能够成为重力研究的中心。为激发人们的兴趣，他安排了一次免费的夏季会议，主题是他的两大爱好：投资和重力。尽管两项议题极不搭调，他的出席还是确保了一定的上座率。"重力日"的演讲主题包括："万有引力与宇宙"（主讲人是哥伦比亚大学的一位物理学家、1960 年重力论文奖得主），"万有引力能够被屏蔽吗？""鸟、树和重力"（主讲人是一位当地居民）。紧接着是"投资日"，演讲主题包括："大选之后的商业前景"，还有一位观众提出的有趣问题："第三次世界大战之后，中国会主导世界吗？"[26]

重力研究基金会始终未能发展成为一个重力研究中心，但它在物理学史上持续发挥着惊人的作用。在 20 世纪 60—70 年代，当时有关重力研究的经费不足，该基金会成了相关研究人员的救命稻草，是一项大受欢迎的资助来源。从 1965 年—1974 年间，物理学家史蒂芬·霍金（Stephen Hawking）曾五次荣获该基金会的奖项，名次从第一名到第五名不等。霍金的著名论断"黑洞不是黑的"，最初并非如《自然》（Nature）杂志官方宣称的发表在该杂志上，而是出现在 1974 年他向重力研究基金会投稿的论文中（他因此获得了三等奖）。当时，霍金的一位同事称赞他说，正是他的论文提高了该奖项的声望，霍金回应道："这个奖的声望如何，我并不清楚，但这笔钱确实很受欢迎。"[27] 如今，基金会依然奖励重力研究方面的优秀论文，每年 5 篇，奖金高达 4 000 美元。

重力研究基金会的遗产也延伸到了花岗石上。20 世纪 60 年代，在十多所美国大学校园里，巴布森放置了和狗镇一样的巨石纪念碑，用来提醒那里的学生们，基金会正在等待着他们关于重力和反重力的研究。在马萨诸塞州昆西的东那撒勒学院和佛蒙特州的米德尔伯里学院，这些巨石被保留至今，那里的学生依然可以读到这样的铭文："在不久的将来，科学终将澄清重力的本质、作用机制与控制方法"，到那时，"人们将发明一种半绝缘体，从而将重力变为可利用的能源，并减少空难的发生"。

这些巨石，比起重力研究基金会的宏伟抱负，存在的时间更加长久，但重力研究本身已经取得不可思议的进展，远超巴布森的想象。与此同时，格蕾丝·巴布森的牛顿系列藏品也以惊人的速度增长着。1994年，这些藏品收藏于迪布纳科学史研究所（Dibner Institute for the History of Science）的伯恩迪图书馆（Burndy Library），它位于马萨诸塞州的剑桥市。2006年，伯恩迪图书馆搬到加州圣马力诺的亨廷顿图书馆（Huntington Library），巴布森的收藏有了新的归宿。直到今天，这些藏品依然保存在那里。

注释

[1] 有关这些手稿的唯一研究，来自威廉·劳斯·鲍尔，均发表于19世纪80年代，鲍尔是三一学院的导师、业余数学史家：William Rouse Ball, "On Newton's Classification of Cubic Curves," *Proceedings of the London Mathematical Society* 22 (1891): 104–143; William Rouse Ball, "A Newtonian Fragment Relating to Centripetal Forces," *Proceedings of the London Mathematical Society* 23 (1892): 226–231; William Rouse Ball, *An Essay on Newton's "Principia"* (London, 1893).

[2] Biographical information on Wallop is from Gerard Wallop, *A Knot of*

Roots: An Autobiography (New York: Dutton, 1965).

[3] *Times*, January 21, 1936.

[4] Sanderson to Lymington, February 26, 1936, Hampshire Record Office, 15M84/ F390, cited in Dan Stone, "The English Mistery, the BUF, and the Dilemmas of British Fascism," *Journal of Modern History* 75 (2003): 336–358, citation 345.

[5] *Times*, June 23, 1936.

[6] *Daily Telegraph*, June 22, 1936.

[7] *Times*, April 20, 1935.

[8] A. N. L. Munby, "The Library," in *The Destruction of the Country House*, edited by Roy Strong (London: Thames and Hudson, 1974), 106–110, citation 106.

[9] Munby, "The Library," 107.

[10] Munby, "The Library," 107.

[11] *Times*, August 14, 1848.

[12] Giles Worsley, *England's Lost Houses: From the Archives of Country Life* (London: Aurum Press, 2011), 11.

[13] Peter Reid, "The Decline and Fall of the British Country House Library," *Libraries and Culture* 36 (2001): 345–366, 355.

[14] Munby, "The Library," 107.

[15] Reid, "The Decline and Fall of the British Country House Library," 352.

[16] A. S. W. Rosenbach to Sir R. Leicester Harmsworth, November 3, 1933, Rosenbach Company Archives, I:82-O1, cited in Leslie Morris, *Rosenbach Redux: Further Book Adventures in England and Ireland* (Philadelphia: Rosenbach

Museum and Library, 1989), 69.

［17］ Roger Babson, *Actions and Reactions* (New York: Harper, 1949), 10.

［18］ Babson, *Actions and Reactions*, 17.

［19］ Roger Babson, *Cheer Up! Better Times Ahead* (New York: Fleming H. Revell, 1932), 10.

［20］ Babson, *Actions and Reactions*, 136.

［21］ Grace K. Babson Collection of Newtoniana, Huntington Library, San Marino, CA, Babson Newton 17—Curatorial Correspondence, Misc Correspondence, 1925-60, Folder labeled "1925—1930 Correspondence about the Newton collection."

［22］ Babson, *Actions and Reactions*, 340.

［23］ Babson, *Actions and Reactions*, 342.

［24］ Roger Babson, "Gravity—Our Enemy Number One," included as appendix to Harry Collins, *Gravity's Shadow: The Search for Gravitational Waves* (Chicago: University of Chicago Press, 2004), 828–831, citation 828.

［25］ Babson, "Gravity—Our Enemy Number One," 828.

［26］ "Summer Conferences on Investments and Gravity New Boston, New Hampshire, August 27–31, 1960 No Admission Charge," flier, accessed September 23, 2013, at http://www.newbostonhistoricalsociety.com/gravity.html.

［27］ John Gribbin and Michael White, *Stephen Hawking, a Life in Science* (Washington, DC: Joseph Henry Press, 2002), 150–151. 格里宾以前也是一位物理学家，后成为科普作家，他本人获得了 1970 年的奖金。

第 10 章
书商往事

罗森巴赫在美国可以自由交易。在格蕾丝·巴布森雄厚财力的支持下，牛顿的稀世文物得以在大西洋彼岸安家落户。与之相比，伦敦——拍卖牛顿手稿的苏富比拍卖行的所在地，情况则大为不同。那里的资深书商们共同建立了一种更稳定、更公开的交易文化。在英国，藏书狂热时代已告终结，贵族收藏家、图书经销商、图书馆员拥挤在拍卖会场的情景一去不返。到了 20 世纪 30 年代，取代早期狂热的，是一系列更为体系化的机构和图书贸易运作。拍卖行改变了传统做法，不再将书直接卖给私人买家。一个规模相对不大的书商群体主导着拍卖活动，他们中的一些人来自家族企业，好几代人都做图书生意，他们通常大量进购书籍，随后将其专卖给私人客户。这些书商一般将店铺开在梅菲尔街和查令十字街上，那里逐渐形成一个拥挤但令人愉悦的小世界。这些书商们一方面是专业人士，通过拍卖会上的决策维持生计；另一方面，他们也是图书爱好者，对书籍情有独钟。入行多年的书商埃内斯特·魏尔(Ernest Weil)说："之所以选择当一名书商，并不是因为这个行业来钱快。可能有两个原因，要么是我们本身就沉迷于书籍和阅读——这就是我们的生活，是生活的真正内容；要么则是因为它几乎是唯一一项仍然激动人心的职业，我们的世界中充斥着枯燥的日常工作，而书商的工作，无异于一次又一次的精神冒险。"[1]

英国书商将职业俱乐部与业余爱好结合起来，这使他们不愿与私人收藏家共享拍卖桌。1936年7月，牛顿手稿拍卖会上的那些书商，他们早就互相认识，习惯于独霸拍卖会场。他们将图书拍卖变成一种俱乐部活动，只有会员才有资格参与，通过这样的方式，他们压低了拍卖价格，并且充分保护了自己的专业知识，直到这些知识能够为其牟利。这既需要专业的判断力，也需要与其他竞拍者保持默契，使拍卖现场保持某种温和、绅士的氛围。但在实际的拍卖过程中，如果一件稀有物品的诱惑太大，这些非正式的约定根本无法奏效。1936年的实际情况是，书商们暗中勾结，建立了一种名为"书商集团"（dealer's ring）的非法垄断形式，这才真正实现所谓的价格稳定。[2]

这种秘密集团将书商之间心照不宣的默契固定下来，大家互不竞价，刻意压低价格。每当拍卖结束后，集团成员通常会再次聚集到一家附近的酒吧，举行被称为"清箱"或"结算"的二次拍卖。在那里，竞拍的商品是相同的书，直到它们最终达到一个真实的市场价格。[3] 然后，他们会将二次拍卖中的收益集中起来，平均分配。中标的书商将以市场价格，把书卖给私人买家。从本质上说，这种交易方式是书商集团的内部拍卖，它维护了其成员的利益，而书籍原主人和拍卖行则输得精光。即便是那些没有参与竞拍的书商，由于他们的参与与谨慎，也将获得一大笔报酬，还不用交税。1919年，在英格兰南部萨里郡的鲁克斯雷庄园（Ruxley Lodge），一个声名狼藉的书商集团举办了一场拍卖，至少包括81名书商，共净赚近2万英镑。那一时期图书交易界中的知名书商，均参加了这一集团，如伯纳德·夸里奇（Bernard Quaritch）、马格斯兄弟（Maggs Bros.）、特雷格斯金斯（Tregaskis）、皮克林与查托（Pickering & Chatto）等，毫无疑问，他们也是其他集团中的成员。[4]

尽管英国早在1927年，已经判定书商集团为非法，但法案并未产生实际效果。根据一位伦敦书商的说法，庄园图书馆的销售，"完全由书商集团所操控"。还有不少拍卖商，本是负责官方拍卖，却不嫌麻烦，举行第二拍卖，竟是为了区区十几英镑。这些人要么是无耻，要么就是认为自己的所作所为，根本不值得羞愧。这些行为也会被粉饰为侠义之举。集团成员怀着某种再次分配的正义感，参与到这一过程之中（仿佛在效仿芒比在回忆录中所说的，释放"教育资源"，让更需要的人拥有），这恰好也印证，为什么书商集团的存在，几乎是一个公开的秘密。书商们发现，他们处于卖家与拍卖行之间：卖家即使经受债台高筑、家产流失的阵痛，他们仍然与书商属于完全不同的（且更加富有的）社会阶层；而拍卖行比个体书商的体量更大，抗风险能力也更强。此外，书商相互串联，还源于一种强烈的共同意识，即他们的专业知识，连同书籍本身的价值，被那些书籍拥有者严重低估，后者仅仅继承了祖先的财产，而非他们的激情。

那时，存在着一个专门的科学史图书市场，依靠图书贸易的专业知识维系，在很大程度上，这要归功于一批犹太移民书商，其中不少人是从纳粹德国逃出来的。这一小群书商，创造出一种收藏科学书籍的兴趣，这种兴趣在以前是不存在的。即使像《原理》第一版这样无可争议的重要书籍，在1900年前后也能以极低的价格买到。而仅仅50年之后，这本书便成了价格极高的善本书，直到今天依然如此。

收藏首先需要一份目录。自哈利韦尔试图将科学史书目引入英国以来，始终没有人尝试对科学史上的书籍价值进行系统性的评估。在收藏开始之前，需要一些参考指南，告知潜在买家应该对什么感兴趣，并标出物品的价值。海因里希·泽特林格（Heinrich Zeitlinger）踏入这个真空地带。1894年，他从林茨来到英国，很快就在萨瑟兰旧书交易公司找到工作。他凭一己之力，编纂出《化学数学书目》（*Bibliotheca Chemico-Mathematica*），这是一本庞大的目录，收录"有关精确科学和应用科学的多种语言的著作"，第一版始于1906年，最终在15年后的1921年完成。该书共964页，分上下两卷，包括246幅肖像、影印照片，还涉及每本书籍的价格，如稀见的第一版《原理》售价18英镑18先令（约合今天的400英镑），而第二版只需要1英镑15先令（约合今天的37英镑），

1666年出版的第谷·布拉赫的《星志》（*Historia Coelestis*）价格为2英镑10先令。[5]

如今阅读这本目录，仿佛会陷入一个奇异的无底洞。在这本包罗万象的概要中，书籍的价格与稀有性似乎并不协调。1632年出版的伽利略（Galileo）的《两大世界系统的对话》（*Dialogue of the two world systems*）第一版被归属为"极其罕见"，但售价只有3英镑13先令6便士（约合今天的77英镑），相比之下，哥白尼（Copernicus）1543年出版的《天球运行论》（*De Revolutionibus*）第一版，售价为21英镑（相当于今天的445英镑），可谓天价。这本目录的第一版，共包含了17 000项不同的书籍和手稿的条目。当然，其中的绝大多数条目，并非科学史上里程碑式的著作。任何文献，只要和科学稍稍沾边，泽特林格统统收入其中。因而，该书最显著的特征便是其全面性，简直令人眼花缭乱。各类著作，无论篇幅、年代、国别，几乎无所不包，所涉主题也是五花八门，仅字母"I"下的条目，就包含了"靛蓝"（indigo）、"不可分量（之方法）"[indivisibles (method of)]、感应线圈（induction coils）等庞杂主题，所有这些内容，统统被收入这部带有深红色封皮的大部头中。

这样的编目活动，一旦开始，就很难停下。1932年，泽特林格出版了一份新的"二次"补编。在序言中，他解释说，出版新版目录的目的，不仅是收录新出版的书，而且因为藏书价格飙升，1921年第一版中的价格已经过时。1932年的补编中，第一版《原理》已经从市场上消失，而1713年的第二版，"干净的大开本副本"，也升级为"稀见的"，售价为6英镑6先令。1632年版的伽利略《对话》，涨到了35英镑（约合今天的1200英镑），1543年版的哥白尼《天球运行论》（"极其罕见"），涨到了75英镑（约合今天的2 500英镑）。自第一版目录发布后，英镑因通货紧缩而升值，如果算上这一因素，则图书价格的上涨实际上更为显著。

泽特林格的雇主亨利·萨瑟兰（Henry Sotheran）吹嘘说，这本目录"可能是全球范围内，第一本出版的科学的历史书籍目录"。[6]他是对的。这份目录涉及全体人类。它构成了一份研究和生活的重要参考，一切人类科学活动，都因此而变得有迹可循。

泽特林格严守包罗万象的信条，书中的主题，从最跳跃的炼金术理论，到最缜密的数学著作，无一不有。从而这份目录便将所有的科学活动，与研究行为的书本价值相互匹配。事实上，泽特林格的工作更像是一种翻译。为什么一本书里，仅仅包含了一点科学奥秘，就会卖到如此高价呢？这些书籍的市场，规模不算庞大，目标也不甚清晰。泽特林格目录中的很多书籍，以前要么被归为神秘知识，要么就被认为是不值一提、昙花一现的东西。通过将这些奇妙的知识加以组合，并为每个知识明码标价，泽特林格构想了一个世界，在这个世界中，知识的人工制品可以被赋予某种货币价值。这些书籍之所以有价值，主要不是因为谁拥有过它们，也不是因为其品相的好坏（尽管也有理由这样做），而是因为这些书籍里的内容，本身便具有历史意义。对某些收藏者来说，思想史从此将同样令人向往，就像文学与带插图的善本书一样。

正当泽特林格编纂这本目录的时候，第一次世界大战激战正酣，芥子气和自动化武器，夺去了成批士兵的生命。然而，这本目录所呈现的，却是另外一幅五彩斑斓的景象：世界各国人民携手并进，齐心协力，共同追求纯粹的知识。在序言中，萨瑟兰宣称："科学先驱们从不循规蹈矩，更不受阶级的局限，古代人、阿拉伯人、中世纪人、宗教改革后的神职人员、杰出的耶稣会士，以及第一位将欧几里得翻译成英文的伦敦市长。他们中有多少人是我们本族的同胞呢？我们为什么不能承认这一点呢？"[7] 显然，包容精神已初露萌芽，但古老的等级观念并没有被立刻抛弃。

这份目录及其所包含的书籍，为那些有兴趣但未经专业训练的人，打开了通往科学史的大门。物理学家安德雷德（E. N. da C. Andrade）教授便是其中之一，他后来担任了英国皇家学会图书馆委员会主席，负责编辑牛顿的信件。20多岁时，在泽特林格的目录中，安德雷德领略到了收藏科学史图书的快感。在40多年后的一次采访中，他生动地回忆起那些宁谧的时光：

我想，我是在21岁那年开始收集旧书的。那年，不列颠协会在爱丁堡开会，我也去了。我去了廷斯（Thin's）书店，问他们有没有老的科学书籍。他们一开始说没有，后来来了一个年轻人，他说，"哦，有的，在地下室里，我们搞到了克里斯特尔（Crystal）教授生前的藏书。"我走了下去，花了一大笔的钱，大概有14英镑（约合今天的300英镑），买了几本罗伯特·波义耳（Robert Boyle）的著作，每本大约10先令（约合今天的10英镑），还有惠更斯的《论摆钟》（*Horologium Oscillatorium*），花了18先令（约合今天的20英镑）。我记得克里斯特尔买下这本书，只花了2先令（约合今天的2英镑）。这是一场竞技，不过现在已经不存在了。[8]

这就是泽特林格的伟大目录所开创的世界，在这个世界里，收集善本书籍就像在桶里打鱼一样容易。

在编撰书目上，泽特林格似乎不知疲倦。1937年，他开始重新编目，出版了第二本增刊，比第一版更充实、更全面（全书只有不到1 400页长，却包含了惊人的2.3万个条目）。牛顿《原理》一版一印的价格不断上涨，从最初的18英镑18先令，涨到42英镑（约合今天的1 500英镑）。同为善本的哥白尼《天球运行论》第二版（1566年），价格却还停留在9英镑9先令（约合今天的350英镑），似乎印证了第一版的霸主地位。名人的签名版图书，仍然要价很高。1937年的目录包括了几本牛顿收藏并签名的书：1608年版的《提尔卡修斯》（*Trelcatius*）（"令人感兴趣的是，这可能是牛顿最早签名的一本书"）价格不菲——10英镑10先令（约合今天的400英镑），波义耳"关于理性与宗教和谐的一些思考"（Some considerations of the reconcileableness of reason and religion）的演讲副本也是相同的价格。

直到20世纪30年代，书籍的价格才开始上涨。目录也在持续增加。1952年出版的第三本增刊，记录下了这种变化。在序言中，泽特林格写道，三个版本的书目，"记录了科学书籍日益增长的稀缺性，从大约30年前开始，其价格持续飞涨，且没有任何下降迹象。曾经它们是藏书家眼中的灰姑娘，而如今成了他们重点收藏的对象"。亨特（Hunter）的《论性病》（*Treatise on the Venereal Disease*, 1786年）、马尔萨斯（Malthus）的《人口原理》（*Principle of Population*, 1798年）、波义耳的《怀疑的化学家》（*Sceptical Chymist*, 1680年第二版）、牛顿的《光学》（1704年）等书籍的价格都大幅上涨。随着庄园图书馆的图书供应日渐枯竭，走向"陌生但储量丰富的领域"，对于商业与藏家而言，都不失为一件好事。[9] 与此同时，随着价值不断上涨，私人买家出手收藏，科学图书变得愈加稀缺。[10] 在20世纪初很容易买到的书，如今已从市场上"完全消失"。泽特林格的目录也对书籍的稀缺，起到了推波助澜的作用，许多书籍的第一版，如哥白尼的《天球运行论》和伽利略的《对话》，都没再出现在第三版增刊中。第一版的《原理》仍然可以买到，但是价格高达175英镑（约合今天的4 000英镑），几乎是1921年的十倍。

与科学史领域的藏书热相伴的是，以极低的价格买到伟大著作的机会正变得越来越少，不少人因此扼腕叹息。很多图书在市场上消失，而它们高昂的价格，恰恰说明这样的图书市场是健康的。对于书商来说，认识到过去物品的价值，既不是感情问题，也不是理论问题，而是一个商业问题。所谓先见之明，便是要在

牛顿手稿漂流史

书籍变得太稀缺或太昂贵之前，就能意识到它们的价值，只有这样，才能做成大买卖，赚到大钱。早在1862年，收购图书就被认为是一种预测行为。约翰·希尔·伯顿(John Hill Burton)在《猎人》(Hunter)一书中写道，"这一阶层的普遍抱负，是在看似没有价值的地方寻找价值"，他们在"垃圾堆"中探索，最终把手放在"有价值和稀奇的"东西上。[11]

凭借这种直觉和预测能力，书商提升了自己在学者眼中的地位。起初，商人和学者的边界相当模糊。随着时间的推移和图书交易的成熟，两者的职业边界(及其行为准则)不断固化，尽管(或者恰恰因为)书商个性古怪，他们的鉴赏本领依然相当重要。最好的书商本身就是学者，对于自己出售的图书，他们也讲究品味。虽然专业学者时常轻视书商的商业协作，但书商往往比学者看得更远。收藏家兼书商约翰·卡特(John Carter)写道："抢在学者和历史学家之前，发现不为人知的兴趣，搜寻默默无闻的图书，开辟一个学科，挖掘一个作者，收集各类出版形式的原始材料，以供研究之用，这些仍然是收藏家的重要职责。"[12]

这或许可以解释，为什么在早期的科学书籍收藏领域，犹太书商占据主导地位。这些书商，如泽特林格、埃内斯特·魏尔、戈尔德施米特，大多来自德国、奥地利、比利时，他们背井离乡，到英格兰重操旧业。由于宗教、国籍和所谓种族上的差异，他们属于外乡人。即便在英国，他们亦难免不便，但这样的疏离，有时也有回报。科学史的经验表明，外乡人往往眼光独到，能在当地人习以为常的地方，发现价值与意义。更何况，许多书商都带着存货，将自己图书目录上的书籍，运到了英国。上一次发生此种情形，还要追溯到19世纪60年代，那时利布里大肆售卖赃物，许多欧洲大陆珍贵的书籍和手稿，因此在英国安家落户。尽管萨瑟兰吹得有些过了火，但泽特林格的目录绝对不是纯粹的英语目录。

说到欧洲人的兴趣和存货如何打入英国图书贸易市场，埃内斯特·魏尔也是一个很好的例子。1891年，魏尔出生在多瑙河畔的乌尔姆，他曾来到英国学习银行专业，之后加入德军，参加了第一次世界大战。战后，他获得了艺术史博士学位。1923年，他与托伊伯(I. W. Taeuber)共同创办了一家古董书书店，这是最早主营早期医学和自然科学书籍的书店之一。(据他的女儿说，魏尔对炼金术情有独钟。)遗憾的是，魏尔的合作伙伴更倾向国家社会主义。即便如此，在某种程度上，他们仍保持着朋友关系，这或许表明了书商之间的深厚情谊。

然而，这份友谊终究抵挡不住时代的巨浪。他们的书店就位于希特勒慕尼黑总部的对面。1932年的一天，魏尔上班时发现，书店门厅里悬挂着纳粹冲锋队的制服。他意识到，是离开的时候了。魏尔与托伊伯和平分手，平分了书籍。他从女儿那里得知，"可以携带所有家产离开"，于是，1933年6月，魏尔一家来到英国。魏尔的部分存货最终运抵伦敦，他与戈德施密特的公司展开合作，直到10年后再次出走。

在第一次世界大战之前，戈德施密特也曾住在英国，20世纪初他在剑桥读书，那时凯恩斯也在剑桥。在当时，戈德施密特家族仍然坐拥巨额财富，在所有在读本科生中，他是最有钱的。他经常光顾古斯塔夫·戴维（Gustave David）在集市广场上的书摊，一饱买书之欲。由于战后的通货膨胀和高额赋税，他的遗产严重缩水，1923年回到英国时，他手上的资金已大幅减少。然而，他对书籍的热情丝毫未减，他在老邦德街开了一家书店，抽一种独特的混合型香烟。据说他通过书页里散发出木质的香气，确定出不止一本书的来源。

戈德施密特的日常工作也颇为传奇。魏尔回忆说，戈德施密特通常到下午1点才到办公室，然后他们立马去吃午饭。饭后，他撸一会儿猫，散一会儿步，在店里做些研究，白天的工作就算完了。晚饭前，他会先解决《泰晤士报》上的填字游戏，晚饭后常常会客。只有在"午夜之后"，当其他人都已睡去，戈德施密特才会坐下来，用他喜欢的小方纸，写下对经典著作的描述。在凌晨下班之前，他经常去皮卡迪利大街边的里昂街角屋，在那里喝一杯牛奶。[13]

戈德施密特是一位完美的书商，他有敏锐的商业眼光，但不屑于管理财务。在他眼中，理想的顾客是这样的："他住在2 000英里外，偶尔寄来一张明信片，订购一本昂贵图书。"[14] 对于图书收藏市场瞬息万变的时尚潮流，他毫不掩盖自己的厌恶，比如对插图书籍和手稿的迷恋，他斥之为行业里的愚蠢行为。他指出，除非它们是捐赠的礼物，否则大多数图书馆拒绝购买没有插图的手稿。尽管戈德施密特热爱书籍，对其他（大部分）文化对书籍的看法，他也心知肚明。虽然书籍是知识的物质载体，书里记录了人类获取知识的宝贵历史，但书籍本身的价格之低，却并非反常现象，而是源自社会的某种"结构性特征"，尽管书中所包含的知识，已使社会受益良多。[15]

戈德施密特说的没错。人们看到了从欧洲带来的几本书，便牵挂起那些更多没有被带来的书。瓦尔特·迈赫林（Walter Mehring）于1951年出版的《失落的图书馆：一部文化的自传》（*The Lost Library: The Autobiography of a Culture*），讲述纳粹如何摧毁了他父亲的图书馆，而这不过是众多悲剧中的一例。的确，书籍乃是一种文化象征，就像战争中的受害者，是一种文化坚韧与脆弱的流动标志。

在美国，人们更热衷于榜单而非挽歌。1934年，在伯克利举办了一个展览，以纪念114个"在科学史上具有划时代成就的书籍的第一版"。这与泽特林格的书目中人类知识的泛滥，形成了鲜明的对比。这次展览的策展人、解剖学家、胚胎学家赫伯特·麦克林·埃文斯（Herbert McLean Evans）提供了一份关于发现、规律和假说的排行榜，其中一些"直接或间接地推动了科学的进步"。展览之时恰逢美国科学促进会第九十四次会议，埃文斯为这种在科学中"向后看"的做法，进行了一番强有力的辩护：还有很多东西，亟待向公众解释，以说明为什么过去的科学很重要。

不过，埃文斯认为，书籍收藏的传统乐趣仍然存在，尤其是收藏第一版，相比其他领域，这种"藏书热的崇拜对象"，更适合科学。文学作品总是(或多或少地)保留或重复第一版的文字，但在科学著作中，以前的内容总是短暂的，很快就会被抛弃。对未来的不懈追求，使得对过去成就的保存变得越发重要。埃文斯提到了美国科学史学科之父——乔治·萨顿（George Sarton），萨顿曾断言，"相比于美，知识是累积和进步的"。只有审视过去的思想，才可能"观察到观念的起源与变化"。[16]科学史上的第一版书籍，不仅使我们有机会评价过去，而且能够评估当前的进展。

埃文斯后来编了一本小册子，以纪念这次展览。在图书馆的书架上，这本小书很容易被忽略，因为在它周围，都是些大部头的图书目录。埃文斯将科学史压缩到一份伟大著作的榜单上，强化了这样一种观念，即思想在有序传承中发展进步。显然，这种科学史观，与暗地喜欢炼金术的魏尔的态度截然不同，它更具主观性，也更直截了当。在历史中，埃文斯发现了一条通往当代成就的光辉道路，这就是他钟爱历史的原因。他的书单或许很短，但其影响力绝不亚于泽特林格的大部头著作。可以说，他为读者提供了一份指南，以穿越茂密的历史丛林。事实证明，对于那些资金雄厚的收藏者而言，这份清单尤其诱人，他们有财力购买清单上的巨著。因此，埃文斯书单上的许多书籍，很快便价格飞涨，让普通人望而却步。在大萧条的黑暗时期，科学史书籍比其他任何种类的书都更值钱。[17]在这一领域刚刚起步便涉足其中的少数行家，对20世纪头几十年的低廉价格始终念念不忘，如今价格一路狂飙，他们并非总是乐见其成。

对于书商而言，他们日以继夜地工作，不过是为了养家糊口，因此，他们必须想方设法，开辟新的交易领域。"由于市场过于拥挤、无节制地开发，导致压力不断增加、价格持续攀升"，广大买家也设法摆脱这种困境，对于任何相关的建议，他们都心存感激。[18]毕竟，科学的发展，靠的不仅是一系列电闪雷鸣般的革命性发现，而更依赖绵绵细雨式的持续积累。魏尔解释说："在科学领域中，在两次重大事件之间，往往存在一段长时间的间隔，而这些间隔期并非空白一片——其间充满了琐碎的研究、书籍、论文，为下一次的大事件做着准备。"在"文明的里程碑"之间，有不少东西值得收藏。[19]正如科学上的高峰，被漫长的准备工作所分隔，图书行业也必须学会，用不那么具有革命性的日常交易，来填补第一版盛宴之间的空隙。魏尔曾描述他如何联系伦琴的出版商，寻找其1896年发表的关于发现X射线论文的现存单行本。这项任务的关键，是要赶在这些材料被销毁，或是其他人捷足先登之前，找到它们。

在苏富比等待拍卖的牛顿手稿，最多只能算得上魏尔所谓文明里程碑的"准备"工作。事实上，那些"污浊的"、反复涂改的笔记，反而更具有挑战性，因为它们的主题——神学、年代学、炼金术——将为科学史的学科边界，提供一个全新的定义。鉴于手稿本身的模糊性，拍卖会上究竟会发生什么，一时之间竟令人难以捉摸。

注释

[1] Ernst Weil, "Milestones of Civilization," in *Talks on Book-Collecting: Delivered under the Authority of the Antiquarian Booksellers Association*, edited by P. H. Muir (London: Cassell, 1952), 84.

[2] 约翰·卡特(John Carter)写道:"相比私人竞价,书商们的专业垄断,更容易使价格趋于稳定,这样无论市场好坏,价格都不会剧烈波动,这才是书商们期望看到的,也是他们的利益所在。"John Carter, *Taste and Technique in Book-Collecting: A Study of Recent Developments in Great Britain and the United States* (Cambridge, UK: Cambridge University Press, 1949), 128.

[3] Interview with Robin Waterfield, in Sheila Markham, *A Book of Booksellers: Conversations with the Antiquarian Book Trade, 1991—2003* (London: Oak Knoll Press, 2007), 243.

[4] 有关鲁克斯雷庄园拍卖会的详细分析,见 Arthur Freeman and Janet Ing Freeman, *Anatomy of an Auction: Rare Books at Ruxley Lodge, 1919* (London: Book Collector, 1990).

[5] H[einrich] Z[eitlinger], *Bibliotheca Chemico-Mathematica* (London: Henry Sotheran, 1921).

[6] Zeitlinger, *Bibliotheca*, vol. 1, v.

[7] Zeitlinger, *Bibliotheca*, vol. 1, v.

[8] John L. Heilbron, "Interview with E. N. da C. Andrade," December 18, 1962, accessed February 23, 2013, at http://www.aip.org/history/ohilist/4488.html.

[9] Heinrich Zeitlinger, *Bibliotheca*, Third Supplement (London: H.

Sotheran, 1952), preface.

［10］ Zeitlinger, *Bibliotheca*, Third Supplement, preface.

［11］ John Hill Burton, *The Book Hunter etc.* (London: Blackwoods, 1862), 209.

［12］ Carter, *Taste and Technique in Book-Collecting*, 6.

［13］ E. Weil, "E. P. Goldschmidt: Bookseller and Scholar," *Journal of the History of Medicine and Allied Sciences* 2 (1954): 224–232, citation 230.

［14］ "Obituary of E. P. Goldschmidt," *Antiquarian Bookman*, March 6, 1954, 638.

［15］ E. P. Goldschmidt, "The Period before Printing," in *Talks on Book-Collecting*, edited by P. H. Muir (London: Cassell, 1952), 25–38, citation 25.

［16］ Herbert McLean Evans, ed., *Exhibition of First Editions of Epochal Achievements in the History of Science* (Berkeley: University of California Press, 1934).

［17］ Carter, *Taste and Technique in Book-Collecting*, 69.

［18］ Carter, *Taste and Technique in Book-Collecting*, 55.

［19］ Weil, "Milestones of Civilization," 84.

第11章
拍卖前后

朴茨茅斯家族拍卖牛顿手稿的当天，苏富比的老对手佳士得也在举办一场拍卖会。拍卖现场在圣詹姆斯广场（St. James Square）的一间套房内，距离苏富比大约1千米，在梅菲尔区的另一侧。那是一场艺术品拍卖会，为期15天，将成为至少十年之内全伦敦最盛大的拍卖会。拍品主要来自亨利·奥本海默（Henry Oppenheimer），包括文物、锡釉陶、文艺复兴时期的奖章以及当时私人收藏的绘画大师①的佳作。这场奥本海默拍卖会，不仅证明了伦敦的国际领导地位，也使世界各地的私人买家，有机会抢购大师的杰作。如果不出意外，这些艺术作品将很难在市场上再次露面。这不是一桩赚快钱的买卖，而是在投资未来。大师们的画作精彩绝伦，早已被艺术界奉为珍宝，时间越久，价值越高。和当时绝大多数投资产品相比，这些艺术品更具有投资价值。

---

① 绘画大师（Old Masters）是西方艺术史中的专业术语，指1800年之前的绘画巨匠。"师傅"（Masters）原是艺术家行会的一种身份资质。一个人获得该认证，意味着他已经学成出师，具备了开店收徒的资格。——译者注

当苏富比开始拍卖牛顿的手稿时，佳士得的奥本海默拍卖会已进行一周，拍卖第一天，拍卖额便超过3万英镑，刷新了拍卖行的历史记录。（第二周结束时，净收入超过14万英镑，约合今天的500万英镑。）像牛顿手稿这样的小型拍卖会，可能会在时间上安排得不够恰当（虽然当时和现在一样，老旧手稿的买家和艺术品古董的买家分属不同群体），但这场拍卖会的规划与实施，的确是在匆忙之中完成的。正是在沃洛普的急迫要求下，苏富比才承接了此次拍卖，它还需要为这些复杂的手稿，赶制一份拍卖目录，而时间只有4个月。

赶在7月份拍卖开始之前，准备手稿目录的重任，落到了詹姆斯·卡梅隆·泰勒（James Cameron Taylor）肩上。他必须顶着巨大的压力，快速而准确地完成工作。泰勒在14岁时就辍了学，他加入了霍奇森公司（一家位于大法庭巷的知名图书销售公司），一边工作一边自学古典学。后来，他参加了第一次世界大战，在战壕中受伤，随后调入军需部，参与一项制作硝化甘油的秘密项目。到1936年，除战时的中断，他已经在苏富比工作了将近20年。泰勒性格坚韧、意志顽强，他果然不负众望，按时完成了手稿的编目工作。这份目录既准确又深刻，直到80年后的今天，依然是一份重要的文献参考。[1]

泰勒在目录中表明，拍卖的手稿共约300万字，全由牛顿亲手书写。即使是不懂收藏的新手，看到这个数字，也会印象深刻。或许更值得注意的是，其中约有125万字（超过三分之一）涉及神学，炼金术约65万字，年代学近25万字。此外，泰勒还整理了牛顿的生平轶事，展示出丰富档案内容的，比如婴儿时期的牛顿，如何被刚好放到一口一夸脱的小锅里；学生时期的牛顿，在1661年刚到剑桥时购买的一个墨水瓶；等等。除了手稿，拍卖品中还包括各类通信，包括"玻义耳的来信，向牛顿描述了彗星的外观；洛克寄来的一张秘方，涉及如何制作黄金；佩皮斯的来信，他恳求牛顿将其数学才能诉诸应用，为他计算掷骰子时抛出6点的概率"。[2]

手稿涉及的领域众多，内容丰富，泰勒一一识别，并填补了相关背景，出色地完成了工作。考虑到他所用的时间是如此之少，所需的知识又如此之广（而非深度），这样优秀的表现，着实令人惊叹。不过，目录只能将手稿档案转变为待价而沽的商品，在之前的两个世纪里，好几位精力旺盛、坚韧不拔的人，曾经见过手稿，但都被难倒了。这些手稿涵盖神学、炼金术、铸币管理等内容，显然算不上科学，但也不是纯文学性的。很少能有学者会对这些材料产生直接的兴趣，而经过历史学训练，能够完全理解这些材料的学者则少之又少。这些手稿展现出了牛顿思想中那些尚未得到研究的领域，因而没有现成的市场。对于书商和收藏家来说，他们对手稿的主要兴趣在于，这些都是牛顿亲笔书写的材料——是牛顿亲手写下的文字。

当时的形势表明，书商集团无法操控此次拍卖。拍卖前的宣传十分到位，牛顿的大名很容易引人注目，因此任何感兴趣的人，都已经知道了这次拍卖，并对拍品的内容有充分的了解。在泰勒的目录中，不存在像"一捆松散的手稿"之类模棱两可的描述，使得潜在的书商集团难以从中渔利。此外，和以前资深书商垄断拍卖现场的情况不同，这次出现在拍卖会上的不仅仅是职业书商，沃洛普本人就在拍卖现场。凯恩斯也到场，他的声名远超书籍收藏的神秘领域。他无疑受到在场书商的尊重，作为收藏家，他严肃认真，目标明确，财力雄厚，野心勃勃（换言之，他就是广大书商渴望的最佳客户）。欺瞒这位伟大的经济学家，显然既愚蠢又鲁莽。拍卖当天，他比任何人都更迫切地想看到那些陌生手稿的价值。

还在读书期间，凯恩斯就开始收藏书籍。在伊顿公学时，他有意识地培养自己的鉴赏力，假期回到剑桥家中后，他大量购买阿尔定版和爱思唯尔版古籍[1]，大部分是 16 世纪早期出版的希腊语和拉丁文图书，具有很高的收藏价值。尚在孩童时代，凯恩斯就结识了古斯塔夫·戴维。戴维在剑桥市场上有一个书摊，向一群年轻人灌输了令人上瘾的藏书之乐。戴维是剑桥的名人，人们形容他"是个老书商，从塞纳河畔搬到剑桥市场，头戴圆顶礼帽，

---

① 阿尔定和爱思唯尔均为欧洲早期出版社。阿尔定出版社（Aldine Press）1494 年成立于威尼斯，主要印刷古希腊和罗马时期的古典著作。爱思唯尔（Elzevir）是 17 世纪和 18 世纪早期荷兰莱顿的家族出版商，除了古典著作外，它也出版当时的科学著作，最著名的是伽利略的《两门新科学》（*Two New Sciences*）。该出版社于 1712 年倒闭。目前活跃于学术出版界的荷兰爱思唯尔公司（旗下拥有《柳叶刀》《细胞》等重要期刊和电子数据库），成立于 1880 年，只是借用了前辈的名字。——译者注

总是烟不离手"。[3]在一张当时拍摄的照片上，他端坐在破旧的遮阳篷下，身旁的桌上摆放着成排的书籍，书脊朝上以便于浏览。人们仿佛可以透过照片，感受到市场中潮湿灰暗的空气，以及戴维身上散发出来守护者般的执著精神。

戴维并没有把全部的时间耗在市场摊位上。每周四，他都前往伦敦，在拍卖场成批进购廉价图书，这些鱼龙混杂的书堆中，很可能就埋藏着宝贝。到了周五，他赶回剑桥，把淘到的宝贝赠送给最优秀的年轻人。戴维的行为方式并不稳定，"他仿佛是一位暴君，把自己的书视为奖赏而非商品，而奖赏的方式也非常随意，令人琢磨不透"，芒比这样评论戴维，他也曾经从戴维手上买过书。[4]凯恩斯是戴维最喜欢的年轻人。后来，凯恩斯加了一个读书会，名为"剑桥使徒"（Cambridge Apostles），这是一个有关秘密知识的学会，成员都是严肃而有自身追求的人。读书期间，凯恩斯从戴维那里购得329本书，他按照买入的顺序，为它们一一编号，像"剑桥使徒"按照加入顺序为成员编号一样（他本人是243号）。[5]

凯恩斯对书籍的迷恋与日俱增，初入大学的兴奋与购买书籍的热情交织在一起。在进入剑桥大学国王学院后的第一个月，他给朋友写信说："在这里，我认识不少好人，这个学期已经买下50多本书。每天下午努力练习赛艇，从不上床睡觉，日复一日。这难道不是天堂般的生活吗？"[6]第一版的《原理》是不是就在这50本书当中呢？如今，这本书仍然保存在凯恩斯的图书馆中，他一

图11.1　古斯塔夫·戴维在剑桥市场广场上的书摊。他曾以4先令的价格向凯恩斯售出了一本第一版的《原理》，而自己却只为此支付了4便士。承蒙古斯塔夫·戴维书店供图。

共拥有四个版本，其中一本的题词体现出他买书时的喜悦："1905年，从戴维那里以4先令购得此书，而戴维从法灵顿路买下它时，花了4便士。"[7]日益繁忙的公共事务，并没有中断凯恩斯的收藏活动，他在为政府高层建言献策的同时，保持着自己学究式的追求。直到20世纪30年代的头几年，戴维仍在继续为他预留图书。

这种情况大约一直持续到苏富比拍卖会，那时凯恩斯的思想发生变化，他将收藏对准了新的方向。在此后的大约七年时间里，直到他62岁英年早逝，他很大程度上放弃了收藏文学书籍，专心购买欧洲哲学、政治经济学、科学领域的头版和早期版本的书籍。

凭借审慎的投资，凯恩斯此时已积累了大量财富，他拥有足够的财力，可以去购买自己想要的东西，去了解专门的买卖规则，他是一位充满激情、知识渊博、精明谨慎的收藏家。和一般藏书家不同，他也是一位读者，求知欲旺盛。不论是精读拍卖目录，参与紧张刺激的竞拍，还是在蒂尔顿或伦敦的书房与书籍共处，都能让他体会到无穷的乐趣。凯恩斯的行事风格，既有条不紊又果决有力。他会一边阅读拍品目录，一边做着注释，然后联系重要的拍卖行，支付佣金或提前出价。除非忙到脱不开身，他会想方设法，亲眼看看打算购买的书籍。结果，他如愿以偿地收藏了数量惊人的头版和早期版本书籍，这些书的作者包括培根、边沁（Bentham）、贝克莱（Berkeley）、哥白尼、笛卡儿、黑格尔（Hegel）、霍布斯（Hobbes）、休谟（Hume）、康德（Kant）、莱布尼茨、洛克、马勒伯朗士（Malebranche）、马尔萨斯、牛顿、帕斯卡（Pascal）、卢梭（Rousseau）、亚当·斯密（Adam Smith）、斯宾诺莎（Spinoza），等等。他收藏的牛顿作品，除了上面提到的四本第一版《原理》（1687）之外，还包括三本1713年出版的第二版和四本1726年出版的第三版。[8]

我们有必要留心一下这份作者名单。名单上的人物，皆是西方思想史上为人熟知的伟人，但在此之前，他们并未受到藏书家们的太多青睐。最先吸引收藏家的是印刷艺术本身：彩饰与插图、精美的装订、以及早期的善本书籍（如阿尔定版和爱思唯尔版）。文学、诗歌、戏剧也非常流行，特别是在伊丽莎白和斯图亚

图11.2 这幅肖像作品创作于1908年，那时的约翰·梅纳德·凯恩斯，已经成为一位狂热的书籍收藏家和读者。©伦敦国家肖像画廊。

特时期出版的作品。在凯恩斯所处的时代，人们早已对头版书趋之若鹜。他们嫌弃被人用过的书，总是渴求完美的旧书：带有毛边的纸页，干净的硬面，几乎没有磨损。藏书家们看重的是占有而非阅读。书籍过去的历史越简单越好，越简单便越值钱。大多数藏书家并不读书，也不在乎过去谁拥有过它。阅读也可以，但不是必须，为了防止页面磨损，也不推荐这么做。

　　凯恩斯全新的收藏方式，有意识地关注书籍中的思想，而非其美学或文学特征。这种收藏方式，构筑了特定的观念史或思想链条，将不同历史时期的人关联起来。它蕴含着这样一种假设：即每个时代的创造者，无不是前一时代物质与思想杰作的继承者。就此而言，凯恩斯是一位彻头彻尾的布卢姆斯伯里社成员。墙上的画作、地上的地毯、房间的陈设、架上的书籍，从来都不仅仅是物品：它们是思想与价值的物质载体，能够提供审美享受和道德教化。手中拿着的书，就像布卢姆斯伯里或苏塞克斯美好的田园生活一样，将心灵世界与物质世界联系到一起。

　　凯恩斯收藏重点的转变，也是其私人生活的反映。他一方面左右着英国高层的决策；另一方面又在私下独自追求真理，涉及历史、哲学、考古学、艺术等多个领域。凯恩斯久负盛名，原因很多，如一战期间他对英国财政的改革，他在撰写文章和评论方面的卓越才华，以及他批评战后赔款的畅销书《和平的经济后果》（*The Economic Consequences of the Peace*）。1936 年，《就业、利息和货币通论》（*The General Theory of Employment, Interest and Money*）出版，该书详细阐述优化就业、缓解通胀的政策，使他的名望急剧升高。与此同时，凯恩斯过着极其隐秘的私人生活，尽可能地躲避大众的目光，他的传记作家罗伯特·斯基德尔斯基（Robert Skidelsky），将其称为"经过加密"的生活。这种保护隐私的本能，发展成为一种信念，即"在可公开讨论的知识之下，隐藏着一些秘传的知识，只有少数内行才能了解。"[9]凯恩斯或许感到，通过与伟大哲学家的书籍亲密接触，他可以进入一个更深刻、更真实的知识世界。相信日常生活的面纱之下埋藏着隐秘的真理，正等待着少数的精英去揭示，这样的信念，恐怕正是面对拍卖会上的牛顿手稿最好的心理准备。

　　就在牛顿手稿拍卖前不到两周，凯恩斯在英国广播公司

（BBC）发表一篇演讲，主题恰好与书籍有关，他描述了一个书的美妙世界，并含蓄地为其辩护——人们只需迈进书店大门，就能拥抱其中的奥秘。他自称"资深读者"，表示将与那些"能够识文断字但经验尚浅的听众"，分享"一些建议"。这是一篇经典的演讲，它深入浅出、循循善诱、文辞优美、思想深刻。凯恩斯告诫读者，应该调动"所有的感官"和书打交道，拿在手上，摩挲纸张，甚至去闻闻书香。一个人应该生活在图书的包围中，让"尚未阅读的书的阴影"投在身上。翻动纸张里的奥秘，探索未知的快乐，就是图书馆，特别是好书店存在的意义。他讲道："逛书店不像去铁路订票口订票，去的时候知道自己想要什么。应该抱着模糊的目标走进书店，仿佛在梦中一样，让目光自由地停留在书籍上。在好奇心的驱使下漫步书店，理应成为一项午后的休闲活动，对此不必感到羞愧或内疚。这就是书店存在的意义，书店老板也欢迎大家这么做，知道这样的闲逛总会结束。"[10]

7月的那天下午，现身苏富比拍卖会时，凯恩斯已经充分意识到手稿的价值，它们不单是普通的古董，更是伟人思考过程的记录。为此，他已准备好充足的资金。在20世纪30年代的头几年，他在商品和货币方面的投资取得了巨大成功，净资产在拍卖当年达到顶峰，约有50万英镑（约合今天的1 300万英镑）。在场的其他买家包括马格斯兄弟和伯纳德·夸里奇，他们都是当时的知名书商，公司历史可追溯到19世纪中叶，主营善本图书和手稿生意。此外，还有剑桥赫弗氏书店（Heffer and Sons）的代表戈德施密特

图11.3 约翰·梅纳德·凯恩斯，摄于1936年7月苏富比牛顿手稿拍卖会前后。几个月前，他发表了里程碑著作《就业、利息和货币通论》。©国家肖像美术馆，伦敦。

（E. P. Goldschmidt）、移民纽约的匈牙利人加布里埃尔·韦尔斯（Gabriel Wells）、到场的唯一法国书商埃马纽埃尔·法比尤斯（Emmanuel Fabius）。马格斯兄弟拥有苏富比的延期信贷权，因而成为拍卖会上最凶狠、也是最成功的竞拍者，共计拍下89件物品。赫弗氏书店和威尔斯，分别拍下24件和23件。费比乌斯获得13件，托名"尤利西斯"的买家得到16件。另一位伦敦书商弗朗西斯·爱德华兹（Francis Edwards）购得12件，杰勒德·沃洛普买下10件。[11]

凯恩斯是第二成功的买家，总共拍下38件物品，大部分是炼金术手稿。他在第一天买了13件，花了264英镑10先令（约合今天的10 000英镑）。他的占有欲一发不可收拾，又参加了第二天拍卖会，并大幅提高了出价，拍下了25件物品，总共花去了391英镑（约合今天的15 000英镑）。[12]他叫价很自信，甚至对一些拍品主动出击，但还是放弃一些拍品。他充分理解游戏的规则，谨慎地控制着欲望。他深知，挑起竞价大战极不明智，尽管没有形成相互勾结的书商集团，但这场拍卖会几乎是封闭式的：除了他和沃洛普之外，参与此次拍卖的都是专业书商。

总之，这次拍卖共有37位买家，其中有9位购买了10件及10件以上的物品。[13]牛顿死后留下的剩余手稿，在完好无损地保留了200多年之后（其中很多手稿是牛顿早年写下的，已有250多年的历史）自此分散到全世界十几位买家手上，有些手稿从此销声匿迹。两天拍卖的最终成交价为9 000英镑（约合今天的33万英镑）。当然，与奥本海默拍卖会所获得的14万英镑相比，朴茨茅斯拍卖会的成果令人失望。然而，从买家凯恩斯的角度来看，这一切都"非常合理"（尽管他认为"非常奇怪"的是，大英博物馆、剑桥大学图书馆、剑桥三一学院都没有派代表参加此次拍卖）。[14]

在不少旁观者眼中，手稿散落各地着实令人心痛。虽说各行有各行的规矩，手稿交易也必须遵循市场法则，但牛顿毕竟是牛顿。但是，这些手稿是否具有足够的价值，值得国家出手收购呢？那时，英国对德开战的忧虑与日俱增，已经出现了公共机构出面，为国家拯救文物的先例（虽然直到1939年战争爆发，国会才正式授权政府保护国家财产）。1936年5月，就在朴茨茅斯拍卖

图11.4 苏富比拍卖牛顿手稿的房间。照片上是1947年拍卖戴森·佩兰斯（C. W. Dyson Perrins）的古腾堡圣经时的场面。马格斯兄弟之一的欧内斯特·麦格斯（Ernest Maggs），留着山羊胡子，坐在拍卖官右侧的桌子边。承蒙马格斯兄弟公司供图。

会的两个月前，纳尔逊勋爵（Lord Nelson）的遗物公开售卖，国家海事博物馆将其收购，其中包括1801年哥本哈根之战胜利后，劳合社（Lloyd's）送给纳尔逊的银质汤碗（成交价为500英镑）。[15]

　　3年前，为了给第二个五年计划筹集资金，苏联政府授权马格斯兄弟公司出售《西奈抄本》（Codex Sinaiticus）。最终，英国政府花费10万英镑将其买下，其中一半以上的资金，来自全国各地的私人和团体捐款。《西奈抄本》是基督教圣经最早的完整抄本，也是宗教史研究领域独一无二的原始文献，因而备受关注。展览期间，人们蜂拥而至，一睹抄本真容。图书馆保证，尽管抄本价格不菲，但绝对物有所值。于是，民众纷纷解囊，只为将其留在英国。除宗教文物本身的吸引力之外，《西奈抄本》彰显出原始手稿无与伦比乃至不可或缺的价值。那些精妙的墨迹和色彩表明，要想真正理解手稿的历史，并借此理解圣经本身的历史，光靠单纯的复制品远远不够。

显然，牛顿在神秘主义、政府管理、炼金术方面的手稿，缺少与英雄纳尔逊遗物和古代抄本同样的魅力。正如凯恩斯所说，大英博物馆、剑桥大学、牛津大学、三一学院图书馆等高等学术机构，均未派代表参加拍卖会。拍卖会结束后也是风平浪静，只有《泰晤士报》的编辑收到了几封简短的来信，表明人们对这位英国最优秀科学家的兴趣实在有限。拍卖会后同一周出版的《泰晤士报文学增刊》（*The Times Literary Supplement*），发表了一篇孤零零的短文，作者慨叹良机已失："手稿没被全套买下，保存在英国的图书馆里，想来真是可惜。若是有人精心策划，不难筹到10万英镑，如此一来，便能买下这批珍贵的手稿，那可是牛顿亲笔写下的300多万字啊。"[16]

这样的事情，终究还是没有发生。但这未必意味着损失惨重。或许相比《西奈抄本》对于基督教研究的意义，这些手稿对于全面的牛顿研究而言，其必要性并没有那么高。约瑟夫·拉莫尔是斯托克斯的科学手稿和往来信件的编辑，他从剑桥给《泰晤士报》写信，信中指出，手稿散落并没有人们想象的那么糟。当年，亚当斯、斯托克斯、利文、卢亚德编订的朴茨茅斯目录，以及"有关手稿中天文学内容不可或缺的记录"，都有助于减轻损失，"实际上，这些手稿的重要性，只不过是体现在它们是牛顿原始的亲手笔迹罢了"。[17] 这里之所以会提到"亲手笔迹"，拉莫尔应该是在揶揄那些文物专家，他们总嚷嚷着要找到更多拜伦、更多现代伟人的手迹。在拉莫尔看来，对于科学史家和天文学家而言，剑桥目录完全够用。

另一些人的想法则完全不同，他们希望尽可能将手稿重新收集在一起。虽说苏富比拍卖会让手稿迅速流散，但它也提供了一次良机，让真正明白手稿价值的人能够收藏它们。凯恩斯便是其中之一。拍卖结束后，他意识到自己错过了不少手稿，于是立即着手购买。他开始联系买下这些手稿的公司，此时，他与书商间的密切关系发挥了重要作用。双方的通信展现了专业人士对他的信任和尊重。凯恩斯四处打探的手稿，开始通过皇家邮政在收藏家中易手。8月18日，弗朗西斯·爱德华兹从苏塞克斯庄园向凯恩斯寄了四份手稿，售价近100英镑（约合今天的4 000英镑），承诺"包退包换"。凯恩斯基本满意，在物品清单上干脆利索地打上习惯性的三个对勾，留下了其中的三份，并将第四件寄回，请求换购另一份手稿。[18]

为牛顿手稿失散感到沮丧的，不只凯恩斯一人。威克菲尔德勋爵（Lord Wakefield），通常被人称为"切尔斯"（Cheers），从事工业和汽车润滑油生意，积累了巨额财富，热心公益事业。3年前，他匿名为《西奈抄本》捐款，并向国家捐赠了纳尔逊勋爵的个人日志。这次，他花去 1 400 英镑（约合今天的 50 000 英镑），从加布里埃尔·威尔斯那里买下牛顿有关铸币的手稿，这些手稿装订成三册精美的开本。威尔斯只按成本价出售，因为知道手稿将捐赠给皇家造币局。拍卖会后不到两周，罗伯特·哈德菲尔德爵士（Sir Robert Hadfield）将自己购买的一套通信集捐赠给了皇家学会。

不过，凯恩斯有个更为宏大的想法。他写信给法国书商埃马纽埃尔·法比尤斯，询问他购买的拍品，其中包括牛顿与法国科学学院秘书丰特内勒之间的通信。凯恩斯愿意为两份拍品支付 1 500 法郎。[19]但法比尤斯要价 9 000 法郎（约合当时 120 多英镑，今天的 4 400 英镑），理由是牛顿手稿"极其稀有"，和法国有关的更是凤毛麟角。或许是法比尤斯要价太高，凯恩斯将目光重新投向故乡英国，开始联系拍卖会上的剑桥和伦敦的书商。拍卖会过去几周后，凯恩斯想完整收藏牛顿手稿的决心越来越强烈。马格斯兄弟同意向他出售一切他想要的手稿，仅收取 20% 的佣金。凯恩斯第一次支付了 42 英镑，并写信给马格斯兄弟，感谢他们"非常合理"的出价。他在信中解释说："现在，我决定大量收藏这批手稿，将其永远留在剑桥。抱着这一目标，我一直在仔细阅读目录。"[20]结果，在马格斯兄弟那里，他发现了更多想要的手稿，比一开始想买的还要多。凯恩斯越陷越深，又写了一张 653.15 英镑（约合今天的 16 000 英镑）的支票，用于购买额外的藏品。他写道："我担心自己欲壑难填，买的越多，胃口越大。"[21]他要求再买 10 份手稿，在可以退换的情况下，再看另外 4 份。

求购时说明自己的目标，有助于争取到合理的价格。因而在写给戈德施密特和赫弗的信中，凯恩斯透露，他计划将手稿捐赠给剑桥。[22]赫弗的回信，反映了当时人们的心态："我想，在一个理想的世界里，牛顿手稿永远不会被售卖，在一个'近乎理想'的世界里，购买手稿的人都会乐意将手稿物归原主。然而遗憾的是，这是一个商业世界，要有买有赚，要收支平衡，为此人们艰苦奋斗，从未停歇。"不过，这个商业世界并未影响到书商与其长期客户间的绅士关系：赫弗以6英镑10先令的低价，向凯恩斯出售了第166号拍品（牛顿写给数学家罗杰·科茨的信，科茨曾协助牛顿编订第二版的《原理》），只比买入价贵了1英镑。[23]凯恩斯立即回信感谢，表示只要他认为价格"非常合理"，就乐意支付购买。[24]赫弗还有不少其他牛顿手稿，但凯恩斯并未如愿以偿，得到所有想要的手稿（有些手稿已经寄给了另一位潜在买家）。最终，他在赫弗那里花了将近100英镑。

凯恩斯还收到了一封杰勒德·沃洛普的来信，询问他是否有兴趣出售第295号拍品，这是一份"君主制的起源"的草稿。沃洛普解释说，姨妈过世产生了高昂的遗产税，使他不得不通过苏富比拍卖手稿，他尤其感到后悔，没能留住这些牛顿在政治学方面的作品。他慷慨地出价50英镑（凯恩斯购买时花了11英镑），并邀请凯恩斯到家中做客，共进晚餐。[25]凯恩斯回信说，他很乐意将原稿寄回汉普希尔，并将在新年时登门拜访。[26]

9月17日，凯恩斯写信回复法比尤斯，称对方的上一封信——

要价9 000法郎的丰特内勒通信——"有点意思"，同时歉意地表示，价格实在太高，自己只得放弃。法比尤斯可能心存侥幸，想趁机捞一把，但与伦敦书商仅加价20%相比，他的要价或许更接近市场价格。无论如何，对凯恩斯来说，错失丰特内勒信件并不特别重要。那时，他已经搜罗了130件拍卖会上的拍品。[27] 他开始认真研究起了炼金术，在写给马格斯兄弟的一封信的结尾，他请求得到一份关于炼金术的目录。[28]

不久之后，凯恩斯了解到，有人和他一样在四处求购拍卖的手稿。在布达佩斯的一家酒店，他见到了加布里埃尔·威尔斯，请求购买第72、222、223、320号拍品。威尔斯感叹道："要是我早点收到你的信就好了。亚胡达教授一直追着我，想买这些东西，现在已经卖给他了。"[29] 凯恩斯回答说，他"感到遗憾，但并不意外"。对于自己目前的收藏状况，他感到很满意："现在，我已将那次拍卖会三分之一以上的拍品收入囊中。依我看，只有我还对此感兴趣，未来也许会搞到超过一半的拍品。"[30] 后来，他又从威尔斯那里买了两份手稿，并向后者承认，错失其他拍品，责任全在他自己。"我是逐渐下决心要建立完整收藏的。慢慢地，我才发现有关炼金术的手稿非常有趣。"[31]

很快，凯恩斯就与亚伯拉罕·亚胡达（Abraham Yahuda）直接见面了。1936年9月7日，克利福德·马格斯（H. Clifford Maggs）代表亚胡达，给凯恩斯写了封信，表示亚胡达"很乐意与您取得联系，因为他也找到了一些手稿，与您在拍卖会上的第263号拍品有关"。[32]这是一份关于所罗门圣殿的长篇手稿，凯恩斯对此"很感兴趣"。他直接给亚胡达回信说："我现在已经收藏了大部分的手稿，很想继续收集其他记录在册的手稿。"[33]

苏富比的编录人员已竭尽所能，将杂乱无章的手稿进行分类，但他们仍然犯了一些错误。亚胡达在信中说，他几乎可以肯定，所罗门圣殿手稿，与他所得到的其他涉及圣殿的手稿有关。慢慢地，亚胡达的意图明晰起来，他感兴趣的不仅是归还一份分类错误的手稿那么简单。他紧接着谈到了重点："如今，我打算收集牛顿关于这一主题的全部手稿，我想，我或许能说服您，您可以选择出售，也可以用它来交换我手上的炼金术手稿。"虽然在兴趣和背景方面，凯恩斯和亚胡达两人截然不同，但他们收藏手稿的目标完全一致：将手稿收集在一起。9月15日，在给凯恩斯的回信中，亚胡达写道："由您来保管大量牛顿手稿，此举甚好，如此一来，手稿便不至四处流落。"和凯恩斯一样，这也是他自己的收藏动机。[34]

不过，两人并没有因这一愿望而变得盲目，他们精打细算，设法把手中藏品的价值发挥到最大。说到交换手稿，凯恩斯虽不情愿，但并不完全排斥。[35]好在两人感兴趣的手稿，并不属于同一领域。亚胡达寻找的是神学手稿，凯恩斯则关注炼金术（不过到了最后，凯恩斯还是收藏了一部分重要的神学手稿，亚胡达则拥有一些炼金术手稿）。记录这次交换的通信未能保留下来，二人交换后的藏品保存完好，分别收藏在剑桥的国王学院和以色列国家图书馆。

在两年时间里，亚胡达和凯恩斯一直保持着通信，交流手稿及其相关话题，比如筹备牛顿诞辰300周年的纪念图书。凯恩斯始终关注牛顿的炼金术，他的思考不断深入，在1938年4月3日的一封信中，他分享了自己的见解："牛顿真的明白自己在做什么吗？这到底是老一套的瞎胡闹，还是预示了化学真正的开端？在我看来，这个问题只能由这样一群人来回答，他们首先需要具有专业的化学知识，同时还具备一双慧眼，能在科学文献中，发现恰逢其时的潜在贡献，而不仅仅把它们看成过时的文字。"[36] 在这封信的结尾，凯恩斯询问他寄去的手稿的情况，那份手稿是交换计划的一部分。亚胡达回信说，在自己的收藏中，他没有找到凯恩斯寄来的那份手稿。他在信件最后表示，希望两人能见上一面，讨论牛顿有关神学、年代学和有争议的手稿。他认为，这些手稿"比迄今为止所有牛顿评论家所认为的还要重要"。[37] 显然，亚胡达一直在认真阅读牛顿的神学写作，此前从未有人如此严肃地对待过这些手稿。在写给凯恩斯的另一封信中，他简要陈述了自己的结论："牛顿的努力并不是一时糊涂，他绝不是一位徒劳无功、招摇撞骗的卡巴拉主义炼金术士。"[38] 这是两人的最后一次通信。最终也不清楚那份已经寄出的手稿究竟下落如何，或许凯恩斯已经对亚胡达失去了耐心。不管怎样，凯恩斯都对自己的收藏相当满意，引以为豪。

凯恩斯打算进一步了解手稿中的内容。这并不是一项容易的工作。大部分手稿包括牛顿对其他炼金术著作的笔记和摘抄，以及一些手抄的匿名著作，不知出自何人之手。在各种各样的手稿中，很难辨别出哪些内容是经过实证的，哪些是原创的，哪些是完成的，找不到一本类似炼金术实验笔记一样的东西。不过，显而易见的是，牛顿一生都非常注意保护这些手稿。凯恩斯最早请教的专家之一是吉尔伯特（L. F. Gilbert），他是炼金术和早期化学研究协会的成员。在写给吉尔伯特的一封信中，凯恩斯指出，牛顿烧毁了不少手稿，但他有意识地保存下其余的手稿。显然，牛顿认为，在这些手稿中，必定有些内容值得花功夫去研究，值得为后世保存下来。凯恩斯接着写道："牛顿选择留下炼金术手稿，颇令人感到困惑，这些手稿与他的其他成就，居然出自同一个大脑，真叫人难以置信。"凯恩斯只得如此总结：事实上，在动笔撰写《原理》之前，牛顿已经开始书写炼金术手稿了。这确实是同一个人，拥有同一个大脑，无论他是在研究自然哲学，还是在研究被凯恩斯称为"古怪之事"的炼金术。[39]

吉尔伯特试图帮助凯恩斯调和分裂的牛顿形象，同时，他也在思考炼金术可能蕴含的潜在意义。在给凯恩斯的回信中，他写到，虽然很难将"牛顿的其他著作，与他对古怪之事的痴迷，归为同一个大脑的结果"，但纵观历史，理智之人，亦常有古怪之举，牛顿不过是其中之一。很多人平日基本正常，但"在某些事上会有明显的怪癖。如果这些怪癖极度令人反感，他们就只能被送去精神病院"。[40]在随后一封写给凯恩斯的信中，吉尔伯特修正了"牛顿有怪癖"的讲法，因为没有人支持他的这种看法。这一次吉尔伯特写道："牛顿的两只脚，分别站在两个不同的思想潮流之中。"[41]在第二次世界大战全面爆发之后，凯恩斯将手稿转移到了更安全的地下室里，脚踏两种思潮的牛顿形象，在他脑中久久挥之不去。

1942年的圣诞节是牛顿诞生300周年的纪念日。尽管英国的战争形势日趋危急，人们还是制订了庆祝计划。凯恩斯将所藏部分手稿，借给伦敦的皇家学会举办展览，并受邀发表讲话。[42]他以"牛顿其人"（Newton the Man）为题，作了两次演讲。第一次是在1942年10月30日，白天的活动是赞美与评价牛顿的贡献（并计划在战争结束后，举办一场更隆重的纪念活动），凯恩斯的演讲被安排在晚宴之后。第二次演讲是在1943年1月30日，地点是牛顿的母校剑桥大学三一学院。[43]自从1940年德国对英国的空袭开始，牛顿手稿一直"深埋地下"，所以凯恩斯写出这篇讲稿时，手边并无资料可供参考。[44]讲稿中引用的牛顿通信，完全凭记忆写出，因而"略显潦草、不够准确"。[45]虽然他未能征引某篇手稿，也没有提及牛顿的生平细节，这仍然是一篇令人难忘的演讲佳作。凯恩斯是一位优秀的作家，有着难以抑制的表达欲望。即便缺乏一手资料，他也知道要得出怎样的结论，如何激发听众的兴趣。在场听众包括一批杰出的科学家，如晶体学家威廉·劳伦斯·布拉格（William Lawrence Bragg）、物理学家安德雷德，等等。

凯恩斯告诉听众，真实的牛顿，与我们对他的一般印象，相距甚远。他收集了四处流散的手稿，发现其中包含许多不为人知的秘密，并很乐意同众人分享。18世纪产生出理想的牛顿形象——"一位理性主义者，教导我们要用冷酷无情的推理来思考问题"——如今将被彻底修正。这是无法回避的结论。凯恩斯讲道："1696年，牛顿离开剑桥，把手稿装箱带走。虽然一部分手稿散落了，但这个箱子最终到了我们手上。我相信，任何看过其中手稿的人，都会改变对牛顿的看法。"就像前辈毕奥和贝利一样，凯恩斯揭示了一个隐秘的、不为人所知的牛顿——他的行为和思想，与我们预想的那位受人尊崇的自然哲学家截然不同。对待神学和炼金术手稿，凯恩斯的态度有别于前人。19世纪70年代—80年代，利文曾为这批手稿编目，但剑桥四人组认为它们思想混乱而未加理会。然而，在凯恩斯看来，正是这批手稿，可以彻底修正我们对牛顿的理解，从而还原出一个真实的牛顿。他指出，牛顿的世界观并非以理性的科学为主导，而是尊奉一个更古老的世界图景，即认为世界是互相联系的统一体。"牛顿不是理性时代的第一人。他是最后一位魔法师，最后一位巴比伦人和苏美尔人，是具有古代智慧的伟大心灵的最后一人，他看待可见世界和思想世界的方式，与数千年以来、为人类思想传承添砖加瓦的先哲前辈，并无不同。"[46]

　　凯恩斯使用了"魔法"（magic）一词，指称牛顿看待世界的那种信念，即宇宙运行的模式，寓于自然的和所谓神秘的种种线索之中。凯恩斯认为，牛顿"把整个宇宙及其中的万物，看作是一道谜语、一个秘密。散布世界的解谜证据，是上帝有意安放的，是哲学家进行寻宝游戏的神秘线索。只要通过纯粹的思考，就能把这些线索解读出来"。这些线索既存在于自然世界之中，也存在于古代经书之中，既可以通过观察天空和物质实体发现，一部分"可以在通过教友流传至今的抄本经文中找到，从巴比伦的原始天启开始，这些经文的传承从未中断。"[47]

在关于牛顿精神状态的老话题上，凯恩斯确信，牛顿的神学和炼金术信仰显然出自一个精神正常的人。手稿显示出"严谨的学识、准确的方法、极度冷静的陈述"。他总结说，这些手稿是牛顿在三一学院的25年内书写的，在步入晚年或可能的精神失常之前，就已经写完了。不过，凯恩斯感到困惑的却是，一个人何以能够同时展开这么多毫不相干的研究。

牛顿的大部分炼金术手稿，是对他人著作的笔记和摘抄，他也曾用好几个小时做化学实验，不过精心设计的实验，旨在破解"传统的谜题"（riddle of tradition），而非从事严肃的科学研究。炼金术著作翻译和摘抄，大约10万字，凯恩斯通读了一遍，他指出，"不可否认，这些资料完全关乎魔法，完全缺乏科学价值，同样不可否认，牛顿经年累月全身心投入其中"。至于牛顿的魔法世界观，能否为理解牛顿提供新的见解，凯恩斯给出乏味且有些自相矛盾的结论：既不能弃之不理，也无值得称道之处。关于神学手稿，凯恩斯总结道，"除了提供某些侧面信息之外，对于理解这位最伟大天才的心智，并无实质价值"。在凯恩斯的分析中，牛顿最终成为一个怪人，他的身心兼具现代与前现代的特征。凯恩斯就此止步，多少暴露了其想象力的局限。

在凯恩斯看来，牛顿在圣经和自然中寻求宇宙原理，他的动机异乎寻常，但也正是这种异常造就了他的伟大。他也评论了斯托克斯与亚当斯提到的牛顿方法——他取得无可争议的伟大发现的方法。在凯恩斯眼中，牛顿喜欢独处、极度专注，他的专注力使他"能够数小时、数日甚至数周在自己的内心中紧紧抓住问题不放，直到该问题举手投降，坦白秘密"。凯恩斯本人也是这样，他博学多闻，擅长在不同的思想领域间穿梭跳跃，步态优雅，迅捷如蝶，因此，对牛顿持续思考的"奇特禀赋"，他钦佩有加。不过，他同样总结道，牛顿"极度神经质"，是这方面历史上最极端的案例，他对"玄奥、隐秘、符号"的知识追求，让他病态地逃离现实世界。凯恩斯本人也热衷交流隐秘的真理，但他并没有回避这种观念的危险。也许正因如此，他对这些危险更加敏感。

在凯恩斯讲述的故事中，牛顿的形象与他的手稿，被编织在一起，这种叙述方式还是第一次出现。在此之前，从未有人以如此戏剧性的方式介绍牛顿手稿。手稿揭示出的牛顿，"一生都在研究异端思想和学术迷信，并加以掩盖"。前人试图保守的秘密，凯恩斯却急切地想要曝光。牛顿的反三一神论，是以前的传记作者最想保守的秘密。凯恩斯如实披露了牛顿的一神论信仰，将其称为"迈蒙尼德①派（the school of Maimonides）的犹太人一神论"。作为藏书家，凯恩斯深知占有手稿的人的历史意义，他毫不介意将自己公开地置于那个谱系之中。他解释说，苏富比拍卖会实乃"不敬之举"，对此他深感不安，于是通过个人收藏的方式，重新找回了近一半的手稿。他计划将这些手稿捐赠给剑桥大学国王学院，"希望它们永远保存在那里"。

在战争期间，凯恩斯是政府的智囊。但由于积劳成疾，他于1946年去世，临终之前，他甚至没有机会重温牛顿手稿，修改自己的文章。根据他的遗愿，所有藏书与手稿，皆赠予国王学院。直至今天，这些收藏仍然保留在那里。凯恩斯的名声和影响力经久不衰，其中一个标志便是他的大部分文字作品在其死后陆续出版，包括匆匆书写的与令人抱憾的文章（比如一段有关爱因斯坦的、具有反犹倾向的评论）。[48]这些尴尬的文字能够得以出版，说明文集的编辑具有客观公正的心态，也许他们相信，这些话题具有足够的历史分量。同样的评价也适用于凯恩斯的牛顿讲稿。这篇讲稿包含新的见解，突出了炼金术与神学手稿的重要性，体现出凯恩斯敏锐的洞察力，但这终究是一篇传记式的概述，缺乏细节和原始文献。即便如此，讲稿依然有力地传播了牛顿形象中"隐蔽"的一面，牛顿并非一位头脑清醒的理性主义者，而更像一个狂

---

① 迈蒙尼德（Maimonides, 1138—1204），中世纪西班牙犹太哲学家、天文学家和医生，在犹太和伊斯兰思想界产生了很大影响。——译者注

热的魔法师，与科学圣人的古老神话一样，这样的讲法同样具有误导性。

注释

［1］ [J. C. Taylor], *Catalogue of the Newton Papers Sold by Order of the Viscount Lymington* (London: Sotheby's, 1936). See Peter Spargo, "Sotheby's, Keynes and Yahuda—The 1936 Sale of Newton's Manuscripts," in *The Investigation of Difficult Things*, edited by P. Harman and A. Shapiro (Cambridge, UK: Cambridge University Press, 1992), 115-134.

［2］ *Times*, June 23, 1936.

［3］ A. N. L. Munby, "Book Collecting in the 1930s," in Munby, *Essays and Papers* (London: Scolar Press, 1977), 218.

［4］ Munby, "Book Collecting," 218.

［5］ Robert Skidelsky, *John Maynard Keynes* (New York: Viking, 1986), vol. 1, 116.

［6］ Keynes to B. W. Swithinbank, November 13, 1902, cited in Roy Harrod, *The Life of John Maynard Keynes* (London: Macmillan, 1951), 68.

［7］ Munby, "Book Collecting," 218.

［8］ A. N. L. Munby, "Keynes as a Book Collector," in *Essays on John Maynard Keynes, edited by Milo Keynes* (Cambridge, UK: Cambridge University Press, 1975), 290-298.

［9］ Robert Skidelsky, *John Maynard Keynes, 1883—1946: Economist,*

Philosopher, Statesman (New York: Pan, 2004), 466.

［10］ John Maynard Keynes, "On Reading Books," in *A Bloomsbury Group Reader*, edited by S. P. Rosenbaum (Cambridge, MA: Blackwell, 1993), 286–291.

［11］ Wallop to Keynes, September 8, 1936, King's College Library Archives (hereafter KCL), JMK-67-PP-60-f19-20.

［12］ Invoices are at KCL, JMK-PP-58-88/89.

［13］马格斯兄弟能在此次拍卖会上占据主导地位，自有其原因。他们获得了苏富比的延期信贷权，因此，在没有现成买家的情况下，他们也能相对轻松地拍下手稿，以积累库存。2012年7月17日，在与马格斯兄弟公司的罗伯特·哈丁（Robert Harding）的电邮交流中，获知此事。

［14］ Handwritten notes, KCL, JMK-67-PP-60-67.

［15］ *Times*, May 1, 1936.

［16］ *Times Literary Supplement*, July 18, 1936, 604.

［17］ *Times*, July 27, 1936.

［18］ Invoice from Edwards to Keynes, August 18, 1936, KCL, JMK-67-PP-58/2; Keynes to Edwards, August 25, 1936, KCL, JMK-67-PP-58/3.

［19］ Keynes to Fabius, August 12, 1936, KCL, JMK-67-PP-58-7.

［20］ Keynes to Ernest Maggs, August 3, 1936, KCL, JMK-67-PP-58-39.

［21］ Keynes to Ernest Maggs, August 12, 1936, KCL, JMK-67-PP-58-46.

［22］ Keynes to Goldschmidt, August 3, 1936, KCL, JMK-67-PP-58-15; Keynes to Heffer, August 3, 1936, KCL, JMK-67-58-19.

［23］ Heffer to Keynes, August 4, 1936, KCL, JMK-67-PP-58-20.

［24］ Keynes to Heffer, August 6, 1936, KCL, JMK-67-PP-28-20.

［25］ Wallop to Keynes, September 8, 1937, KCL, JMK-67-PP-58-19.

［26］ Keynes to Wallop, September 9, 1936, KCL, JMK-67-PP-58-21.

［27］ Keynes to Fabius, September 17, 1936, KCL, JMK-67-PP-58-12; for quote, Keynes to Wallop, September 9, 1936.

［28］ Keynes to Maggs, August 19, 1936, KCL, JMK-67-PP-58-56.

［29］ Keynes to Wells, August 3, 1936, KCL, JMK-67-PP-58-165; Wells to Keynes, August 18, 1936, KCL, JMK-67-PP-58-166.

［30］ Keynes to Wells, August 25, 1936, KCL, JMK-67-PP-58-168.

［31］ Keynes to Wells, September 8, 1936, KCL, JMK-67-PP-58-170.

［32］ Maggs to Keynes, September 7, 1936, KCL, JMK-67-PP-58-176.

［33］ Keynes to Yahuda, September 9, 1936, KCL, JMK-67-PP-58-177.

［34］ Yahuda to Keynes, September 15, 1936, KCL, JMK-67-PP-58-179.

［35］ Keynes to Yahuda, November 4, 1936, KCL, JMK-67-PP-58-181.

［36］ Keynes to Yahuda, April 3, 1938, KCL, JMK-67-PP-58-186.

［37］ Yahuda to Keynes, April 24, 1938, KCL, JMK-67-PP-58-188.

［38］ Yahuda to Keynes, July 24, 1938, KCL, JMK-67-PP-58-191.

［39］ Keynes to L. F. Gilbert, September 28, 1937, KCL, JMK-67-PP-60-f13.

［40］ L. F. Gilbert to Keynes, September 29, 1937, KCL, JMK-67-PP-60-f14.

［41］ Gilbert to Keynes, November 9, 1937, KCL, JMK 67-PP-60-f17.

［42］ 为了此次纪念活动的展览，凯恩斯借来了9封哈雷写给牛顿的信件，均写于《原理》第一版出版前夕，以及一份炼金术手稿。

[43] See John Russell to Keynes, December 4, 1942, KCL, JMK-67-PP-60-179; Broad to Keynes, December 7, 1942, KCL, JMK-67-PP-60-185.

[44] Keynes to Broad, December 19, 1942, KCL, JMK-67-PP-60-186.

[45] Keynes to Henry Dale, December 11, 1942, KCL, JMK-67-PP-60-184.

[46] John Maynard Keynes, "Newton the Man," in *The Collected Writings of John Maynard Keynes*, edited by Donald Moggridge and Elizabeth Johnson (Cambridge, UK: Cambridge University Press, 1972), vol. 10, 363–374.

[47] Keynes, "Newton the Man."

[48] John Maynard Keynes, "Einstein," in *Essays in Biography* (London: Palgrave Macmillan, 2010).

第 12 章
秘密揭晓

苏富比拍卖会后不久，亚伯拉罕·亚胡达便意识到，这些牛顿的手稿，不论是作为文物收藏，还是作为牛顿信仰的证据，都具有非凡的价值。拍卖会后不到两星期，他写信给妻子埃塞尔（Ethel），表示自己"现在非常激动"，苏富比拍卖了一份仍未出版的牛顿手稿，其中谈到了圣经与神学问题，这份手稿非常重要，因为它能反映出牛顿对待信仰的看法。[1] 他开始准备购入牛顿手稿，并于 7 月 28 日再次给埃塞尔写信，称"一想到要把它们都买下来，我就异常兴奋。他不仅讨论了圣经和犹太人，还包括卡巴拉密教，以及各类犹太人问题"。[2]

亚胡达入藏牛顿手稿的速度之快，几乎赶上凯恩斯。他也跟书商进行私下交易：大量手稿，以 15% 的佣金，从加布里埃尔·威尔斯手上买到；少数手稿，以 20% 的佣金，从马格斯兄弟处购得。在写给埃塞尔的信中，亚胡达吹嘘说他"淘到了宝贝，这批手稿的价值，即便不会立刻飞涨，但终将达到目前的三倍"。他还解释道，在拍卖时，书商们并未意识到手稿有多重要，但情况很快就发生了变化。比如他本人就立刻意识到了手稿的重要性。"1 500页手稿，全部出自牛顿笔下，全是关于最重要的问题，着实令人兴奋。内容不仅涉及宗教、预言、圣经、信仰、年代学，还包括炼金术、数学以及其他重要的纯科学问题！"这简直好得令人难以置信。亚胡达急匆匆赶到维多利亚车站，把一张支票交给威尔斯，"在到手之前，手稿还不属于我"，他这样写道。[3]

图12.1　亚伯拉罕·亚胡达相信，他所购买的神学手稿可以证明牛顿对于"延伸基督教的普世特征"充满激情。以色列国家图书馆施瓦德罗（Schwadron）肖像藏品。

亚胡达刻薄地批评"博物馆和图书馆"，未能尽到为英国保存手稿的义务，他大胆预言，到了1942年牛顿诞辰300年庆典之际，手稿的价值将翻上五到十倍。整个8月和9月，亚胡达不遗余力地买入手稿，并且尽可能地掩饰它们的价值，从而确保自己能够不断以低价买入。不过当时他很清楚，这些手稿表明牛顿"更像一位一神论者，而非三一神论者"。在不少手稿中，牛顿自己便总结道："耶和华是独一的真神。"[4]

拍卖会仅仅过去几周，亚胡达已经预感到，手稿中的内容将颠覆世人对牛顿的理解。手稿中的年代学和神学研究，将揭示出牛顿全新的一面，他立刻设想如何使其与牛顿的科学研究相结合，一上来就抛弃"牛顿的非科学著作毫无价值"的观点。在8月30日的一封信中，他解释说，就像柏拉图的哲学、托勒密的地理学一样，"'结果'虽已过时，但这些作品承载着牛顿的智慧，价值永存"。亚胡达很快便得到这一结论，显然，他已经做好准备，按照这种方式来阅读手稿。不过，亚胡达感到，手稿也改变了他自己。他向妻子埃塞尔坦言，"收藏牛顿手稿这事，为我打开一个新世界，我被他的个人魅力迷住了"，"在危机四伏的艰难时刻，他让我感到平和与慰藉。"在亚胡达写信之时，德国通过了《纽伦堡法案》，剥夺了犹太人的国民权力，禁止他们与非犹太人通婚。3月，希特勒重新占领莱茵兰地区，破坏《凡赛尔合约》，战争一触即发。欧洲犹太人的处境，变得岌岌可危。亚胡达意识到，手稿包含着救赎的可能，在这个极其特殊的敏感时期，牛顿对于犹太信仰的同情，将使他的同胞甚感宽慰。更何况，牛顿手稿本身，就是从"毁灭与隔离"中幸存下来的明证。亚胡达从中看到了希望："永生属于精神英雄。"[5]

亚胡达不惜重金收购牛顿手稿，花费了大约1 400多英镑(约合现在的50 000多英镑）。为了筹集资金，他还卖掉了一些早年收藏的手稿。在他看来，收购牛顿手稿不存在任何风险，这些手稿的价值是显而易见的。最终，亚胡达共买到了3 400页手稿（按他本人的计算标准），这些手稿始终是其收藏中"最好、最有价值的"。[6]

像凯恩斯一样，亚胡达也拥有骄傲的资本，能够发现其他人察觉不到的真相。凯恩斯的教育来自伊顿公学和剑桥大学，亚胡达的教育则来自耶路撒冷，他于1877年出生在那里。1897年，亚胡达参加了瑞士巴塞尔的第一届犹太复国主义大会。之后他定居德国，主攻古代文本和古典语言，先后在法兰克福、海德尔堡、斯特拉斯堡等地的大学取得一系列学位。[7]

亚胡达的父亲是一位犹太教拉比，他一方面鼓励儿子广泛地涉猎知识，同时也要求他遵守犹太律法。亚胡达在精神上向往自由，但却生活在一个受到严格约束的世界中，就连在外旅行也不例外，他早年求学时的一个小故事，充分体现了这一点。那是在法兰克福读书期间，他寄宿在一个严守教规的家庭中。他在安息日忍不住想抽烟，为了缓解负罪感，也是为了不被发现，他乘火车来到一个附近小镇。然而不幸的是，就在这个小镇里，他还是被一位亲戚看到。这一犯戒之举极具滑稽色彩，后果相当严重：寄宿家庭将他扫地出门。从此，亚胡达开始了独居生活，这反而让他感到非常自在。[8] 1893年,16岁的亚胡达出版了第一部著作——《阿拉伯的古代文物》（*Kadmoniyot ha-Aravim, The Arabs' Antiquities*）。之后，他前往海德尔堡和斯特拉斯堡，继续学习语言。在斯特拉斯堡，他师从伟大的东方学家特奥多尔·诺尔德克（Theodor Nöldeke）。诺尔德克非常欣赏亚胡达，在一封推荐信中，他将亚胡达描述为一位令人敬畏的语言学家："除了母语，即耶路撒冷地区的阿拉伯语之外，他还精通书面阿拉伯语，全面掌握古代和中世纪阿拉伯语，以及阿拉伯文学知识。"他能说一口流利的德语，用德语写的文章比大多数德国人还要好，他"精通"希伯来文学，对亚述语也不"陌生"，对他来说，学习英文不过是"小菜一碟"。

1904年，17岁的亚胡达获得博士学位。从1905年到1914年，凭借自己出众的语言技巧，他在一家自由的犹太教学校和柏林大学的东方研究班教授闪米特语文学。接下来的九年时间，他一直待在柏林，并最终成为柏林大学圣经研究与闪米特语学系的系主任，主讲旧约圣经的解经方法，这是他此后一生致力于探索的主题。

在安息日犯戒吸烟并非偶然事件，亚胡达始终我行我素。在一场圣经讲座上，他没有戴传统的圆顶小帽，引起一场骚动。他拒绝依照字面含义生硬地恪守犹太律法，但这并不代表他无视过去。相反，他以长远的眼光看待历史，积极寻找材料，证明自己对传统的解释的合理性，不论这些解释有多么古怪。

1915年，亚胡达接受马德里大学的犹太文学与语言教授职位。自1492年犹太人遭到驱逐之后，这是西班牙首次设立此类教职。在会见西班牙国王阿方索十三世（King Alfonso XIII）时，亚胡达瞅准机会，表明了自己的身世和独立态度，他告诉国王："在我的家族中，我并非第一位公开觐见您王室成员的人。早在 12 世纪中叶，我的一位先人沙塞特·本维尼斯特(Sheshet Benveniste)，曾无比荣耀地觐见过陛下您的祖先——国王阿方索二世（King Alfonso II)。"[9] 各大报章纷纷赞扬亚胡达的学术成就、他与西班牙犹太人的悠久渊源以及他对事业的献身精神，从而证明对他的任命乃是明智之举。他在这个位置上干了 7 年，其间积极投身国际犹太复国主义运动，争取犹太人在巴勒斯坦地区的一席之地。这使亚胡达第一次四面树敌，他的部分同胞和犹太建国理想开始受到攻击，在他的余生中，这些攻击从未停止。

1922 年，亚胡达离开马德里，开始了整整 20 年的旅居生活，但演讲和教学并未中断。在此期间，得益于妻子继承的财产，他开始四处收集稀有手稿，培养了自己严肃的品味和能力。为了收藏，他游历了北非和中东，足迹从西欧遍及东欧。在英格兰，他先后执教于伦敦国王学院、伦敦大学学院、牛津大学、剑桥大学。此外，他还在伦敦皇家亚洲学会、耶路撒冷希伯来大学、耶鲁大学、开罗大学等地进行演讲。纳粹统治时期，他居住在伦敦的艾尔斯渥兹大街，凯恩斯的信便是寄到这一地址。一位拜访过此地的游客回忆说，在昏暗的门厅里，他想同看上去"高贵冷峻"的教授握手，结果摸到的只是教授等大的半身像，教授本人此时正在隔壁会客室里主持会议。[10]

此时亚胡达的公众形象，或许略带漫画式的夸张，但他的学识依然令人敬畏。事实上，亚胡达——这位出生在耶路撒冷，在1492年遭到西班牙驱逐之后定居于巴格达的赛法迪犹太人后裔——是认真阅读牛顿神学手稿的第一人。他不仅具备解读这些手稿的能力，而且更重要的是，他有志于从事这项工作。让我们回到1777年，那时塞缪尔·霍斯利或许已经看到过这些文字，但在《全集》中，他对此只字未提。戴维·布鲁斯特和弗朗西斯·贝利也都见过，尽管对于宗教写作在理解牛顿的意义上，两人看法不同，但他们主要关心的是作为科学家的牛顿。在19世纪70年代剑桥四人组漫长的拖延工作中，卢亚德或许对这些手稿有一些个人看法，不过，他仍然仅仅将其视为书写练习，证明牛顿具有某些不良癖好。

亚胡达颠覆了这些观念。在一篇未发表的文章中，亚胡达谈到牛顿手稿，他写道："他的研究，为其观念的形成，提供了物质材料，手稿比印刷著作更重要。"神学手稿并非处于次要地位，它们是理解牛顿的科学概念的一种途径，最终要比那些印刷著作更具启发。那些看上去"古怪"的东西，事实上有助于"真实地评价"牛顿。"因此，认真检查剩余的手稿，实属必要，从而那些今天看起来古怪的东西，将会获得应有的价值：这是一种责任，不仅仅关乎牛顿和他的祖国，而且关乎全体人类。"[11] 作为一名历史学家，亚胡达试图重现牛顿生活的那个古怪的旧世界。

最终，所有手稿都将被严肃对待。神学手稿的范围非常宽泛，包括迷狂的草稿、冗长的论著，它们均表明，牛顿渴望"扩展基督教的普适性"。对此，亚胡达相信，牛顿所构想的是一个更真实、更深刻的宗教，它超越了狭隘的宗派主义，也"不认为基督教或犹太教穷尽了宗教问题，而是希望将以色列人之外的古老宗教和灵性成长，统统纳入其中。"[12] 在被战争撕裂的欧洲，这是一个容易引发共鸣的信息。

亚胡达并没有将神学写作归结为牛顿晚年的怪癖，而是赋予牛顿公允的评价。他之所以写下如此之多饱含情感、执着痴迷的文字，不过出于很自然的原因。和几乎此前所有评注者不同，亚胡达并不想否认这些手稿，而是试图代表手稿说话。这些手稿，并非牛顿精神失常或年老智衰的证据，而是其坚定信仰的证明，即便面对汗牛充栋的历史文献、晦涩难懂的宗教文本，他的这一信仰也未曾动摇。牛顿曾把一些章节反复抄写了两三次，这一事实证明任务的艰巨，也证明他的巨大热情："他是在努力理解这些作品的含义，不厌其烦、小心翼翼地尝试将其完整诠释。"[13]

与先前那些牛顿的传记作者、研究学者和编目专家相比，亚胡达对牛顿的看法完全不同。当然，亚胡达本身也和任何其他牛顿学者不同。他把语言，尤其是经文，看作是解读历史的密码。语言上镌刻着活生生的经验痕迹，而像《摩西五经》①这样的伟大著作，则铭刻了一个民族历史的痕迹。就像埃及人的陵墓一样，圣经本身也是历史的见证；就像埃及人的象形文字一样，我们也

---

① 《摩西五经》(*Pentateuch*)，指旧约圣经的头五卷（《创世纪》《出埃及记》《利未记》《民数记》《申命记》），希伯来语称为"妥拉"(*Torah*)，本义为"教导"，涵盖了犹太人的早期历史、犹太教律法和教导等内容。——译者注

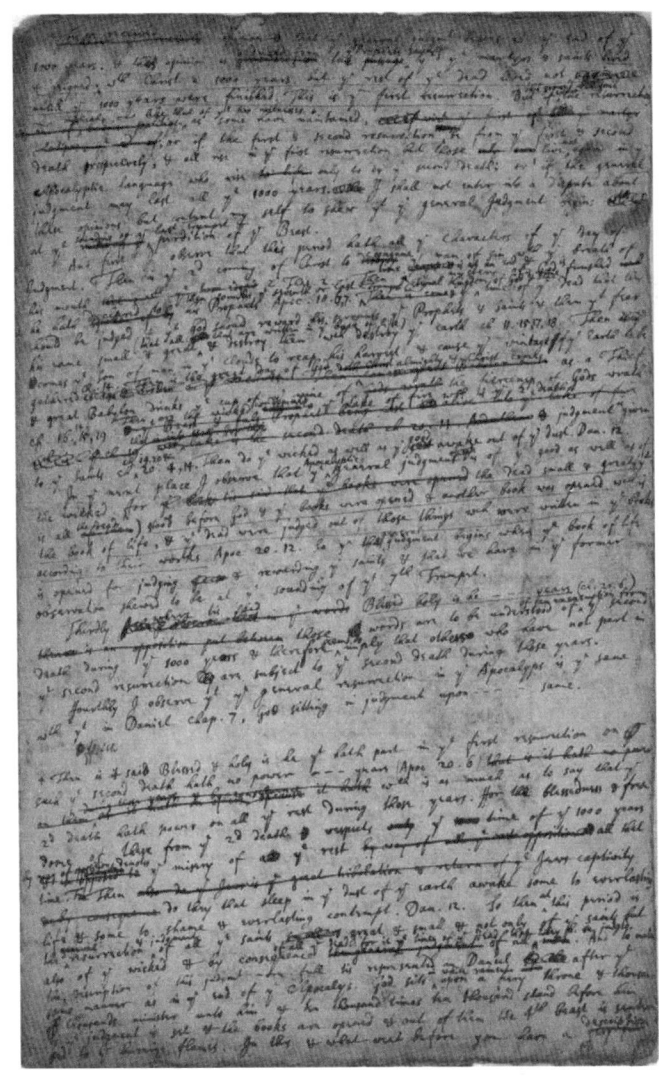

图12.2 亚胡达购买的手稿中的一页，在这张手稿中，牛顿尝试协调预言解释的三个部分。Yahuda Ms. 6, f3v。承蒙以色列国家图书馆供图。

可以通过研究圣经的语言，来揭示其真正的含义。

亚胡达是一位雄辩的语言学家，是所谓"高级考据"（Higher Critism）研究的实践者。"低级考据"（Lower Criticism）关注的是抄写中的细节问题，诸如懒惰或不熟练的抄写员的笔误，在经年累月抄写过程中产生的、不可避免的变化，等等。"高级考据"则追求更为宏大的目标，它不仅试图理解古代文字的字面含义，而且试图还原这些文字背后的、完整的世界图景或文化环境。当时作者的写作初衷是什么？写作过程中，发生了哪些事件？这些问题看起来平淡无奇，然而一旦涉及圣经，这些问题就立刻变得引人入胜。

亚胡达试图从文本的细微之处，即犹太人从埃及人那里借鉴的文字、习俗、礼节、思想，揭示"妥拉"的历史。在流亡期间，犹太人曾与埃及人交往密切。他将这一事实，称为"希伯来人与埃及人关系之证明"。[14] 从这一角度理解圣经的学者，亚胡达既非第一位，也不是最后一位。他的特别之处在于，他强调了埃及人对圣经的影响，而非巴比伦人或亚述人。

在某种意义上，这正是牛顿想要做的事情：将圣经中繁杂的语言，还原为一系列特定的含义，并从中得出结论。在亚胡达所拥有的、成百上千张涉及启示和预言的手稿中，牛顿想要做的，便是将预言中迷狂的异象、费解的比喻，翻译成更为平实的等价术语。如果能将文本中飘忽不定的含义，固定为一组等价术语，就可以进一步探讨下列问题，如确认宗教信仰的真正内容、古代预言的真理性、上帝全能的更多证据，以及历史上的真实语言，等等。类似地，圣经记载，犹太人声称他们从"乌尔出发，经过迦南，到达埃及"，最后回到了应许之地。亚胡达的工作表明，犹太人确实走过这些地方，从而证明了圣经记载的准确性。圣经语言留下的线索，甚至可以还原这些早已被时间抹去的足迹，真是令人不可思议。亚胡达提出，"根据希伯来语的发展进程，过去的2 500年间以色列人的流浪路线，皆有迹可循。"[15]

对亚胡达而言，圣经是一部充满活力、包罗万象的历史见证，记录了古代那些毗邻而居的民族——犹太人、埃及人、巴比伦人、亚述人——的文化、实践和想法。虽然在所谓"上帝选民"的嘈杂讨论中，他维护了犹太人的光荣地位，但他同时强调，犹太人的语言，并非来自"以色列周遭原始民族的地方俗语"，而是借鉴了"当时世界上最文明民族的语言"。[16]这并不是一种文化相对主义。在颂扬多样性的同时，亚胡达毫无畏惧地承认，荣耀属于多灾多难的犹太人。

个人的偏好与倾向不属于学术范畴。亚胡达不怕争论，爱和其他学者抬杠。他的生活既公开又私密，他常常进行讲座，不断与他人通信，但从未维持过长久的友谊。亚胡达的档案管理员透露，"与他通信的人很多，但长期通信的人却很少"。[17]尽管在20世纪上半叶，亚胡达在流亡犹太知识分子界中扮演着重要角色，但或许是他难以相处的个性，在其大量的个人函件和手稿中，几乎找不到关于他本人的文字。而他所掌握的关于牛顿的真相，似乎也不为外人所知。

　　亚伯拉罕·亚胡达获取手稿的终极目的是研究历史：揭示圣经的语言如何被它讲述的历史所塑造。或者用他自己的话来说，即"只有在犹太人先民从乌尔经迦南到达埃及，希伯来人从埃及返回应许之地的迁徙过程中，才能形成圣经所特有的形式、风格、语言学修饰和独特的语言色彩"。[18]他还想表明自己的"高级考据"立场与其他实践者之间的差异，在他看来，当时德国最著名的圣经学者朱利叶斯·威尔豪森（Julius Wellhausen），已经走得太远。他不无遗憾地说："长远来看，质疑一切圣经中的内容，随心所欲地改变经文，将被视为一种高度科学的方法，从此成为常态。"[19]

　　亚胡达认为，这是一种将批判发展到极端的观点，文本将被掏空，只剩下错误，因为出于多位作者的手笔，文本可能的含义也将被消解，最后只留下评注，留下一本没有"妥拉"的塔木德。他特别指出，有太多的文献被认为源于《摩西五经》，又有太多的"专家"，在努力施展"篡改经文和挖掘原始文献的技艺"。[20]结果，"原始文本遭到曲解，取而代之的，则是一篇纯属捏造的新文本"。[21]亚胡达发现，牛顿不失为自己的思想知己，因为他也试图让受到玷污的基督教，重归其纯洁的起源。诠释上古文献，并不需要丢弃其固有的含义。他们两人试图在变化之中，寻找独一的真理。即使在高深莫测的文本批评领域，这一点也尤为关键。

　　就在欧洲激战正酣之时，亚胡达在纽约发表了一次演讲，探讨为什么证明圣经的准确如此重要。他表明，这么做不仅仅出于"科学上的考虑"，它是一种道德义务，保护圣经这样的宝贵遗产，不会受到"高级考据的破坏性理论"的戕害，因为这一理论将会助长"毁灭性思想的蔓延，在很大程度上，为德国的种族主义、异教信仰、自我神化的'军国主义'铺路，就像在人类历史上最黑暗的时期一样"。[22]

亚胡达有时会表现出惊人的傲慢。一次，他曾半开玩笑地说，以色列国一旦成立，不应该是一个民主国家，而应实行君主制，他本人应该成为第一任国王。[23]然而，在其文章中，他又表现出令人钦佩的谦逊。他表示，自己有关牛顿的论述仅仅是初步性的。像每个拥有一手资料的人一样，他深知任务之艰巨。在一篇关于牛顿手稿的文章中，他写道："在所有手稿得到研究并公开之前，我们或许无法清晰了解牛顿宗教研究的全貌和动机。毫无疑问，由于手稿仅仅公开了一部分，人们对牛顿的地位产生了误解，并且低估了其论著所涉及的范围。"[24]与公开发表的著作相比，这些手稿将揭示出更多的信息。牛顿执迷书写的手稿，既非无足轻重，也不令人难堪，既非危险的信息，也不是精神失常的证据，而是一个在有生之年不能自由表达的人的特权与诅咒。

虽然亚胡达的文章从未发表，但其写作意图十分明显：他旨在与那些否认或无视牛顿宗教立场的人直接对话，反对"突出的人文情怀和道德操守"的"作为科学家的牛顿"形象。因此，亚胡达眼中的牛顿，与布鲁斯特、毕奥、贝利、德摩根甚至凯恩斯（即便凯恩斯对"神秘的"牛顿很感兴趣）眼中的牛顿截然不同。亚胡达的关注点，并不在于区分牛顿的自我是好是坏，是忠于理性还是坚守信仰，是笃信科学还是听信异端，是科学巨匠还是道德楷模。他超越了简单的二元划分，试图为牛顿建立一种奇特且引人入胜的评价方式。他设想写一本书，摒弃按照"早年生活""微积分之争"划分章节的传统写法，而是写牛顿的"外貌、脸庞、声音，等等"，写他的"生活态度，他的习惯"，写他关于语音、文学和美术的知识，甚至于他的藏书，也够写上一章。当然还有他的手稿，尤其重要的是确定每张手稿的写作日期，从而更好地分析牛顿在"历史学、年代学、宗教学"上的思想演变。最后，还要有一节探讨牛顿"摘录、校勘和誊抄手稿"的"工作方式"。[25]

关于如何理解和评价牛顿，亚胡达列出了一份问题清单，包括他有哪些藏书，他记笔记的习惯是什么，他的面部特征有哪些，等等。孤立地看，这些问题颇显怪异，几乎是任性而为，然而这恰恰体现了亚胡达的严肃用意，他希望将严格的学术方法，贯彻到传记写作之中，即关注那些与主题相关的书籍、研究、手稿、语言习惯。亚胡达没有子嗣，但作为一名学者，他留下了大量书籍和论文，并为后人看到这份遗产的价值做足了准备。至于如何利用手稿来理解牛顿，亚胡达给出了自己天才般的观点，提出评价这位伟人的全新途径。如果说亚胡达将科学排斥在外的方法有些过于激进，它仍然具备一个优点，那便是，在牛顿去世几个世纪之后，再度让他的形象变得鲜活清晰起来。

亚胡达在文章中写道牛顿手稿的价值体现在知识和文化方面，与商业无关。然而，1940 年他曾请阿尔伯特·爱因斯坦写一封信，这封奇怪的信表明，他曾一度想出售手稿。虽然不知道两人是如何认识的，但在 1933 年至 1939 年期间，他们保持了密切的书信来往，围绕日益恐怖的欧洲形势、巴勒斯坦分治计划中的政治和外交策略，交换各自的想法。在此期间，他们均没有提到亚胡达的书籍和手稿交易，包括 1936 年夏秋之际收购牛顿手稿一事。亚胡达希望能说服爱因斯坦，支持自己在以色列事务上的观点，但爱因斯坦则提醒他，"这种争论"不会带来有益的结果。

1940 年年初，爱因斯坦曾协助亚胡达及其妻子到访纽约。当年夏末，亚胡达拜访了爱因斯坦，后者当时正在阿地伦达山附近的萨拉纳克湖畔避暑。显然，他们聊到过牛顿。在两人的档案里，至今保存着一封爱因斯坦的亲笔信，日期是 1940 年 9 月，爱因斯坦在信中详细阐述了自己对牛顿私人宗教著作的看法。

毫无疑问，这封信是在亚胡达的邀请下写成的，这是一份重要的文献，从中可以看到爱因斯坦和亚胡达对牛顿手稿的看法。也许，爱因斯坦对亚胡达手上的牛顿手稿，进行过长时间的研究，但在目前两人的个人档案中，还没有发现任何证据，可以证明此事。更有可能的情况是，亚胡达促请这位举世闻名的老友协助自己处理藏品。在这封信中，爱因斯坦说明了这些藏品的重要性，对于有意收购这批手稿的图书馆而言，这封信无疑很具说服力。

"亲爱的亚胡达"，爱因斯坦写道：

我对牛顿有关圣经主题的手稿很感兴趣，通过这些手稿，我们将进一步洞悉这位伟人的思想特征和工作方法。对于牛顿而言，圣经的神圣起源是确凿无疑的，而他的这一信念，与他对待教会批判式的怀疑主义，形成了奇怪的对照。这种信念逐渐发展成一种坚定的信仰：圣经中那些晦涩难懂的部分，必定包含某些重要的启示，人们只需要破译圣经中的象征性语言，便可获知这些启示。牛顿利用犀利的系统性思想，认真审查手头上所有的文献资料，试图破解或是诠释这些经文。

牛顿物理学思想的形成过程始终晦暗不清，这显然是由于他刻意销毁了前期的铺垫性工作。不过，我们仍然拥有他关于圣经研究的草稿，其中保留了反复修改的痕迹。因此，借助这些大多未曾发表的作品，我们将有机会亲眼一睹这位独特思想家的思维作坊。[26]

就像斯托克斯与亚当斯之前一样，爱因斯坦也希望，能够从牛顿手稿中总结出其科学探索的方法，即他所谓的牛顿物理学的"形成过程"。爱因斯坦以一种隐晦的方式，将牛顿物理学方法与神学方法联系起来。研究其中一个，便可洞察另外一个。在他看来，牛顿对圣经神秘真理的探寻，并不是像凯恩斯设想的依据魔法的理性，而是基于"犀利的系统性思想"。而所谓牛顿的"思维作坊"（geistige Werkstatt），则是一种巧妙的比喻，表明牛顿是在同一个地方，创造出物理学和神学理论。无论如何，手稿都不是危险痴迷或心智脆弱时重复性工作的证据，而是思维活跃、努力创造的证据。也许是得知亚胡达希望将这些手稿卖给图书馆，爱因斯坦在信件结尾处补充道："若能将以上提到的牛顿手稿汇集一处，方便相关研究者查阅，则必是大功一件。"

虽然爱因斯坦曾经一度乐于帮助亚胡达出售手稿，推进相关学术研究，但是到其晚年，他却对如何恰当地安置手稿，提出了不同的意见。1955年，距离去世仅两周，爱因斯坦接受科学史家 I. B. 科恩（I. B. Cohen）的采访，说起牛顿的神学手稿。爱因斯坦表示，问题的关键在于，牛顿已经"把这些手稿，封在了一个箱子里"。在他看来，这表明牛顿意识到了这些作品并不完美。"很明显"，在有生之年，牛顿不想将这些思考公之于众。爱因斯坦"略带激动地"说，他并不希望现在就公开这些作品。爱因斯坦一生的大部分时间，都生活在公众视线之内，或许正因如此，他试图维护牛顿的隐私，即使后者已去世多年。牛顿著作没有全集问世，爱因斯坦并不对此感到惋惜，相反，他赞扬皇家学会，因为它拒绝公开那些牛顿生前未发表的作品。或许出版其私人通信有几分道理，毕竟牛顿的个人生活，在一定程度上已被公众所知，但通信中肯定会包含某些"不应被公之于众的私事"。[27]

尽管有爱因斯坦的推荐信，但亚胡达最终没有出售牛顿手稿。1942年，他以难民身份来到美国。就像战争期间其他流离失所的学者一样，他在纽约的社会研究新学院（the New School for Social Research）找到了立足之地。在此后的几年中，他负责管理学院的近东和中东研究中心（Center for the Study of the Near and Middle East），讲授圣经文学、伊斯兰的建筑与装饰艺术、闪米特人的碑文、高等阿拉伯语以及一门古代近东历史概论课程。没有证据表明，他曾跟学生们谈论过自己拥有牛顿手稿。

在生命的最后几年，亚胡达携妻子移居美国康涅狄格州的纽黑文。虽然他并未受雇于耶鲁大学，但他希望能与那里的学者交流。不过，这只是他的一厢情愿，他"感受到了前所未有的孤独"。[28]在四十多年的时间里，除了牛顿手稿之外，亚胡达还在收集阿拉伯语的善本图书和手稿，成为该领域拥有规模最大、藏品价值最高的私人收藏家。这些藏品包括4 800份阿拉伯语文本，时间跨度达上千年，涵盖了天文学、数学、文学、地理学、哲学、医学等诸多领域。最终，这部分收藏大多进入了普林斯顿大学图书馆，使其至今依然是北美最大的伊斯兰手稿资料库。亚胡达还将一部分阿拉伯医学手稿卖给华盛顿特区的美军医学图书馆（U.S. Armed Forces Medical Library），将另一些文献卖给都柏林的切斯特·贝蒂博物馆（Chester Beatty Collection）。[29]

1951年8月，与妻子在纽约的萨拉托加温泉度假时，亚胡达突发心脏病，不治身亡，享年74岁。次日，《纽约时报》刊登一则讣告，称赞他是"圣经研究的重要专家与东方学家"。去世前夕，他变得越来越孤独易怒。正如《纽约时报》讣告所言，他"学识渊博，但无法始终保持良好的理性和判断力"。[30] 亚胡达死后，其收藏品的命运，如同他在世时的人际关系一样坎坷不顺。早在去世之前，他已经从自己的图书馆中挑出一些图书和手稿，储藏在纽黑文的一间仓库里，等待打包运往海外。不过，他一直未能将其打包，也没有指定收件人。结果，这批图书和手稿在仓库里躺了好几年，直到其妻埃塞尔·亚胡达继承了整个图书馆（价值约为80 000美元），才开始着手将其运走。由于与著名的犹太复国主义者、以色列的第一任总统哈伊姆·魏茨曼（Chaim Weizmann）不和，亚胡达一生反对犹太复国主义。即便如此，埃塞尔依然决定将包括牛顿手稿在内的藏书和手稿，悉数捐赠给耶路撒冷希伯来大学的犹太国家和大学图书馆。她是在波士顿书商亚伯拉罕·伯恩斯坦（Abraham Bornstein）的劝说下，才做出这一决定的，目的是通过这份遗赠，向以色列人民致敬。对于犹太人民而言，亚胡达留下的这份由书籍和手稿构成的遗产，比他生前参与的任何辩论都更有意义。[31] 1953年1月28日，在一次有以色列总理出席的正式午餐上，她宣布了这一决定。此后不久，她便着手整理这些在仓库里陈放多年的资料，然而直到她于1955年去世，这些资料的编目和装箱工作，依然没有完成。

虽然埃赛尔曾公开承诺，这些藏书将赠予希伯来大学，但她始终未将这一想法写入遗嘱。亚胡达的一个侄子奈伊（Nye）是四位遗产受托人之一，他反对将藏书捐赠给希伯来大学。此事最终闹上法庭。1966年，康涅狄格州最高法院宣判，亚胡达图书馆应捐赠予犹太国家和大学图书馆，判决依据是，在去世之前，埃塞尔·亚胡达曾多次当着众人的面，做出了明确的口头承诺。如今，"希伯来大学协会诉奈伊案"已经成为在缺乏书面文件的情况下，表达捐赠意愿的重要判决先例。[32] 亚伯拉罕·亚胡达生前相信，书面语言承载着希望，能够揭示深刻而永恒的真理；然而，恰恰是口头语言，最终决定了其藏品的命运。法院判决后不久，亚胡达的藏品，包括所有的牛顿手稿，一起装箱运往以色列。

注释

[1] Letter from Yahuda to Ethel Yahuda, July 23, 1936, National Library of Israel Archives (hereafter NLI), MS. VAR. Yah 38.3164: Ethel-AS Yahuda Correspondence, 1936.

[2] Letter from Yahuda to Ethel Yahuda, July 28, 1936, NLI MS. VAR. Yah 38.3164: Ethel-AS Yahuda Correspondence, 1936.

[3] Letter from Yahuda to Ethel Yahuda, July 31, 1936, NLI MS. VAR. Yah 38.3164: Ethel-AS Yahuda Correspondence, 1936.

[4] Letter from Yahuda to Ethel Yahuda, August 27, 1936, NLI MS. VAR. Yah 38.3164: Ethel-AS Yahuda Correspondence, 1936.

[5] Letter from Yahuda to Ethel Yahuda, August 30, 1936, NLI MS. VAR. Yah 38.3164: Ethel-AS Yahuda Correspondence, 1936.

[6] Letter from Yahuda to Ethel Yahuda, September 25, 1936, NLI MS. VAR. Yah 38.3164: Ethel-AS Yahuda Correspondence, 1936.

[7] 关于亚胡达, 见 Reeva Spector Simon, Michael Lasker, and Sara Reguer, eds., The Jews of the Middle East and Africa in Modern Times (New York: Columbia University Press, 2003), 86–87; Martin Plessner, "Abraham Shalom Yahuda," in Encyclopedia Judaica (New York: Macmillan, 1972), vol. 2, 272; Michael Fishbane and Judith Weschler, eds., The Memoirs of Nahum N. Glatzer, vol. 6 of Jewish Perspectives (Cincinnati: Hebrew Union College Press, 1997), 107.

[8] Fishbane and Weschler, Memoirs, 105.

[9] Fishbane and Weschler, Memoirs, 107.

[10] Fishbane and Weschler, *Memoirs*, 108.

[11] NLI, Yah. Ms. Var. 1/Newton Papers 43/3, 7 N2–N15.

[12] NLI, Yah. Ms. Var. 1/Newton Papers 43/3, 7 N2–N15.

[13] NLI, Yah. Ms. Var. 1/Newton Papers 43/3, 7 N2–N15.

[14] Abraham Yahuda, *The Accuracy of the Bible: The Stories of Joseph, the Exodus and Genesis Confirmed and Illustrated by Egyptian Monuments and Language* (New York: E. P. Dutton, 1935), viii.

[15] Yahuda, *The Accuracy of the Bible*, xxviii

[16] Yahuda, *The Accuracy of the Bible*, xxviii.

[17] Online catalogue description at NLI.

[18] Yahuda, *The Accuracy of the Bible*, ix.

[19] Yahuda, *The Accuracy of the Bible*, xxi.

[20] Yahuda, *The Accuracy of the Bible*, xxi.

[21] Yahuda, *Accuracy The Accuracy of the Bible*, xxii.

[22] From "Excerpts from an Address on 'The Accuracy of the Bible in the Light of Egyptian Antiquity,' delivered by Professor Abraham S. E. Yahuda of London at a Reception in his honor on 27 January 1941, at the Community House of Temple Emanu-El, 1 East 65 Street, New York, NY, Professor Albert Einstein Chairman Reception Committee," Princeton University Library, Department of Rare Books and Special Collections, CO 627, Box 3/Treasure Room Related Material.

[23] Fishbane and Weschler, *Memoirs*, 108.

[24] NLI, Yah MS Var 1/Newton Papers 43/3.7 N2–N15.

[25] NLI, Yah MS Var 1/Newton Papers 43/3.7 N2–N15.

[26] Yahuda MS Varia 1, Newton Papers 42, Dept of MSS and Archives, JNUL; see also Albert Einstein Archives, The Hebrew University of Jerusalem, Israel, 69–54 and 69–55.

[27] I. Bernard Cohen, "An Interview with Einstein," *Scientific American* 193 (1955): 68–73, citation 72.

[28] Fishbane and Weschler, *Memoirs*, p 109.

[29] Rudolph Mach, *Catalogue of Arabic Manuscripts (Yahuda section) in the Garrett Collection, Princeton University Library* (Princeton: Princeton University Press, 1977); Efraim Wust, "A Catalogue of the Arabic Manuscripts in the A. S. Yahuda Collection, Jewish National and University Library, Jerusalem, Limited Preliminary Edition," Jerusalem, June 1997.

［30］ *New York Times,* August 21, 1951.

［31］ Unmarked yellow folder relating to Yahuda Manuscript Collection, National Library of Israel, Document 1 [top left in pencil "02-6710403"; top right in pencil "David Castillejo 1969"]. 感谢迈卡·安山（Micah Anshan）向我指出并分享了这些文件。

［32］ 有关案件详情，见 *Hebrew Assn. v. Nye*, Supreme Court of Connecticut.

第13章
牛顿产业

现在，牛顿手稿已经散布全球。经过1936年的苏富比拍卖会，大多数非科学类手稿最终被各大机构所藏，主要包括剑桥大学、耶路撒冷的犹太国家和大学图书馆、位于裘园的英国国家档案馆。当然，这要归功于凯恩斯与亚胡达的共同努力（以及众多书商组织的公平的拍卖会）。然而，尽管手稿此时已经对外公开，但在接下来的20多年里，无论是科学类手稿，还是非科学类手稿，依然无人问津。

为什么会出现这种情况呢？ 1924年，英国皇家天文学会主席德雷尔（J. L. E. Dreyer）发表了一篇演说，讨论和牛顿相关的问题以及牛顿著作的出版缺失。[1]他指出，只有塞缪尔·霍斯利在1779—1785年间的《全集》，最"接近完整"，但他紧接补充道，霍斯利的版本，即便在当时已显出种种不足，更不用说满足当代的编辑和学术要求。已经有不少国家，开始计划出版本国著名科学家的著作全集，这份长长的名单中包括哥白尼、第谷·布拉赫、开普勒、伽利略、托里拆利、笛卡儿、费尔马、惠更斯、莱布尼茨、欧拉、拉格朗日、拉普拉斯。1912年，德雷尔编辑出版了威廉·赫歇尔的科学论文集。赫歇尔是一位在德国出生的英国天文学家，在18世纪末发现了天王星。不过，艾萨克·牛顿的名字并未出现在这份名单中，这显得尤为扎眼。

德雷尔提醒听众注意，由剑桥四人组编目的科学手稿，一直躺在大学图书馆里，无人过问；此外还有部分通信，分散在三一学院、牛津圣体学院的马格斯菲特勋爵手上以及其他一些地方。他还顺带提到，神学和炼金术手稿，依然收藏于赫斯特本庄园。德雷尔恳切地希望，有人能将这些文本加以整合，编纂成册，这将是对英国最骄傲的科学成就的礼赞。在他看来，这并非难事。

然而，在当期会刊上的一篇清醒的文章，给德雷尔的满满信心泼上一盆冷水。文章作者是桑普森（R. A. Sampson），在20世纪的头几年，他曾担任过一部牛顿文集的主编。那套文集原本打算向牛顿致敬，但编辑工作开展得很不顺利，早已被人们遗忘。对桑普森而言，这段伤心往事依然历历在目，他被学会主席德雷尔的演讲激怒了。这一编撰项目由剑桥大学出版社于1904年发起，桑普森任主编。他们想当然地预期，这套文集将有六大卷，每卷约600页，6年时间即可完成。按计划，文集将涵盖人们所期待的全部手稿，包括皇家学会收藏的通信、朴茨茅斯手稿（基本由剑桥大学收藏，但不包含赫斯特本庄园的非科学手稿）、英格兰各大图书馆收藏的其他通信以及一部英文版的《原理》[直到1729年才由莫特（A. Motte）出版]。不过，由于其他工作的干扰，该项目很快被搁置下来。不仅如此，编辑们逐渐意识到，文集的编撰工作，比他们所预想的要困难得多。结果，该计划尚未付诸实施就已夭折。

20年后，对于牛顿文集的可行性，桑普森已不再抱有1904年时的乐观心态。各个方面都存在问题。他发现，学术书籍中存在一个悖论，即越是对少数历史学家有用的版本，越是对大多数普通人无用。"这是一项历史学的任务，在某种意义上，它在国家层面上具有重大意义。然而，对于促进科学发展而言，它的价值十分有限。"对于国家而言，花费如此之高的代价或许值得，但就编辑个人而言，他们可能付出的代价之大，则不应该被低估。编撰这样一部文集充满许多风险，其中一些风险，甚至关乎学术生命的存亡。"在开始这项工作之前，编辑们应该明白，这是一场通往过去的旅行，他们即将面对的，大部分都是僵死腐朽之物，"桑普森满怀不安地写道，"编辑们必须坐好几年冷板凳，沉浸在那个早已逝去的世界里，也许永远也走不出来。"毫无疑问，能够胜任这项工作的人，应当具备科学的思维，但更为重要的是，他能够抵挡手稿潜在的危险诱惑。在桑普森的笔下，牛顿的手稿仿佛睡美人的城堡一样牢不可破："哪怕放在显微镜下仔细审查，牛顿的著作依然仿佛被重重包裹着，无缝可入。难怪所有研究牛顿的学者都像着了魔一样。"[2]

用今天的眼光看，桑普森的观点或许有些保守，例如在他看来，无论对于历史学家还是牛顿本人，炼金术都不是严肃的主题，不值得认真对待。不过，他对牛顿手稿的理解，无疑是深刻的：对手稿的研究越是深入，就越是难以确定哪些是真正有价值的知识。这些手稿，既像一座堡垒，又像一座迷宫。研究得越深入，就会发现越来越多相互交织、缠绕的内容。将自然规律与魔法法则混为一谈是危险的，桑普森最终选择悬崖勒马。他总结道，即便这些内在关联真实存在，对任何人而言，它们也毫无用处，无论对于编辑、学者，还是某些特定的读者。真正有价值的工作，是寻找伟大科学观点的源头和变化历程，除此之外的东西，则必须加以抛弃，比如炼金术、神学、行政管理，统统抛弃，无论它们之间存在怎样紧密的关联。在桑普森看来，编辑们面临的挑战，是将手稿档案中的各个部分恰当地联系起来，运用"判断与学识"，抽丝剥茧，去伪存真。桑普森担心，未来也许有一些编辑，会陷在牛顿手稿的迷宫之中，长期走不出来，为避免这种情况，他指出，能够胜任这项工作的，必须是专业的历史学家，而且还必须是对"一束光的射线具有四个面"之类的表述，充满兴趣的那种历史学家。于是，问题很快变得无解。桑普森给出的建议是，找到一位"资深学者"来负责这一任务。这位资深学者必须是泰斗级别，不会因为从事这项枯燥乏味、形同苦役的项目，耽误了自己的学术前途。显然，这篇文章是桑普森发自肺腑的苦口良言，然而令人遗憾的是，他甚至通篇都没有提到"科学史"（history of science）这门学科。但我们不能因此而责怪他。毕竟在1924年的英语世界里，职业的科学史家，实在屈指可数。

正如德雷尔提到的那样，虽然编辑工作困难重重，但在不少国家，刊印本国伟大科学家全集的工作，已经拉开帷幕。在19世纪的最后十年，那些和牛顿同一时期的、伟大的欧陆自然哲学家，陆续有了各自的"opera omnia"（拉丁文，意为"著作全集"）。有些科学家被视为国家英雄，享受到全集被多次编订的殊荣，犹如被再三册封的骑士一般。比如意大利人就将这一荣耀，多次颁发给伽利略，他的第一部15卷本的全集，出版于1842年至1856年间；随后在1890年至1909年间，又出版了20卷的版本；1929年至1939年、1964年至1966年，两度因内容增加而再次重印。在法国，夏尔·亚当（Charles Adam）和保罗·塔内里（Paul Tannery），于1897年至1913年间，出版了笛卡儿著名的13卷本全集，其间保罗·塔内里还与亨利（C. Henry）合作，于1891年至1912年间，出版了5卷本的费马全集。

其他的全集项目也在如火如荼地展开。荷兰于1888年发起了克里斯蒂安·惠更斯全集项目。经过60多年的努力，到1950年，22卷本的全集宣告问世。1911年，瑞士开始编订欧拉全集，一个多世纪后，目前已经完成预计84卷中的80卷，仍在继续。德国的几个项目，或许最为激动人心。开普勒全集有两个版本，第一套8卷本的全集出版于19世纪中叶，它是由克里斯蒂安·弗里施（Christian Frisch）于1858年至1871年出版的。第二个版本的全集编订开始于1937年，如今已出版了26卷中的25卷，尚未完成。最后是莱布尼茨全集，该项目始于1923年，预计全集总册数将达到惊人的120卷。目前，该项目仍在进行之中。

欧洲大陆的项目开展得有声有色，而对牛顿手稿的编辑却仍然停滞不前。牛顿手稿如同童话故事里受困的公主，等待着王子的亲吻。为什么偏偏英国不组织类似的项目，以纪念这位最伟大的科学家呢？这个问题不断有人提出，但并没有产生什么影响。原因之一是，英国政府倾向于鼓励个人力量推动科学研究，传统上，它也不愿资助任何规模庞大的科学项目，更不用说艰深晦涩的科学史项目。欧陆国家甘愿付出长期的努力，为杰出科学家的著作编撰校勘本（critical edition），因为他们将这一行为视为国家建设的一部分；而在英国，这种行为则被视为浪费政府的财政资金。如此一来，牛顿著作校勘本的出版，等不到国家的资助，牛顿手稿真正需要等待的是一门新的专业学科的诞生。

科学史能够从设想走进现实，比利时学者乔治·萨顿厥功至伟。1914年，萨顿依然耕耘在化学和数学领域，不过，他已经做起了历史学笔记，即将开创一种全新的、雄心勃勃的历史研究方法。在德军抵达之前，他把这些笔记埋在布鲁塞尔住所的花园里。所幸，萨顿和他的笔记都在战争中幸存下来。利用这些笔记，他撰写了一篇公开的宣言，宣称有必要开辟一个全新的人文研究领域。在他看来，科学史将扮演弥赛亚般的角色，通过一部"普世的"历史，将饱受战火摧残的人类，重新团结在一起。

即使承受着战争和工作的重压，萨顿的宣言文章依然条理清晰、充满自信。和桑普森一样，他深知这项任务既重要又艰巨。或许整个世界都已迷失，分不清轻重缓急，对真正重要的事熟视无睹。所以，在这个风雨飘摇、充满未知的年代，最应该去做的，恰恰是理解文明本身。人类文明似乎行将崩溃，在这样的时代环境下，科学史应该提供那些关乎文明的自身知识。萨顿明确指出，"相比宗教史与艺术史，科学史更为重要，尽管后两门学科已经取得长足的发展，各自成为独立的学术分支，长期以来受到世人认可，体制建设也日趋完善"。如果历史和科学不能结合在一起，那么自然的知识与人类的知识，将永不完整。科学史的地位，相当于"整个知识体系的基石"。萨顿的个人信念，并没有蒙蔽他的双眼，他清楚地意识到，到目前为止，他几乎是在孤军奋战。他承认，秉持这一共同信念的科学家与历史学家，其数量"相当稀少"。[3]即便如此，他依然义无反顾，投入到搭建科学史脚手架的事业之中，并为此奉献终身。

第一次世界大战结束后，萨顿移居美国，怀着新教徒特有的热情，开始了自己的研究。他创办学术期刊《伊西斯》(Isis)，创立科学史学会(History of Science Society)，该学会的前身，可追溯到久远的科学历史学会(Historical Society of Science)，它于1846年被哈利韦尔解散。此外，他还勉强算是创设了哈佛大学科学史系。在哈佛，他苦熬多年，直到1940年才评上终身教授。面对重重困难，萨顿拥有殉道士般的热情。他希望"能够身扛重担，再多干几年，在倒下之前，可以带着荣誉死去。"[4]萨顿相信，人们需要一部"完整的历史"，为此他不惜从头开始。他的目标是书写出一部由古及今、全面完整的科学史。然而，在他最终倒下之前，这部科学史只写到了14世纪。

回头再看欧洲，亚历山大·柯瓦雷（Alexandre Koyré）正在以他的独特方式走向牛顿，他所遵循的，不是历史事件发生的时间顺序，而是一种哲学进路。柯瓦雷出生于俄国，师从埃德蒙德·胡塞尔（Edmund Husserl），深受战前欧陆哲学的熏染。在他看来，"牛顿综合"（Newtonian synthesis）是"自从两千年前希腊人发明了'和谐宇宙'（cosmos）以来，即便算不上人类所取得——或遭受——的最深刻的变革或转变，至少也是其中之一"。[5]对于柯瓦雷来说，促成科学发现的不是实验，而是理论。萨顿与柯瓦雷一起，共同界定了科学史的研究范围。虽然两人成功将科学史塑造为一门独立学科，但他们从未否认文献档案对于史学研究的基础性作用。萨顿致力于为科学史这一全新的历史视角，构建制度性的基础，柯瓦雷则擅长从纷繁复杂的历史事实中，提炼出思想史的脉络。他描述了一系列思想上的革命，其谱系可上溯至哥白尼，及至开普勒和伽利略，最终由牛顿推向高潮。

萨顿和柯瓦雷为后来的学者创造出条件，使他们能够更为深入地思考牛顿在历史上的地位。至于超越已有的研究，揭示从未公开的手稿，这样的重任落到了两人之后的下一代学者肩上。对于科学史而言，牛顿显然是一个绕不过的主题。毕竟，牛顿代表了科学革命的无上光荣，而"科学革命"（the Scientific Revolution）

这一概念，恰恰是催生科学史这门学科的思想温床。对于理解现代科学的起源，继而理解现代性本身的起源而言，科学革命无疑是最重要的题材，而重中之重便是牛顿。因而，自20世纪50年代开始，牛顿手稿最终得到一系列学者的关注。这些学者不仅将牛顿手稿视为职业发展的手段，而且致力于从中寻求历史和思想问题的答案，这些问题虽才提出不久，但已变得日趋紧迫。虽然萨顿本人以不爱培养学生著称，他的一个学生却成了日后美国科学史界的元老级人物。1947年，I. B. 科恩（I. B. Cohen，他曾表示，名字中的"B"是Bernard的缩写，但"I"没有任何含义）成为第一位获得科学史博士学位的美国人。[6] 从萨顿那里，科恩接过了《伊西斯》主编一职，并且继任科学史学会的主席。他很长寿，成果丰硕，他的一生，见证了科学史从一门贫瘠且高度专业化的学科，发展成为一门崭新的学科。C. P. 斯诺（C. P. Snow）曾哀叹，两种文化——科学与人文——已经危险地分裂。[7] 而全新的科学史学科，似乎能为弥合两种文化的裂痕找到出路。

　　除少许评论之外，萨顿并没有留下太多与牛顿相关的文字，他始终忙于书写那部完整的科学史著作。相比之下，科恩对牛顿的研究深入许多。他于1937年开始撰写博士论文，5年后在《美国学者》（*American Scholar*）杂志，发表题为"牛顿与现代世界"（Newton and the Modern World）的文章。他的第一本专著出版于1956年，其中对比牛顿和本杰明·富兰克林（Benjamin Franklin），说明牛顿主义如何传播到美国。自此，他满怀热忱地投入到对牛顿的研究之中。在接下来的30年里，科恩致力于扩展科学史的学科边界，并在世界范围提升科学史的影响力，与此同此，在他的大力推动下，牛顿研究的学者队伍也在不断发展壮大。20世纪五六十年代，学者们出版了一系列校勘本，涉及一部分此前从未公开的手稿。这些著作包括赫伯特·麦克拉克伦（Herbert McLachlan）的《神学手稿》（*Theological Manuscripts*,1950），书中包含凯恩斯收藏的手稿，但丝毫未涉及耶路撒冷的亚胡达收藏；鲁珀特·霍尔（A. Rupert Hall）与玛丽·博厄斯·霍尔（Marie Boas Hall）夫妻编辑的《艾萨克·牛顿的未出版的科学手稿》（*Unpublished Scientific Papers of Isaac Newton*, 1962），该书基于入藏剑桥大学图书馆的朴茨茅斯手稿，但仅选取了其中一部分，并不完整；赫里韦尔（J. W. Herivel）的《牛顿〈原理〉之背景》（*The Background to Newton's Principia*, 1965），书中收集了一部分撰写《原理》之前相关研究的原始文献。除此之外，还有两个重大的编辑项目。首先是1959年出版的《艾萨克·牛顿的通信集》（*The Correspondence of Isaac Newton*），该项目得到皇家学会的支持，经过数位编辑的努力，最终在霍斯夫妇的监督指导下得以完成。通信集的出版计划曾于1904年和1924年被两度废止，这回总算是弥补了遗憾。其次是《艾萨克·牛顿的数学手稿》（*The Mathematical Papers of Isaac Newton*），怀特塞德（D. T. Whiteside）以英雄般的气势，几乎是凭借一己之力，完成了这部8卷本的文集，其第一卷于1967年问世。[8]

终于，牛顿手稿得见天日，到了学者们的手上。凭借着研究兴趣、专业技术和职业动力，学者们将投入到理解手稿的工作之中。尽管在编目上已经投入巨大精力，整理手稿的工作仍然极为艰巨，让人精疲力竭。几个世纪以来，手稿编目员和编辑们的疲倦之声，仿佛再次回荡。1959年，《艾萨克·牛顿的通信集》第一卷问世，时间范围是1661年到1675年，即所谓的牛顿"天才"时期。该卷编辑安德拉德（E. N. da C. Andrade）曾做过一个估计，好像能让我们听到他的无声叹息：在牛顿留下的"大量未出版的文件"中，大约140万字涉及神学和圣经年代学、炼金术及其相关主题约55万字、科学约100万字、铸币与造币厂近15万字，还有至少约50万字的"主题难以归类"，总计约360万字。安德拉德猜测，如果将这些文字毫无遗漏地全部出版，总共需要25卷的体量。他指出，其中大部分内容冗余乏味、令人厌倦，比如重复的誊抄和冗长的计算，"手稿中的大部分，甚至是绝大部分内容，几乎没有任何价值，明智的编辑无疑会将之果断抛弃。但是，做出这样的判断很难，万一在这些文字之中，确实包含某些价值呢？区分内容的优劣，区别重复的书写，需要具有深厚学养的专家，怀着极大的耐心长期耕耘，而如今，这样的学者已经很少"。[9]安德拉德的"但是"固然诚实，然而对于野心勃勃的学者来说，它也像一个诱饵。这就是学者所面临的危险，也许工作本身令人绝望，但他们始终不愿放弃任何具有潜在价值的东西。

总体而言，安德拉德的论调令人沮丧。大部分牛顿数学著作的出版都"一再拖延、零散不堪，在很多方面不甚完美"。校勘版《通信集》（*Commercium Epistolicum*）就是"一项非常棘手的任务"。《原理》本身也"严重依赖于编辑们的工作"。此外，安德拉德还指出，出版伟大的著作全集（如欧洲大陆已出版的那些），有赖于宽松、从容的治学环境，而这样的时代，早已一去不返。[10]

随着对原始文献的重视程度越来越高，"究竟多少才算够"一类问题应运而生。编辑们到底需要传达出多少手稿的物质性信息？每一处增删都需要告知读者吗？同一段文本的不同手稿版本都需要出版吗？所有这些问题的背后，都是在问，究竟什么样的手稿，才是有价值的。科恩认为，对于研究18世纪的牛顿学说而言，重要的是公开出版的著作，而非手稿。[11]然而，越来越多的研究表明，印本与手稿之间的界限，事实上相当模糊。与我们的直觉相悖的是，在17、18世纪，手稿通常传播广泛，反倒是印本的受众有限，例如《原理》的印刷版本。在牛顿的有生之年，至少有十几个人读过未出版的牛顿手稿。手稿不断被借阅、摘抄、流传，有时候得到牛顿的允许，但大多数的情况下没有，因而牛顿手稿的读者数量庞大，难以估量。

科恩也开始涉足牛顿手稿，尽管他在各个方面都训练有素，而且仅仅打算实现早期牛顿编辑们所设想的一小部分工作，他依然体验到了桑普森和之前学者所描述的那种眩晕感。在《〈原理〉导论》（*Introduction to the "Principia"*）中，科恩花了很长篇幅，探讨编辑中遇到的困难。他解释说，在第二次世界大战结束之后，科学史的学科目的发生巨大转变。像柯瓦雷那样，仅仅列举伟大的发现，已不可能尽如人意。历史学家们开始关心全新的问题，科恩将其称为"思想的成长变化，而非仅仅是其最终表达"。与此相伴的是对一手材料的重视，包括书籍、手稿乃至科学仪器。在科恩看来，科学史就是对过去的永恒探索，是对"前期草稿、早期版本以及后续修改的各阶段文本"的不断挖掘，这一过程扣人心弦，永无止息。[12]

图13.1　I. B.科恩认为，出版牛顿手稿时，重要的是能够重现"前期草稿、早期版本以及后续修改的各阶段文本"。他与亚历山大·柯瓦雷、安妮·怀特曼合作，推出了《原理》集注版，尽其所能接近这一目标。承蒙哈佛大学拉德克利夫学院（Radcliffe Institute）施莱辛格图书馆（Schlesinger Library）供图。

不妨以"疑问"（Queries）为例，来说明科恩的想法。"疑问"是一系列有关光、热、电、重力、化学亲和力的本性的哲学问题，附在《光学》一书的最后。科恩指出，以前的牛顿传记作者，都把"疑问"视为一个整体，当作一套单独而完整的问题集。然而，"疑问"实际上经过了十多年的演变。"疑问"的问题数量取决于所阅读的版本，可能是16条、23条或是31条，根本不存在这样一套单独的问题集。只有通过研究牛顿思想的"逐步展开"（gradual unfolding），其思想的真正本质才有可能得到理解。不过这样一来，科恩就必须面对另一个棘手的难题，如何在所编辑的著作中，恰当地囊括"后续修改的各阶段文本"呢？毕竟，对于各个阶段的划分，可以无限地细分下去。究竟应该如何把握其中的分寸呢？

在拉丁语学者安妮·惠特曼（Anne Whitman）的帮助下，科恩与柯瓦雷通力协作，开始编订所谓《原理》集注本（variorum edition），这个版本将涵盖1687年、1713年、1726年三个印本，第一版排版时所用的稿本，以及牛顿为三个版本所做的全部注释。[13]这一工作追踪《原理》中每个命题的细小变化，以史无前例的细节，展示了牛顿对自己著作的大量修订。然而，尽管这项雄心勃勃的工程，依然不过是对时间上大量零散信息的拼凑。集注本吸收大量注释的做法固然很好，但在牛顿思想的演化之中，始终存在更为微妙的东西。带有注释和插页的各版本副本不断增加，从中收获的信息，以相当重要的方式，极大地加深了我们对牛顿科学的理解。那么，能否把所有细节都穷尽呢？这一想法固然令人向往，但却不可能做到。科恩不得不痛苦地承认，需要修订的地方"数量极多"，以至"编写一套绝对完整的版本，已远超吾等编辑能力之所及"。此外，还有一些材料已经丢失或损毁，无迹可寻，这也让编辑们大为头疼。科恩的口吻越来越像桑普森，他指出，需要十几位学者，花上十几年时间，才能推出一部真正全面完整的版本，"以我们当前有限的学术资源，无论在人力还是财力上，进行这样的冒险，绝非明智之举"。即便这样一本著作最终问世，其结果无非是售价过高，细节过多，除了"最专业的学者"，没人觉得有用。[14]

尽管极不情愿，科恩只得承认，我们的知识存在边界。虽然存在大量出版的和未出版的文献资料，但"许多有趣、重要的问题，要么无法充分回答，要么没有明确的答案，还有一些问题，根本找不出答案"。[15] 这句话令人惊讶的地方在于，科恩似乎感到自己有义务解决所有问题。它暗含的假设是，牛顿手稿将能解答我们的所有问题。在牛顿去世250年之后，相关新材料爆炸式的激增，似乎造成了一种假象：不仅所有问题都将获得答案，就连尚未提出的问题，其答案也只是静静地躺在那里，等待人们去发现而已。

手稿得以幸存实属不易。皇家学会刚刚成立之时，约翰·奥布里曾谴责科学家、古物学家和哲学家，他们草率地对待自己的手稿，让它们成了包装纸和引火物。尚有一批数量可观的手稿能够保存至今，也许要归功于奥布里等人的劝诫。伽利略、罗伯特·波义耳、惠更斯、莱布尼茨、弗拉姆斯蒂德、洛克、塞缪尔·哈特利布等著名人物，均有手稿遗存。[16]然而，和牛顿同时代人的大部分遗稿，都在历史的长河中失散了。著名医生威廉·哈维（William Harvey）的手稿，在17世纪40年代的政治动乱中遗失，笛卡儿的手稿虽然在其死后幸免于海难，但到了18世纪也丢失了。牛顿生前精心保存了自己绝大部分手稿。他虽然无儿无女，但身为造币厂厂长，声名显赫，侄女凯瑟琳的社会地位也水涨船高，从而有机会嫁给出身良好的约翰·康杜伊特，使得手稿始终由贵族后裔妥善保管。无论如何，这些手稿得以幸存，说明300年以来，手稿的命运之风，已吹向正确的方向，这着实令人欣慰。

到了20世纪70年代中期，科学史已经成为一门欣欣向荣、充满激情的新学科，历史文献和思想诠释两个方面，优秀的著作层出不穷。作为科学史中特殊的研究分支，牛顿研究也变得日益兴盛，硕果累累。虽然这一领域已经发展成熟，但从事牛顿研究的学者群体仍显得古怪。钻研牛顿手稿遗产的——无论是科学类的手稿还是非科学类的——几乎都是男性，而且在某种意义上，都是局外人。例如科恩，前文提到，他是第一个获得科学史博士学位的美国人。怀特塞德在编订牛顿数学手稿时，几乎没有学过高等数学，但凭一己之力，完成了8卷本文集的编辑工作。凯恩斯对牛顿并无明显的兴趣，更不必说对炼金术。亚胡达离群索居，疏远了每一个可能接纳他的群体。正是在这种由局外人主导的牛顿研究的大背景下，戴维·卡斯蒂列霍（David Castillejo）脱颖而出，在揭秘牛顿手稿上发挥了重要作用。

卡斯蒂列霍于 1927 年出生在西班牙，在家中四个孩子中排行老三，他的父亲是西班牙人，母亲是英国人，两人都是当时的教育和政治改革中的活跃分子。西班牙内战期间，几个孩子一起搬到了伦敦。1947 年，卡斯蒂列霍进入剑桥大学国王学院，主攻 17 世纪的玄学派诗歌。他的哥哥莱昂纳多（Leonardo）同样就读于剑桥大学，后来成为著名的物理学家。是他告诉戴维，学院最近收到了一批来自凯恩斯遗赠的手稿。那时，芒比正是学院的图书管理员，他曾为苏富比拍卖行收购庄园图书馆的藏书而编纂目录，也在剑桥市场广场的古斯塔夫·戴维那里买过书。卡斯蒂列霍依然记得，他们在图书馆的大桌子上，把凯恩斯收藏的牛顿手稿一一摊开时的场景。为了进一步调查，卡斯蒂列霍前往巴黎，拜会了书商埃马纽埃尔·法比尤斯，两人一边享用美味的晚餐，法比尤斯一边讲述苏富比拍卖会上的情境。[17]

回到剑桥，卡斯蒂列霍深入研究了凯恩斯收集的手稿。几乎可以肯定，他是自凯恩斯之后第一个认真对待手稿的人，在此之前，没有人仔细读过它们。他发现，这些手稿是炼金术的阅读笔记，似乎是为撰写炼金术著作所做的准备。卡斯蒂列霍猜测，肯定还存在不少有关牛顿炼金术的材料，而且比手头上这手稿里的内容要多得多。那些与手稿中研究相对应的炼金术的实验记录在哪里呢？在凯恩斯的遗赠中，并没有发现任何这类记载。

　　凭着直觉，卡斯蒂列霍去了剑桥大学图书馆，查找图书馆在1888年收藏的手稿。在那里，会不会有类似炼金术实验笔记的记录呢？一位图书管理员四处翻找，只找到一小撮手稿。不过他提到，在最初接收手稿时，还有一个笔记本，它原本记录在案，但在图书馆搬到新址之后，这个笔记本就找不到了。根据这一线索，卡斯蒂列霍在芒比的帮助下，在老学院（the Old School）的图书馆，找到了一位名叫贝克的先生，他在这件事中扮演了异常关键的角色。

　　直到20世纪60年后，卡斯蒂列霍依然能回想起那天的经历：当时贝克声称，他记得自己确实在1914年见到过一个"牛皮纸包裹"，上面写有"牛顿"字样。问题在于，在那之后，图书馆的藏书已经"被重新整理排列了三次"。好在贝克是一位责任感极强的图书馆馆员，一次找不到，就找第二次，最终在第三次搜索时，他发现了那个包裹。那时已是1949年，卡斯蒂列霍正在撰写一篇论文，用以申请学院的奖学金，论文的写作已进入尾声。包裹虽然找到，笔记本依然下落不明。卡斯蒂列霍问贝克，他是否应该将笔记本丢失的情况向上汇报，贝克回答说，第二天是星期六，他打算再去找。奇迹中的奇迹发生了，贝克居然真的带着笔记本回来了。卡斯蒂列霍立刻打开笔记本，坐下来开始研究，他后来回忆说："校理事会就在图书馆旁边，那里有一间红色的屋子，空荡荡的，我坐在那里，一待就是好几天。"如今，这些笔记本和另外一本实验笔记，统一保管在大学图书馆里。这些笔记表明，牛顿在他的化学实验室里进行了30多年的研究。借助这些笔记，学者们重演了一些牛顿做过的实验，使得人们对牛顿的炼金术研究、现代早期的化学以及更宽泛意义上的炼金术，有了更为深入的理解。[18]

在笔记本中，牛顿花费了5万多字的篇幅，详细记录了各种炼金术实验。这些实验的目的在于，从纷繁驳杂的意象之中，从矿物质与化学物质间复杂相互作用之中，获得炼金术所寻求的意义。炼金术的目标有很多，有些人遵循古老的传统，希望将贱金属变成黄金，但对于牛顿而言，从事炼金术则旨在揭示宇宙中产生活力的隐秘力量，只有极少数人理解这方面的知识。在这一领域取得进展并不容易，牛顿投入了数不清的时间。他反复回到几个关键的炼金术难题上。其中一个难题是所谓的"星形锑块"(star regulus of antimony)，锑是一种金属，在熔化后缓慢冷却的过程中，能形成一种肉眼可见的晶体结构，即所谓的"星形"。在制作反射望远镜时，牛顿曾试图将锑作为反射材料。他很快放弃了这一想法，但仍然在炼金术中研究它。另一个炼金术难题是锑和铜的紫色合金。遵循托名艾瑞奈斯·菲勒利提斯(Eirenaeus Philalethes)的美国炼金术士乔治·斯塔基(George Starkey)的配方，牛顿发现了一种方法，能够更有效地提炼这种合金。他将该合金命名为"网"(net)，因为它表面具有规则的微小晶体，看起来就像一张网。[19]

卡斯蒂列霍成功地找到了实验笔记本，完成了他的论文，但没能拿到让他继续留在剑桥的奖学金。随后，他离开了剑桥。不过，他与被遗忘的牛顿手稿之间的缘分，并未就此结束。芒比告诉卡斯蒂列霍，耶路撒冷也有一批牛顿手稿。1969年，他最终找到机会，前去一探究竟。他刚一抵达，便直奔目的地，请求与图书管理员莫尔德凯·纳达夫（Mordekai Nadav）见面，一边等待、一边翻阅着图书馆的目录卡片。当问起牛顿手稿时，这位图书管理员吃了一惊，因为这些手稿才刚刚送到，几乎没有拆封，更不用说编目。卡斯蒂列霍表现出在这一领域丰富的积累，他利用苏富比拍卖行的目录编号来查找某件特定的手稿，从前他和芒比在整理凯恩斯捐赠的手稿时，用的就是这套编目系统。纳达夫对他钦佩不已，邀请他下周一再来。当卡斯蒂列霍再次到达时，纳达夫推着一辆手推车朝他走来，车上装着一捆捆牛顿手稿。"能请你帮忙将它们编目吗？"纳达夫问，"我们对牛顿一无所知。"于是，卡斯蒂列霍留了下来，再次踏上了探索牛顿思想的冒险之旅。在以色列，他花了两周时间，对手稿进行编目，在随后的几年里，他一直在研究这次发现的手稿中的内容。

就当卡斯蒂列霍独自一人在耶路撒冷工作时，英国人对牛顿各方面的兴趣也日渐高涨。越来越多的学者涌入了这个相对封闭的圈子。在这个圈子里，怀特塞德牢牢占据着主导地位，对此他一点也不担心。

1976年，理查德·韦斯特福尔（Richard Westfall）发表了一篇题

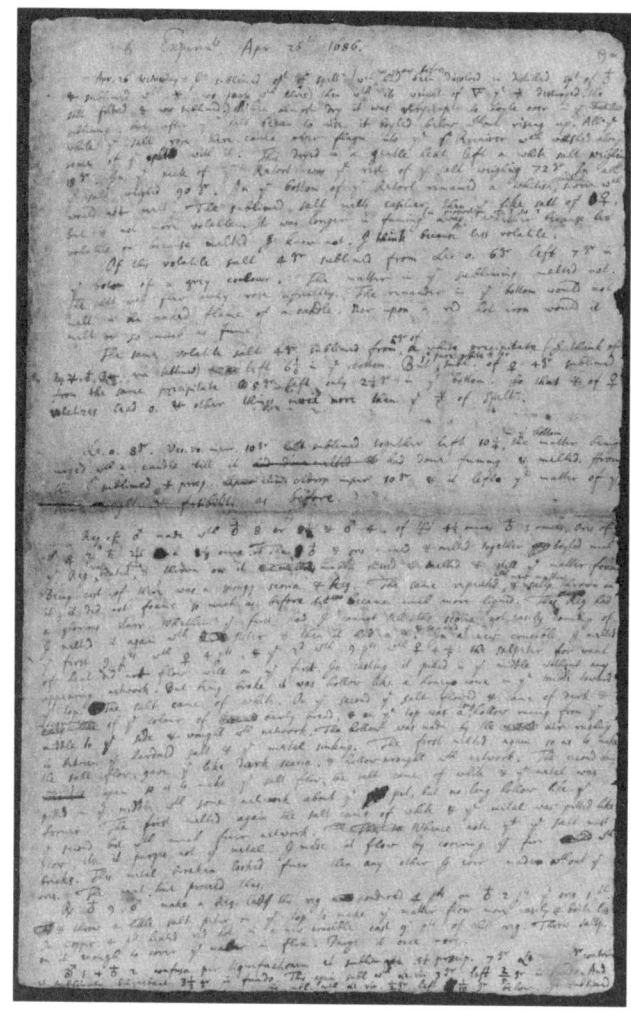

图13.2　牛顿炼金术笔记中有一页，记录了他试图创造星形锑块的过程，缓慢冷却的金属将产生一种星形的晶体结构。这个笔记本在剑桥被随意放置了将近70年，直到1940年代被戴维·卡斯蒂列霍发现。MS Add. 3973 f19r. 经剑桥大学图书馆理事会许可复制。

　　　　　　　　　　　　　　　牛顿手稿漂流史

为"牛顿产业"（Newtonian Industry）的文章，他这样写道："这个群体，仿佛同时患上了幽闭恐惧症和神经官能症，成员们相互提防、勾心斗角，为了上位，不择手段，与此同时，他们也会斜着眼睛，偷瞄大刽子手怀特塞德"。韦斯特福尔指出，怀特塞德正是那个手握生杀大权的人，"他站在人群中央，一只手拿着 β 函数，一只手拿着编号为'Add. MS. 3965.12 f. 186'手稿右页的引文，试图维护法律与秩序，但却收效甚微"。[20] "Add. MS"是剑桥大学图书馆目录上对"新增手稿"（additional manuscripts）的缩写，反映出不断增长的手稿数量。"β 函数"象征数学，"Add. MS"代表书写与权威，这两个方面都集中体现在了怀特塞德身上。韦斯特福尔假想场景中的那页手稿，是牛顿为《原理》所做的笔记，这是他科学遗产的核心，也是研究他工作方法的线索。

　　1841 年，哈利韦尔建立的命运多舛的科学历史学会，出版了第一本刊物。作为回应，奥古斯都·德摩根写了一篇文章，他在文中问道，是否存在这样一位学者，他既是古文书学家、也是数学家，"有足够的精力和闲暇，既要研究矿石，还要研究金属"。[21]一个人要对数学和古代文献，具有同等的专业技术和研究热情，这样的人实在太难找了。就在德摩根提出这一问题的 100 多年后，手握牛顿手稿的怀特塞德出现，对此给出了答案。韦斯特福尔的讽喻写得没错，现实中的他，始终牢牢地握着手稿。怀特塞德于1932 年出生在布莱克浦的一个工人阶级家庭，他幼年丧母，在布莱克浦文法学校获得了奖学金，进入布里斯托大学，攻读法

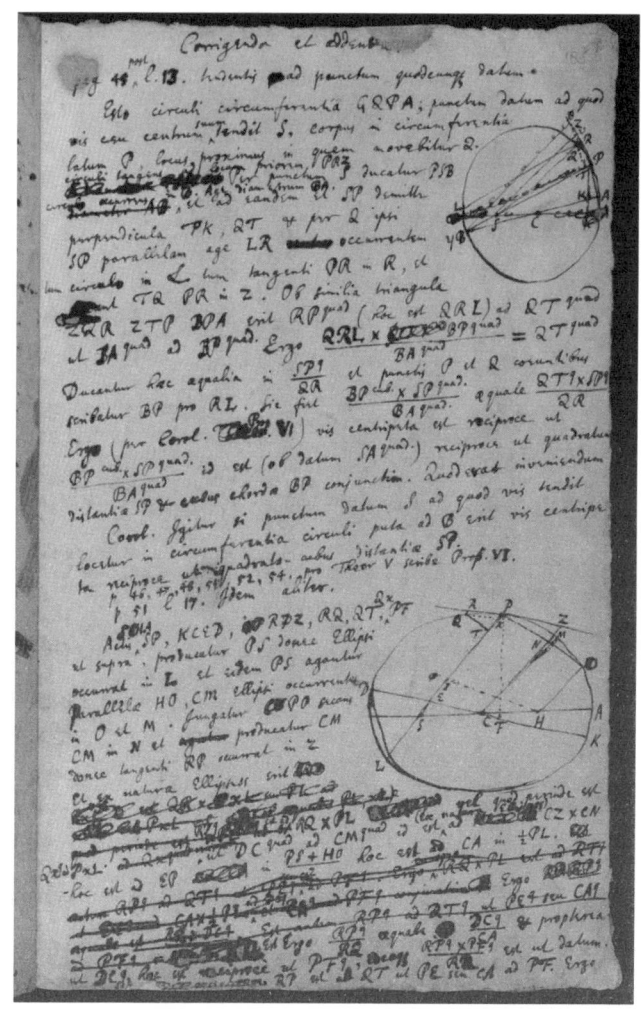

图13.3　牛顿手稿中的一页，内容是为《原理》所做的笔记。在理查德·韦斯特福尔充满想象力的讽刺场景中，《艾萨克·牛顿的数学手稿》的编辑，牛顿产业中"大剑子手"怀特塞德手里拿的，正是这页手稿。破译牛顿的工作方法吸引了许多学者的关注。MS Add. 3965 f186r. 经剑桥大学图书馆理事会许可复制。

语、拉丁语、数学。短暂的兵役结束之后，他心血来潮，前往剑桥大学攻读博士学位，博士论文的题目为"17世纪晚期的数学思维模式"。[22]1958年5月，当时怀特塞德正在写博士论文，他再次临时起意，询问图书管理员，学校里是否有牛顿的手稿。于是，这位图书管理员拿出了手稿，那是朴茨茅斯手稿中与科学相关的部分。70多年前，亚当斯和斯托克斯曾为其编订了目录，而它们早已被人们遗忘。就这样，手稿的编辑工程开始了，经过了23年的辛勤耕耘，到了1981年，8卷本的《艾萨克·牛顿的数学手稿》全部问世。[23]这部作品具备数学上的思想深度，文本处理严谨周详，涵盖范围全面完整。有多少人曾对这样一部作品梦寐以求，却又因困难重重而心生绝望、裹足不前。怀特塞德做到了，他的成就被公认为当时牛顿研究的顶峰。[24]诚然，数学只占牛顿手稿中的一小部分，仅仅是冰山一角，但谁又能说，数学不是最重要的那一部分呢？

韦斯特福尔将校勘本的严谨性，称为"编辑评注中无法妥协的技术性"，技术性的悖论之处在于，它固然是处理牛顿手稿时不可或缺的，但也使那些不想直面数学困难的人深感畏惧。一部校勘本值得好好研究，但出版校勘本的目的，并非是试图将牛顿的作品传达给普罗大众。在牛顿产业中的一些学者看来，清晰明白远比数学上的技术细节更为重要。韦斯特福尔提醒道，光是精通数学，还远远不够。处理牛顿手稿异常困难，需要接受相当高级的训练。坦率来讲，人们不太可能对晦涩的数学史感兴趣，包括科学史家，甚至包括研究牛顿的科学史家！虽然他们已经对牛顿的数学和科学研究相当熟悉，依然很难读懂其中的内容。韦斯特福尔猜测，这种情况难以避免，人们会情不自禁地认为，"精心设置的技术门槛，本身就是一种挑衅行为"。[25]

韦斯特福尔也许说得有些夸张，怀特塞德的版本非但没有阻碍研究，反而奠定了当代牛顿数学研究的基础。[26]然而，这一悖论却很适合描述牛顿，因为他希望两者兼得：一是争抢发明的优先权；二是只与少数精心挑选的人交流，这些人（在各种意义上）都已经做好了准备，能够跟上他的思路。怀特塞德是否在有意模仿牛顿呢？这个问题的答案已无从知晓，因为他已于2008年去世。众所周知，牛顿曾刻意把一些"数学上的小玩意"（Little Smatterers in Mathematicks）写进书里，故意让书变得难以阅读，使企图挑刺的人望而却步。在一部校勘本中，需要以如此精细的程度来呈现主题吗？也许怀特塞德认为需要，但包括韦斯特福尔在内的其他人，并不这么认为。怀特塞德的牛顿既没有为此辩护，也没有提出道歉。这就是作为数学物理学家的牛顿，在其有生之年，他的这一成就为他赢得了声誉和财富，从此受到世人的追捧。

然而，作为数学家与科学家的牛顿，如今正在面临着许多其他牛顿的挑战，这些牛顿的激情和癖好依然会让人感到尴尬、恼怒或是困惑。手稿终于自己开口说话了，但结果不是建设性的，而是解构性的。那个旧的牛顿早已不复存在，甚至可以说，在德

图13.4　1968年，国际科学史学会（the International Academy of the History of Science）将第一届柯瓦雷奖授予怀特塞德，表彰他在《艾萨克·牛顿的数学手稿》头两卷中的工作。从左至右：剑桥大学出版社的资深出版人迈克尔·霍斯金（Michael Hoskin）、李约瑟（Joseph Needham）、怀特塞德、大学印刷工布鲁克·克拉奇利（Brooke Crutchley）、大学校长阿德里安勋爵（Lord Adrian）。承蒙米歇尔·霍斯金供图。

摩根之后，他再也没有站稳过。新的牛顿不是一个，而是许多个。正如韦斯特福尔在1976年所说，"教科书上的那个牛顿早已脱胶掉落了。但到目前为止，还没有人能把这些碎片完整地拼接到一起"。[27]令人心酸的是，当怀特塞德完美的校勘本——韦斯特福尔将其称为"史上科学手稿的最佳版本"——问世之时，它已经无法让牛顿产业中形形色色的成员感到满意。眼下，真正迫切而令人兴奋的研究，已不再关注那个旧的牛顿，那位为世人所熟悉的数学和物理学天才，而是关注那个新的牛顿。这位新牛顿不是一座大理石的纪念雕像，而是一个变形人。每一本新的出版物都揭示出他的一个新身份。越来越多的学者开始研究手稿，越来越多的牛顿也随之涌现。诡异的是，这些牛顿往往和发现他们的学者惊人的相似。

这些领域的大部分成果，均受到弗朗西丝·耶茨（Frances Yates）研究工作的启发。耶茨表明，魔法与神秘思想——基于号称是魔法师三重伟大的赫尔墨斯①的著作——绝不仅仅局限于中世纪，在文艺复兴时期的科学和哲学领域，它们同样发挥了重要作用。[28]三卷本的牛顿通信集于1961年出版，收罗了1686年—1694年间的书信，其中的内容透露，在撰写《原理》之时，牛顿也专注于炼金术和神学问题。在耶茨的启发和新文献的支持下，学者们开始描述牛顿在各个领域的身份。利用未公开的文献，特德·麦圭尔（Ted McGuire）和皮约·拉坦斯（Piyo Rattansi）证明，牛顿非常关注所谓"本始智慧"（prisca sapientia）的秘密传统，这是一个数百年来由精英团体秘密守护的古老知识体系。[29]麦圭尔的个人独立研究则表明，相比《原理》和《光学》等公开出版的著作，牛顿在形而上学方面的研究更具有哲学思辨的味道，也更为复杂。[30]戴维·库布林（David Kubrin）参考凯恩斯收藏中的神学手稿，描述了牛顿对循环宇宙的设想：在这个宇宙中，彗星提供一种神授的作用机制，使得耗散的能量得以恢复。[31]贝蒂·乔·多布斯（Betty

---

① 三重伟大的赫尔墨斯（Hermes Trismegistus）指一个传说中的、被神化的智慧导师，其名字来自希腊神赫尔墨斯（Hermes）和埃及神托特（Thoth）。托名赫尔墨斯的许多文本，形成了所谓的《赫尔墨斯秘闻集》（Corpus Hermeticum），是西方炼金术的重要思想来源。——译者注

Jo Dobbs）是这个小圈子里为数不多的女性，她使炼金术成为牛顿研究中一个再也不容忽视的话题。[32]

从炼金术到牛顿的宗教信仰和个人怪癖，这不过是花园小径上迈出的一小步。弗兰克·曼纽尔（Frank Manuel）展开了一组传记式的研究，他的第一部著作涉及牛顿的历史学，主要文献依据是凯恩斯藏稿和牛津大学新学院中的手稿。第二部著作探讨牛顿的性格。他利用精神分析学的方法，重新审视某些手稿，比如牛顿在1662年书写的那份著名的词汇表。[33]曼纽尔的分析表明，牛顿偏离了常规，不再按照要求抄写单词，而是按自己的想法替换了某些词汇，从那些充满个人情感的替换词汇中，可以解读出他对母亲、继父和宗教信仰的感情。曼纽尔也是自卡斯蒂列霍之后，第一位阅读耶路撒冷手稿的学者。在他的第三部著作中，他认真研究了牛顿的神学著作，他也是第一位这么做的专业学者。[34]韦斯特福尔本人也写过一本牛顿传记，这是自维多利亚时代布鲁斯特的传记出版以来，最为完整翔实的一部牛顿传记，它始终将手稿证据放在不容置疑的核心地位。[35]就连被长期忽视的牛顿私人藏书，现在也得到过学者们的高度重度。约翰·哈里森（John Harrison）追踪了牛顿生前留下的那2 100本藏书的曲折命运，详细介绍了幸存下来的900本书，指出其中哪一本有牛顿自己的注释（1660年的英文版圣经的批注最多），并且谈到了牛顿阅读时的独特习惯，比如他喜欢把书折个角，经常在自己名字出现的地方作个记号。[36]

出现如此之多的牛顿研究，这并不奇怪。毕竟，牛顿是学者中的学者。正如鲁珀特·霍尔所说，"有谁读过、注释过、研究过的内容，比牛顿本人还要多吗？"[37]牛顿300年前写下的文字依然历久弥新。在剑桥大学读本科一年级时，牛顿就记录下其在学习用具上的开销："纸质本""一个夸脱瓶""用墨水将其灌满"，甚至详细到一把毛刷、一沓纸、一支羽毛笔、一磅蜡烛、一把书桌锁。[38]虽然牛顿有时会购买墨水，但他更喜欢用自制的墨水。他选用橡木的黑色球状虫瘿，混合阿拉伯胶和硫酸亚铁，一起研磨，这种墨水性质独特，不易褪色。他记录了这一配方，称做出来的墨水品质"极好"，并颇为自豪地写道："这些字就是我用这瓶新墨水写下来的。"[39]（参见书首插图）在350多年之后，用这种墨水写下的字，仍然清晰可读。

借助"纸质本"和羽毛笔，牛顿很早就养成了阅读、写作、记笔记的习惯，正是这些研究习惯，奠定了他研究的基础，使他在众多兴趣领域均有建树。我们可以把牛顿想象为这样一位学者：他总是一手拿笔，埋头于书籍和手稿之中，这样一来，我们将更容易理解他的工作状态。尽管他兴趣广泛，但他的学术习惯构成一条连接各个研究领域之间的线索。它也是一条与牛顿本人密切相连的线索，展示出他每天甚至每小时的生活方式。作为思维的产物，他的手稿以各种不同的方式，记录下他思想的发展历程。手稿揭示出牛顿——这个沉默寡言、孤独内向的男人，实际上在与一大批作家促膝长谈。在手稿的世界里，牛顿既啰唆饶舌又富有品味，谦恭有礼又爱刨根问底，激情洋溢却又缺乏耐心。

与埋头书写相伴的，是牛顿对社会的强烈疏离感。迈克尔·马奥尼（Michael Mahoney）曾在对怀特塞德8卷本数学手稿的书评文章中写道："手稿每出版一卷，就越发彰显出牛顿那悲剧式的孤独。"[40]马奥尼哀叹道，没有一个学生能从牛顿停下来的地方继续开展研究，于是，牛顿巨大的知识财富，始终深埋于他的手稿之中，而那些继承手稿的人，除了知道这是牛顿的遗作外，根本意识不到其中的价值。

至于牛顿的社交范围有多么狭窄，他的消极避世究竟具有怎样的意义，相关研究已有不少，但这并不是一个容易回答的问题。几个世纪以来，人们已经形成牛顿孑然一身的刻板印象。正是这种孤独，使他不仅远离那些吹毛求疵的哲学家，也远离他所身处的物质世界——那个正走向产业革命的世界。这场产业革命，或者说工业革命，首先改变了英国，继而改变了全世界。牛顿与这场革命、与机器和制造的关系，一直是牛顿"产业"——这一名称显然具有讽刺含义——中的许多人思考的问题。牛顿作为孤独者的形象还将保持下去，尽管他并非完全独立地从事研究，例如《原理》的写作，就依赖于弗拉姆斯蒂德等人的观测实践。而把《原理》或《光学》同产业革命带来的重大变革联系起来，也绝非易事。[41]牛顿的孤独形象面临的另一个困难在于，他并非没有朋友。他在剑桥时的秘书曾记载，即便在17世纪80年代，牛顿已经有两三个关系密切的朋友，当时他正埋头于《原理》的创作之中。化学家乔瓦尼·维加尼（Giovanni Vigani）便是其中之一，"在他的陪伴下，牛顿度过了一段快乐的时光"。但后来维加尼讲了一个"关于修女的放荡故事"，两人从此一刀两断。[42]在余生的最后30年里，牛顿一直生活在伦敦，那里充满了政治氛围和社交活动，在年轻的外甥女凯瑟琳的协助下，他也在家中举办过聚会，并全身心地投入到了造币厂的工作中。然而毋庸置疑的是，牛顿常常感到，社交活动令其身心俱疲，妨碍了自己的研究。显然，社交活动无法填补他丰富的内心世界。

每一位直接研究过牛顿思想遗产的历史学家，都会不约而同地强调其思想的深度和力度。哪怕略过其中的知识，单是手稿的数量已经相当惊人。而那些阅读和研究手稿的学者很快便意识到，手稿涉及的内容实在是太多。首先，纷繁驳杂的主题，不断跳跃的思维片段，总是令学者们时而欣喜、时而沮丧。更为可怕的是，每一个主题下面又包含同样纷繁驳杂、充满想象力的细节。我们可以设想这样一幅场景，牛顿独自坐在书桌前，手里握着羽毛笔，在纸上奋笔疾书：他时而与4世纪的汪达尔人和西哥特人交谈；时而又在沉思"尼普顿的三叉戟""绿色雄狮""赫耳墨斯的节杖"①，想要破解这些炼金术中的象征符号；时而与《但以理书》和《启示录》中变幻无常的怪物、骑士、娼妓和女王打交道；时

---

① 均为炼金术的术语或象征符号。"尼普顿的三叉戟"（Neptune's Trident）：牛顿认为，"尼普顿"[即希腊神话中的波塞冬（Posedon）]象征水样的矿物质溶液，"三叉戟"代表使水发酵。"绿色雄狮"（Green Lyon）：绿色的硫酸盐，它能提纯物质，留下黄金。"赫耳墨斯的节杖"（Mercury's Caducean Rod）：缠绕着两只巨蛇、头部带有翅膀的节杖，象征炼金术与智慧。——译者注

而又在挖空心思构建数学模型。

牛顿为何能在如此迥异的知识领域中穿梭自如呢？对此最好的解释可能是，这源自他的信仰。牛顿相信，具有无限权能的神掌管着世界，在这个世界中，存在着无数种可能的、人类无法想象的生命形式。大自然中极端的多样性始终存在。通过放大镜观察水滴中的生物，就足以理解到地球上"生命的奇异与精彩，以及动物的身体结构"，而那些天界里的事物则更让人惊叹。牛顿的工作揭示出，地球上的物体和天体遵循着统一的、恒古不变的数学法则，然而在自然的极端多样性和变异性中，他同样找到了慰藉。神的权能超越了形式的奇迹，延伸至变化的奇迹。他认为，存在着某种"自身运动的充分权能"，使得像天使这样的高级存在者，"可以在天堂的不同区域间，随心所欲地游弋，选择适合栖居的社群"。在牛顿看来，天堂里的社会等级流动可变，比任何固定的居住场所更加自由，因此也更令人向往。"天堂的自由与统治、选择幸福住所的权利，比起只能限制在同一个地方生活，要幸福得多。"[43]在想象的世界中，牛顿在不同研究主题间恣意漫步，在不同思想类型间任意驰骋，他为自己创造了这种幸福。

于是，我们应该能够明白，为什么仅仅理解一个人，需要好几代人的努力，需要一个产业。研究牛顿的学者，犹如一滴水中的微生物，形形色色，五花八门，与牛顿个人思想的多样性一致。学者们从手稿中揭示出牛顿的不同侧面，恰恰暴露了他们本人的偏好。比如凯恩斯，他过着半公开、半私密的双重生活，这使他和牛顿惺惺相惜，能够洞悉在其理性主义者的肉身中，深藏着一缕前现代魔法师的灵魂。作为历史学和语言学学者，亚胡达眼中的牛顿和他一样，以同样的激情和方法，试图从记载古代文字的羊皮卷中，找到独一的真理。在科恩看来，牛顿是数学物理学家、不朽杰作《原理》的作者，是他开创了独具一格的"牛顿主义"思想风格，强调在物理世界中反复检验数学模型的真伪。在多布斯笔下，牛顿是一位炼金术士，认为地球是一个具有生命、能够呼吸的有机体。而在曼纽尔的心理学视角中，首要考虑的是牛顿的情感关系，特别是他与母亲的关系。最终，牛顿如愿以偿，得到他所需要的学者；而他那些被长期遗忘的手稿，也使学者们能够跟上他的脚步，穿梭于他广阔的思想空间，从中寻找他们想要的东西。

注释

[1] J.L.E. Dreyer, "On the Desirability of Publishing a New Edition of Isaac Newton's Collected Works," *Monthly Notices of the Royal Astronomical Society* 84 (1934): 298–304.

[2] R. A. Sampson, "On Editing Newton," *Monthly Notices of the Royal Astronomical Society* 84 (1934): 378–383.

[3] George Sarton, "Introduction to the History and Philosophy of Science (Preliminary Note)," *Isis* 4 (1921): 23–31, citation 25.

[4] George Sarton, "An Institute for the History of Science and Civilization (Third Article)," *Isis* 28 (1938): 7–17, citation 17

［5］ A. Koyré, "The Significance of the Newtonian Synthesis," *Journal of General Education* 4 (1950): 257.

［6］ 第一位在美国取得科学史博士学位的是艾登·萨伊利（Aydin Sayili），他是土耳其公民，于1942年完成论文，导师为乔治·萨顿。见 G. A. Russell, "Aydin Sayili, 1913—1993," *Isis* 87 (1996): 672–675.

［7］ Joseph W. Dauben, Mary Louise Gleason, and George E. Smith, "Seven Decades of History of Science: I. Bernard Cohen (1914—2003), Second Editor of Isis," *Isis* 100 (2009): 4–35.

［8］ H. W. Turnball et al., eds., *The Correspondence of Isaac Newton* (Cambridge, UK: Cambridge University Press, 1959—1977); D. T. Whiteside, ed., The Mathematical Papers of Isaac Newton, 8 vols. (Cambridge, UK: Cambridge University Press, 1967—1981). Volumes 2–7 were produced with the assistance in publication of M. Hoskin and A. Prag, volume 8 with that of Prag.

［9］ E. N. da C. Andrade, Introduction to volume 1 of *Correspondence of Isaac Newton* (Cambridge, UK: Cambridge University Press, 1959), xvii.

［10］ Andrade, introduction, xviii.

［11］ I. B. Cohen, Preface to *Isaac Newton's Papers and Letters on Natural Philosophy* (Cambridge, MA: Harvard University Press, 1978).

［12］ I. B. Cohen, *Introduction to Newton's "Principia"* (Cambridge, MA: Harvard University Press, 1971), 21–22.

［13］ A. Koyré and I. B. Cohen, eds., with the assistance of Anne

Whitman, *Isaac Newton's Philosophiae Naturalis Principia Mathematica, the Third Edition with Variant Readings* (Cambridge, MA: Harvard University Press, 1972).

[14] Cohen, *Introduction*, 31–32.

[15] Cohen, *Introduction*, xiii.

[16] See Michael Hunter, ed., *Archives of the Scientific Revolution: The Formation and Exchange of Ideas in Seventeenth Century Europe* (Woodbridge, UK: Boydell Press, 1998).

[17] Details are from a letter to the author from David Castillejo, April 5, 2012.

[18] "Notes of experiments in chemistry and alchemy," MS Add. 3973, and "Laboratory notebook," MS Add. 3975, CUL.

[19] See MS Add. 3975 f83, CUL, for Newton's reference to the net.

[20] Richard S. Westfall, "The Changing World of the Newtonian Industry," Journal of the History of Ideas 37 (1976): 175–184, citation 175n2. 这段引文出自《原理》命题7，问题11："若物体沿圆周运动，求指向任意给定点的向心力的定律。"有关folios 181–187的讨论，见 D. T. Whiteside, ed., *The Mathematical Papers of Isaac Newton* (Cambridge, UK: Cambridge University Press, 1981), vol. 6, 542–543, 546–557.

[21] [Augustus De Morgan], "Review of 'A Collection of Letters, Illustrative of the Progress of Science in England, from the Reign of Elizabeth to that of Charles II.' Edited by J. O. Halliwell," *Athenaeum* 2 (1841): 588–589, citation 589.

[22] Whiteside's dissertation was published as "Patterns of Mathematical Thought in the Later Seventeenth Century," *Archive for the History of Exact Sciences* 1 (1961): 179–388.

[23] 怀特塞德的生平信息来自 Niccolo Guicciardini, "In Memoriam, Derek Thomas Whiteside (1932—2008)," *Historia Mathematica* 36 (2009): 4–9.

[24] 里查德·韦斯特福尔评论道:"汤姆[怀特塞德]在牛顿研究领域,留下了浓墨重彩的一笔。很难想象,后人会觉得有必要重新编辑这个版本。只要牛顿研究还在持续——难道还会停止不成?——那么,怀特赛德版的数学手稿,将始终是基本的研究资料。"Richard S. Westfall, "Award of the 1977 Sarton Medal to D. T. Whiteside," *Notes and Records of the Royal Society* 69 (1978): 86–87, citation 87.

[25] Westfall, "The Changing World of the Newtonian Industry," 176.

[26] 其中一例是 Niccolo Guicciardini's *Reading the Principia: The Debate on Newton's Mathematical Methods for Natural Philosophy from 1687 to 1736* (Cambridge, UK: Cambridge University Press, 1999).

[27] Westfall, "The Changing World of the Newtonian Industry," 176.

[28] Frances Yates, *Giordano Bruno and the Hermetic Tradition* (London: Routledge & Kegan, Paul, 1964).

[29] J. E. McGuire and P. M. Rattansi, "Newton and the 'Pipes of Pan,'" *Notes and Records of the Royal Society* 21 (1966): 108–143.

[30] J. E. McGuire, "Force, Active Principles, and Newton's Invisible Realm," *Ambix* 15 (1968): 154–208.

[31] D. C. Kubrin, "Newton and the Cyclical Cosmos: Providence and the Mechanical Philosophy," *Journal of the History of Ideas* 28 (1967): 325–346.

[32] B. J. T. Dobbs, *The Foundations of Newton's Alchemy or "The Hunting of the Greene Lyon"* (Cambridge, UK: Cambridge University Press, 1975).

[33] F. E. Manuel, *Isaac Newton, Historian* (Cambridge, MA: Belknap Press of Harvard University Press, 1963); F. E. Manuel, *A Portrait of Isaac Newton* (Cambridge, MA: Belknap Press of Harvard University Press, 1968).

[34] F. E. Manuel, *The Religion of Isaac Newton* (Oxford: Oxford University Press, 1974).

[35] R. S. Westfall, *Never at Rest: A Biography of Isaac Newton* (Cambridge, UK: Cambridge University Press, 1980).

[36] R. S. Westfall, *Never at Rest: A Biography of Isaac Newton* (Cambridge, UK: Cambridge University Press, 1980).

[37] A. R. Hall, "Newton's Revolution," *British Journal for the Philosophy of Science* 33 (1982): 305–315, citation 307.

[38] R.4.48c Trinity College Library, Cambridge.

[39] MS Add. 3975 f23, CUL.

[40] Michael Mahoney, "'On Differential Calculuses,' *The Mathematical Papers of Isaac Newton*, Vol VIII, 1697—1722," *Isis* 75 (1984): 366–372, citation 371.

[41] 有关牛顿孤独与否的讨论, 见 Rob Iliffe, "'Is He Like Other Men?' The Meaning of *the Principia mathematica* and the Author as Idol," in *Culture*

and Society in the Stewart Restoration: Literature, Drama, History, edited by Gerald MacLean (Cambridge, UK: Cambridge University Press, 1995), 159–176.

［42］ Humphrey Newton, "Two Letters from Humphrey Newton to John Conduitt," Keynes Ms. 135, King's College, Cambridge; John Conduitt, "Notes on Newton's Character," Keynes Ms. 130.07, King's College, Cambridge.

［43］ Isaac Newton, "Extract from Treatise on Revelation," Yah MS 9.2 f 140, NLI.

第14章
寻求统一

为了深入牛顿错综复杂的内心世界，学者们努力将其散乱的手稿整合起来，恢复其本来面目。人们不禁要问：把所有手稿都放在一起，究竟可以得到什么？这是个老生常谈的平庸话题，但人们渴望得到答案，希望借此可以将破碎的牛顿形象，重新拼接到一起。

就像小说《白鲸》中那条巨大的白色抹香鲸，对牛顿思想统一性的探求，是牛顿产业中最令人难以捉摸却又最吸引人的话题。随着手稿不断揭示出牛顿新的细节，学者们试图将这些零散的信息整合起来，找到贯穿在内容迥异的学科间的统一思想。对于那些力求为炼金术和神学正名的学者而言，问题的关键是证明科学和非科学内容之间的联系。思想的统一性将使牛顿摆脱异端和神秘主义的泥淖，使他那些离经叛道的想法，能够置身于一个宏大的思想框架之中——这是一个理性的思想框架，牛顿试图将人类活动的方方面面安置其中。牛顿主张按照意志自由地运动，这一想法可能会妨碍重建工作，但学者们似乎并未对此达成共识。

对于统一性的强调，部分源于心理传记的兴起。弗兰克·曼纽尔是这项历史技艺的积极实践者，他用"无法遏制的欲望"，形容牛顿对世界隐匿秩序的探求。他试图调和牛顿的神学与科学，他这样写道："假如自然与自身一致，那么牛顿的思想也是如此。"他指出，"牛顿仿佛被一种不可抗拒的力驱动着，使他可以在混沌无序中，发现秩序与设计，从庞杂原初的材料中，提炼出某些基本原理，这些基本原理既可诉诸整体，又包含各部分间的关系"。[1]至少对曼纽尔来说，牛顿思想的统一性，建立在某种深层的精神需求之上，这种"驱动力"深植于他的信仰。在牛顿看来，上帝的意志彰显于他的所有著作之中，无论其主题是神学还是自然。

即便是那些没有明确心理学方法的学者，同样直言不讳地表明，牛顿拥有统一的世界观，并以此解释其五花八门的研究兴趣。在其研究牛顿炼金术的著作中，贝蒂·乔·多布斯认为，信仰如同一支观念胶水，将牛顿不同的思想领域，粘连在了一起。确切而言，真理是神圣的："和两面神杰纳斯（Janus）一样，牛顿具有两面性，但那毕竟是同一思想下的产物，之所以会看到两面性，或许不过是现代人眼中的视错觉，而非真实情况……牛顿坚信真理是统一的，神性是终极来源，从中我们可以发现他各种各样研究的源头。"[2]长期以来，不少学者力图将炼金术和宗教，从牛顿的大众形象中抹去，而像多布斯和曼纽尔这样的学者，则尝试证明手稿中不同内容间的内在关联，努力纠正这种偏见，甚至可以说，有些矫枉过正。

在首次接触耶路撒冷手稿的 12 年后，戴维·卡斯蒂列霍于 1981 年出版了《扩张的力》（*Expanding Force*）一书，延续了对统一性问题的探讨。这本著作第一次将牛顿有关炼金术、预言、年代学的手稿放在一起，统一进行分析。[3] 卡斯蒂列霍是归纳整合的高手，他的研究方法也很简单，即"证明其出版和未出版的所有作品——力学的、光学的、炼金术的、教会史的——的确构成了单一的思想整体"。他指出，牛顿曾试图构建一种与引力相反的、普遍存在的扩张的力。这种力不仅存在于物理世界，也延伸到历史领域，从而可以将他的年代学著作与自然哲学著作关联起来。"扩张的法则或扩张的力"，显著体现在光的传播、化学变化、生物生长、甚至"人类的思想与行为"的方方面面。[4] 卡斯蒂列霍将数秘分析应用于牛顿手稿，识别出大量相互重叠、内在关联的数字系统，想搞清楚其中的意思几乎不可能。数秘学（numerology）是卡斯蒂列霍论证牛顿思想统一性的基础，在他看来，数字构成了连接不同事物的关键。其中一个简单例子是，牛顿假定光线具有四个面，而经过他的计算，所罗门圣殿也有四个面。还有其他许多类似的数秘关联，寻找起来更为困难。

和许多相信自己在手稿中发现了隐秘含义的人一样，卡斯蒂列霍认为，牛顿努力在文本中隐藏其真实想法："这就是为什么，初读牛顿的文本会感到一头雾水。如果我们尝试寻找其思想的种种线索，切不可生搬硬套，妄图将他的观点，纳入我们的思维模式，此时不妨后退一步，让牛顿自己开口说话，让他的话语自发浮现，如此一来，文本就会变得越来越简单，清楚明白，呈现出恢宏巨大的自身结构。"和桑普森一样，卡斯蒂列霍也强调手稿中思想的严密性。尽管各个主题截然不同，但随着研究的深入，就越会发现"其思想整体不仅非常简单，而且其内部绝对严密地相互勾连在一起"。[5] 卡斯蒂列霍在书中广泛引用牛顿未发表的手稿，对于牛顿学者来说，这本书无疑是座潜在的资源宝库。然而，这本非凡著作的读者并不多，相关书评更是寥寥。[6] 不知是卡斯蒂列霍本人还是其出版商，在该书封底刊登了一则广告，介绍即将出版的一本关于意识的书，说明卡斯蒂列霍具有这样的能力："他能感知到周围人不同的呼吸频率，因为这会给他的大脑造成类似头痛的可感压力。"通过20多年的观察，卡斯蒂列霍建立了"一种有别于传心术的、可在不同心灵之间进行着持续感应的能力……就连动物也包括在内"。[7] 显然，对于这本书而言，这样的宣传语只会适得其反。

对于那些研究光学、数学和自然哲学三大传统学科的学者来说，牛顿思想的统一性并不是紧迫的问题，而且很可能对这些学科的纯洁性造成潜在的危害，这与布鲁斯特早年面临的挣扎类似。他们不愿转变或是解构牛顿的形象，而是满足于使用新的科学手稿，继续探究科学方法层面的问题，而非心理学或形而上学问题。他们一如既往，停留在那些传统主题上，只关心那些他们想要了解的问题。怀特塞德完全无视牛顿的非科学手稿，他对此毫不掩饰。韦斯特福尔也承认，他的传记主要是一部"科学"传记，尽管他也参考了一些神学和炼金术手稿，但和布鲁斯特一样，在他心目中，牛顿仍然是那位无与伦比的天才。韦斯特福尔和众多学者一样，长期浸淫于手稿研究之中，然而经过这么多年，他发现牛顿仍然是一位"不折不扣的他者"，外人根本无法走进他那天才般的思想。就这种特殊性而言，牛顿和一个抽象名词很像，那就是"真理"。韦斯特福尔曾这样描述17世纪70年代的牛顿，那正是他的科学研究走向成熟的年代："8年里，他与真理(Truth)进行着无休无止的斗争。即便是牛顿这样的天才，也必然要为此付出代价。在这8年里，他没日没夜、废寝忘食，沉湎于探索未知真理的狂喜之中，凡此种种，皆让他付出高昂的代价。"[8]

如今看来，刻意用首字母大写突出统一性（Unity）和真理(Truth)的写法，不过是一时激情，有失学者风范，很难经得起时间的考验。无论是希望揭示牛顿的不同侧面的学者，还是仅仅关注其科学研究的学者，他们都在试图将牛顿简单化。他们似乎忘记了，那些重见天日的手稿档案中，还蕴藏着更为开放、更为多元的可能性。那些松散斑驳的纸稿、反复修改的笔迹，与其说揭示了牛顿构筑哲学大厦的基础，或是描述他理性思考的过程，倒不如说是体现出他永不止息的思想状态。"永不止息"（Never at rest）一词出自牛顿的一封信，韦斯特福尔将它摘选出来，用作其牛顿传记的标题。[9]那颗运转不停的头脑的确在寻求真理与统一性，若是轻而易举就能将它们讲清楚，恐怕很难令人满意。手稿本身的形态和内容已经表明，对于牛顿而言，通向知识的道路绝不只有一条，获取知识的形式也并不唯一。牛顿对其主要出版著作《原理》和《光学》进行了深入且实质性的修改，而在其未出版的手稿中，反复修改的痕迹更是比比皆是，这都表明，他的研究、他的修改，从未间断。

如何体现出手稿反复修改的动态特征呢？显然，编辑们面临着实践上的困难。怀特塞德承认，在编辑和出版过程中不乏"暴力"处理，即强行把模棱两可、语焉不详的地方理顺，甚至将之删除。他解释说，这种做法固然令人痛心，但为了使文集的应用范围更广，这也是必要之举。一部恰到好处的校勘本，本身即是一连串艰难取舍的结果，牛顿手稿也难逃一番刀劈斧砍。而对于编辑们来说，无论怎样取舍，总会招致批评。艾弗·格拉顿-吉尼斯（Ivor Grattan-Guinness）是一位数学史学家，他以编辑般的耐心，一页页地查验了怀特塞德对牛顿手稿的处理。[10]他把手稿影印本和怀特塞德的印刷本对照着看，发现怀特塞德居然擅自做主，将一段文字辑入，又将另一段文字删除，而在原始手稿上，这两段文字分明是并排书写的。格拉顿-吉尼斯写道，怀特塞德犯下了不可饶恕的错误，"在某种程度上，他把自己当成了牛顿，擅自选取一篇手稿，或是相关一组，好为接下来的论证做准备"。[11]冒充牛顿本人，无疑是当编辑的最大败笔。不过，反过来想想，这难道不也是编辑最应该履行的职责吗？只有和其研究主体一起思考，编辑们才能够把握材料的含义。一边是合理的、同情式的想象，一边是过度自负、擅自做主，两者之间的明确界限，究竟在哪儿？这就是编辑的难题，他必须生活在研究主体的思想之中，却又不能代他讲话。人们清楚，编辑工作很难做到尽善尽美，然而这种宽容，实在无法补偿编辑们所承受的屈辱。

归根结底，正如历代牛顿学者发现的那样，牛顿手稿始终处于未定稿的状态。手稿之中满是修改的痕迹。毋宁说，牛顿就是自己的终身编辑，在这一点上，无人可以与之匹敌。在贯穿其一生的研究生涯里，他总是在不断修改、删减、重新誊写。在反复审读自己作品的过程中，探寻更深层的意义。他毕生厌恶出版，恐怕这既是原因也是后果。只要不出版，就可以不断修改自己的手稿。即便出版了，也不意味着修改的终结，《原理》和《光学》的后续版本，都存在大量修改，只是出版让修改过程公开化，容易招致批评，而且浪费时间，于是牛顿背弃了自己的誓言，对"动辄争吵的女人"（litigious Lady）①——哲学深感绝望。由于手稿不断修改，理解手稿的含义就极其艰难，甚至是不可能的，因为手稿根本不存在明确的含义。雪上加霜的是，大量手稿装订混乱，又

---

① 语出牛顿写给哈雷的一封信，时间为 1686 年 6 月 20 日，正值《原理》出版前夕。在前一封来信中，哈雷转告牛顿：胡克说自己曾经告诉了牛顿平方反比率，希望牛顿能在前言中提到他的名字。牛顿对此怒不可遏，认为胡克没有能力证明平方反比率，反而想趁机捞取成果。原文是："哲学如同一个举止粗鲁、动辄争吵的女人，一个人若是不得不与她纠缠，最好擅长打官司。我老早就发现了这一点，现在刚想接近她，她就给了我一个警告。"——译者注

很少提到当时的时事要闻，所以很难确定写作时间，这再次增加了解读手稿的难度。那些牛顿手稿的未来编辑们，将会一再品尝这种苦中作乐的滋味。

正是其不断变化的动态特征，手稿才得以记录牛顿思想探索的方方面面，我们不妨拥抱这一事实，只有这样，我们才能真正理解手稿：它们不是对单一事实的叙事，而是对大量相互交织的事实的叙事。[12] 只有在这种思考方式下，我们才能深入那个令人心存疑虑的陌生领域，在那里，变动不居胜过了固有之义，多样性打败了单一性。这真是一个让人不安的场所。对一些学者来说，这也是他们所持有的唯一真实的立场。

注释

[1] Manuel, *The Religion of Isaac Newton*, 103.

[2] Betty Jo Dobbs, *The Janus Face of Genius: The Role of Alchemy in Newton's Thought* (Cambridge, UK: Cambridge University Press, 1991) 6.

[3] Penelope M. Gouk, "Review of David Castillejo 'The Expanding Force in Newton's Cosmos, as Shown in His Unpublished Papers,'" *British Journal for the History of Science* 17 (1984): 112–113, citation 113.

[4] David Castillejo, *The Expanding Force in Newton's Cosmos, as Shown in His Unpublished Papers* (Madrid: Ediciones de arte y bibliofilia, 1981), 15.

[5] Castillejo, *The Expanding Force in Newton's Cosmos*, 78.

[6] Betty Jo Dobbs, "Review of David Castillejo 'The Expanding Force in

Newton's Cosmos, as Shown in His Unpublished Papers,' " *Isis* 73 (1982): 268.

［7］ Castillejo, *The Expanding Force in Newton's Cosmos*, back cover.

［8］ Westfall, *Never at Rest*, 239.

［9］ 这一短语出自牛顿写给纳撒内尔·霍斯（Nathanael Hawes）的信，1694年5月25日，收录于H. Turnbull, ed., *The Correspondence of Isaac Newton* (Cambridge, UK: Cambridge University Press, 1961), vol. 3, 360

［10］ Ivor Grattan-Guinness, "The Role of an Editor: Some Remarks on Whiteside's Edition of Newton's Mathematical Papers," *British Journal for the History of Science* 43 (2010): 105–112.

［11］ Grattan-Guinness, "The Role of an Editor," 108.

［12］ See Kenneth Knoespel, "Interpretive Strategies in 'Theologiae gentilis origins philosophiae,' " in *Newton and Religion: Context, Nature and Influence*, edited by J. Force and R. H. Popkin (Dordrecht: Kluwer, 1999), 193.

尾声　终极价值

随着时间的推移，未知的牛顿手稿出现的概率会越来越少，但永远不会消失。或许在某间阁楼的一角，或是在某个被遗忘的壁橱背后，就藏着一份手稿，这种可能性始终存在。

几年前，在马格斯兄弟公司的一只旧橱柜里，阿诺德·亨特（Arnold Hunt）发现了一份手稿，"从橱柜积灰的厚度来看，估计50多年没人碰过它了"。[1]这份手稿，原是1936年苏富比拍卖会上324号拍品的一部分，包含对经度问题的研究。手稿被迅速鉴定、编目，最后卖给了一位英国收藏家，售价不详。就在最近，还是在马格斯兄弟公司，又发现了另一件失踪的苏富比拍品。凯恩斯曾获准借阅过它，之后将之归还。这些手稿价值不菲。最近的一次拍卖中，邦瀚斯（Bonham's）拍卖行以8.5万英镑的价格，卖出了一份只有三张对开页的手稿，其标题为"禁食血液的问题陈述"，大概写于1719年。与牛顿的科学成就直接相关的手稿更受欢迎。2007年，佳士得拍卖了一份四页手稿，内容是对古代重力观点的比较，由拉丁语和希腊语书写，最终以17万英镑的价格成交。除此之外，近100年来，与牛顿相关的文本材料也流入了市场。1929

年，在一场拍卖会上，大部分的牛顿私人藏书被人无意中以170英镑的价格出售（这还不到1727年估价的一半，约合今天的5000英镑），卖家根本不知道它们曾经属于牛顿。[2]这些书被分散到了许多买家手中，他们和卖家一样，也不知道书的来源。只有海因里希·泽特林格（Heinrich Zeitlinger），真正认识到这批藏书的重要性，大肆收购。最终，一家名为"朝圣者信托"（The Pilgrim's Trust）的慈善机构，买下了其中的大批藏书，并于1943年捐赠给剑桥大学三一学院。[3]

更轰动的事儿发生在2000年，当时，另一套珍稀的手稿出现在公共市场上。由于家族恩怨，麦克尔斯菲尔德伯爵决定卖掉部分祖产，包括家族图书馆中的藏书。40多年前，他从祖父那里继承了这座图书馆，但他从未确切了解其中的内容：一份著名却几乎未经审查的牛顿手稿，"连同一大堆其他文件，凌乱地堆放在图书馆的一只橱柜里"。[4]它是一只"思想的时间胶囊，存放于一间本身就是时间胶囊的屋子里"[5]，它仿佛是一张1750年的生活快照，被尘封了250年，在此期间，只有斯蒂芬·里戈做过些摘录，并加以出版。这只橱柜想必一定很大，里面居然装了500本笔记，以及等量的、零散的对开页手稿。最终，从破败不堪的柜子里，手稿被请了出来，由伯爵卖给了剑桥大学图书馆。人们认为，637万英镑的售价"公平合理"，这一情况表明，自苏富比拍卖会以来，牛顿手稿的市场价格已经今非昔比。

通常而言，随着时间推移，文献手稿会变得更为分散，但有时候，历史的力量也会促成手稿的聚合。麦克尔斯菲尔德家族的收藏就属于这种情况，它实际上是一系列嵌套的藏品，其核心部分是一批17世纪60年代—80年代间的通信，有些是牛顿写给约翰·柯林斯的，有些是柯林斯自己写的或转发的。借助这些信件，我们仿佛听到那时在英国和欧洲大陆之间、有关数学问题的生动的对话和激烈的争吵。柯林斯比牛顿年长17岁，他是皇家学会早期数学通信网络的中心人物，也为亨利·奥尔登堡提供专业指导。亨利·奥尔登堡是当时皇家学会的会长，是一个更为庞大且不断壮大的学者网络的枢纽，这一网络将英国和欧洲大陆两边的数学家、自然哲学家、思想家关联在一起。正如德摩根所言，柯林斯"给每个人写信，聆听每个人的意见，并把每个人的书信，转抄给其他人"。[6]虽然柯林斯没有很高的学术造诣，但具有一双发现人才的慧眼。1669年11月，他结识了牛顿。那时牛顿只有26岁，在剑桥大学当研究员，在大学之外默默无闻。柯林斯很快给牛顿去了一封信，在此之后，牛顿便不断将自己的数学研究进展，写信寄给柯林斯。

正是通过柯林斯主导的信件往来，莱布尼茨了解到了牛顿在无穷级数方面的研究工作，以及确定复合曲线切线的方法。1676年10月，莱布尼茨在伦敦会见了柯林斯，柯林斯向他展示了牛顿的手稿抄本。1677年，柯林斯给牛顿转发了莱布尼茨的信件。柯林斯本人，也伴随牛顿的著作名垂青史——《原理》第三版提到了一封牛顿写给他的信，时间是1672年12月10日。

柯林斯的通信成为伯爵家的私藏，中间的过程颇有些复杂。柯林斯去世后，他的信件被威廉·琼斯（William Jones）于1708年继承，后者是头两代麦克尔斯菲尔德伯爵的家庭教师。对于牛顿来说，信件继承的时机可谓恰逢其时。那时，牛顿已经卷入了争夺微积分优先权的学术官司，而柯林斯的信件将成为有力的证据。1712年，琼斯向由牛顿操控的皇家学会委员会，提供可用于裁决微积分优先权的文字材料，其中很多内容被收录于该委员会的官方报告《通信集》之中。琼斯去世后，他和柯林斯的私人文件，由麦克斯菲尔德伯爵所继承，在此后两个半世纪内，一直是家族财产的一部分，直到最终被出售。

　　我们很难知晓，在英国老宅的橱柜里，究竟还藏着多少宝贝。但类似麦克尔斯菲尔德家族这般规模的收藏，几乎不可能再次出现了。如今，保存完好的私人图书馆已经很少，能保存着像牛顿手稿这样重要文献的则更加稀少。芒比曾目睹过大量藏书和手稿从私人图书馆中流失，这种场面几乎不可能再现。

　　一份古老的手稿究竟值多少钱？准确说，一份牛顿的手稿究竟值多少钱？这很难回答。通常来说，相比教会史研究的手稿，数学或物理学手稿更能引发人们的兴趣，价值也更高。在其他条件相同的情况下，干净的比破损的值钱，大幅的比小幅的值钱，稀有的比普通的值钱。然而，唯一可以确定的是，一份手稿的价格，就是买家愿意支付的价格。尽管令人气愤，但书商们往往就会如此作答，并报之以狡黠的微笑。毕竟，古籍交易市场变化无常，决定市场的是激情而非理性。

对于门外汉来说，穿行在古籍手稿交易市场，往往会感到很吃惊。各类古籍，尤其是手稿，就那样敞开放着，供人翻阅（自然是小心翼翼地）、评价、成交。人们很容易把私人收藏家妖魔化，觉得他们既自私又缺乏品味，把思想当作物品禁锢起来，让真正的研究者无缘相见。然而，换个角度想，真正愿意、也能够传递手稿本身价值的，恰恰是这些收藏家。正如我们在苏富比拍卖会上看到的那样，手稿很可能被不明就里地出售，正是私人收藏家和书商们进行了鉴别和保护，等到某些机构筹措到了资金，或意识到了手稿的重要，再将手稿出售给它们。手稿很贵，因而收藏家必然对其爱护备至。有时，收藏也是一种投资，所以他们必然更小心地保存手稿。此外，人的生命总是短暂的，但机构可以长期存续，这也就是为什么，在过去的100多年里，珍稀的古籍和手稿，往往都最终落户于图书馆、大学、研究所等机构。只要不被损毁、遗失、盗窃，手稿的生命将比任何藏家和机构都要长。

在去世近300年后，绝大多数牛顿手稿被保存在了研究型图书馆里。尽管历经波折，大约半数的手稿回到了剑桥大学，回到了它们最初被创作的地方。目前，剑桥大学图书馆保存的牛顿手稿数量最多。其中有朴茨茅斯伯爵在1888年捐赠的科学类手稿，里面包括《原理》第一、第二版的注释副本，以"某些哲学问题"为标题的早期研究，一本从其继父那儿继承的笔记本，其中有大量重要的数学笔记。三一学院保存了一个本科时的笔记本（里面记录了他的日常开销），以及写给理查德·本特利的一系列重要信件。凯恩斯的收藏留在了国王学院，其中涵盖了大部分牛顿炼金术方面的手稿，包括众多炼金术文本的书目提要、化学制品索引，此外还有凯恩斯收购的不少神学手稿。剑桥大学的菲茨威廉博物馆（Fitzwilliam Museum）也保存着一个笔记本，其中记录了牛顿青年时代的忏悔和开支。

在剑桥大学之外，英国最大的牛顿资料存放地是位于裘园的国家档案馆，保存着牛顿在造币厂任内的所有文件，共计800多项条目，尚未被历史学家彻底研究。牛津大学新学院也保存了部分神学手稿，凯瑟琳·康杜伊特曾请求伊金斯神父（Reverend Ekins）协助将其出版。位于耶路撒冷的以色列国家图书馆（2008年前称为犹太国家和大学图书馆）保存着亚胡达收藏的大量神学手稿。在美国，亨廷顿图书馆保存着格蕾丝·K.巴布森收藏的牛顿著作，这里藏书丰富但手稿较少。

还有数十份单独的手稿，分布在世界各地的图书馆里，它们大多是在苏富比拍卖会上失散的。这些图书馆包括：苏格兰圣安德鲁斯大学图书馆、日内瓦的马丁·博德默基金会（Fondation Martin Bodmer）图书馆、得克萨斯大学奥斯汀分校图书馆、麻省理工学院图书馆、洛杉矶的威廉·安德鲁斯·克拉克纪念图书馆（William Andrews Clark Memorial Library）、斯坦福大学图书馆以及史密森学会下的迪布纳图书馆（Dibner Library），这里收藏了8份炼金术手稿。目前，大约有30份苏富比拍卖的手稿，散落在身份不明的买家手中，收藏地点不详，有些可能已经遗失。

虽然手稿的保存地点多到让人眼花缭乱，但苏富比拍卖会上失散的手稿，大多数都经过了详细编目，而且其中最重要的手稿，都集中在少数几个大型图书馆里。手稿的分散固然不便，但并不严重。更况且，当代学者已逐步摆脱了实体机构的空间制约，这种不便所造成的困扰，如今已变得微乎其微。眼下，牛顿手稿的公开和研究，主要集中在几个重要的网站上，每天都有新的材料，源源不断地补充进来。

其中，出现最早、内容最丰富的是"牛顿项目"（Newton Project），该网站收录了牛顿所有的宗教研究手稿，以及光学、物理学、数学领域的重要手稿和通信，可以查阅手稿和转写文字。另一个相关网站"艾萨克·牛顿的化学项目"（Chymistry of Isaac Newton Project），其中既有炼金术笔记的文本内容，还包括了许多炼金术实验的重演。此外，剑桥大学图书馆提供了不少科学类手稿的数字图像。

这些网站通常提供手稿的影印文件(facsimiles)——手稿的数码照片，但更重要的是，给出了可供检索的转写文字。经过编码，这些转写文字内嵌了手稿上屡经修改的信息，可以一目了然地呈现增加或删减的地方，从而大大提高了编辑工作的保真度。这种古文书学式的转写（diplomatic transcription），从根本上改变了学者阅读手稿的方式，不仅可以轻松地搜索关键字，而且最大程度地保留了手稿的模糊之处。现在，牛顿所有的宗教和炼金术手稿，总计约700万字，均可在网上免费查阅。曾经的私人收藏，如今以一种全新的方式被全民共享。

新的手稿阅读方式带来了诸多后果：复杂性压倒了简单性，值得关注的细节不断涌现，从意想不到的角落，不时蹦出新的问题或答案。毕竟，互联网向所有人开放，那些曾经没有资格进入顶尖研究机构的读者，现在也能参与到手稿的研究之中。这场与牛顿手稿的对话，从未像现在一样人声鼎沸、不拘一格。专业学者也开始利用这些全新的数字化研究手段。如今，有关牛顿生平、思想的学术研究再次转向，学者不再追寻所谓的"统一性思想"，而是重新关注起了他的生平细节，比如，他的自然哲学何时真正与神学相分离。[7] 时下流行的学术话题，是探讨牛顿的不同面向，涉及意义的多重性、事物的多样性、阐释的边界等问题，这些都是当代人集体关注的问题，人们不过是将这些思考投射到了牛顿身上。

重塑牛顿形象的任务，既需要与历史事实相符，又要能结合当前的学术关切。许多与牛顿同时代的名人，也有了属于自己的网站，如诗人约翰·弥尔顿、哲学家约翰·洛克、自然哲学家罗伯特·波义耳、罗伯特·胡克、数学家戈特弗里德·莱布尼茨，等等。许多学者的研究焦点，已经不再仅仅停留在牛顿一个人上，而是将他作为同时代思想家中的一员，从群体的角度加以理解。

与此同时，牛顿不为人知的故事仍在不断涌现。那位钟情于神学的理性思想家的传奇故事，似乎总能吊起我们的胃口。他对炼金术的执迷、他的异端思想、他的精神失常，依然让人们津津乐道。这些故事，一方面丰富了我们对牛顿乃至对科学的复杂性的理解；另一方面也固化了我们对科学的某种狭隘偏见。我们之所以对牛顿广泛的研究兴趣感到吃惊，恰恰是基于某种对科学家的刻板印象，认为科学家"应该"只有一种样子：理性、专注、始终如一。正是在不断讲述牛顿故事的过程中，我们逐渐惊讶地发觉，原来科学家和我们每个普通人一样，是个复杂的生命个体。牛顿故事在这方面发挥的意义，比我们所意识到的还要深远。

对牛顿"真实"的复杂性（诚如每个人类个体的复杂性）的认识，可能会逐渐渗透到普通大众。然而，在探求历史、进而探求自身理解的道路上，这或许会构成某种误导。也许我们更应该追问的是，为什么仍然有很多人，对牛顿的异端思想感到惊讶？在我们的内心深处，究竟是什么，在滋养着对于科学英雄的矛盾心理？那些身在牛顿所开创的科学文化之外的人或许会认为，这不失为一种让牛顿回归普通人的方式，因为普通人身上，都存在着自相矛盾，都夹杂着个人信念。也许，接受那个作为复杂个体的牛顿形象，我们还没有做好准备。我们习惯将科学家看作圣徒，特别是看作英雄，就像神话故事里的英雄人物一样，他们具有挑起争端又能化解争端的能力，这样的信念，还将持续下去。

由于牛顿的特殊地位，对他生命中种种矛盾的解释，不能仅仅局限于孤立的个人事件。他早已成为我们更宽泛的文化中的一部分。我们对牛顿的理解，总是和我们心目中对科学家的预期相抵触，而这些预期，反过来又塑造了我们对牛顿的理解（或是误解）。这样的解释循环或许令人困惑，但也具有启发性：在接连不断出现的牛顿形象的版本中，我们也在找寻自己的影子。在探索手稿、探索手稿中真实牛顿的过程中，我们同样始终在探索我们自己。

当然，这并不意味着我们永远无法接近牛顿，仿佛他是大厅镜子里的影像，无限倒退，越变越小。最值得注意的依然是牛顿留下的手稿，它们原本支离破碎、晦涩难懂，却让我们得以接近牛顿的思想。感谢以上故事中提到的那些先生女士们，正是他们的隐藏、跟踪、买卖、研究，我们才能够如此深入地走进这位300年前的伟人的心灵世界。牛顿是一个独特罕见的个体，研究过他的人对此均无异议。但他也是他所生活的时代中的一分子。手稿让我们有机会理解他的两个侧面：非凡卓越的牛顿和平凡普通的牛顿。仅容我们用文字记录下这段往昔岁月。透过那些反复修改的手稿，我们和牛顿的关系，恰如他手中的纸和笔，无限亲密。

注释

[1] 阿诺德·亨特（Arnold Hunt）写给笔者的电子邮件，2012年7月24日。

[2] See Harrison, *The Library of Isaac Newton*.

[3] De Villamil, *Newton: The Man*.

[4] Paul Quarrie, "The Scientific Library of the Earls of Macclesfield," *Notes and Records of the Royal Society* 60 (2006): 5–24, citation 6.

[5] Paul Quarrie of Sotheby's, quoted in "Feud Forces Sale of 'Intellectual Time Capsule,'" *Telegraph*, February 20, 2004.

[6] [Augustus De Morgan], "Review of *Correspondence of Scientific Men of the Seventeenth Century, in the Collection of the Earl of Macclesfield*," *Athenaeum*, October 18, 1862, 489–491, citation 489.

[7] 关于牛顿手稿的不一致性，见 Rob Iliffe, "'A Connected System'? The Snare of a Beautiful Hand and the Unity of Newton's Archive," in *Archives of the Scientific Revolution*, edited by Michael Hunter (Woodbridge, UK: Boydell Press, 1998), 137–157。

图书在版编目（CIP）数据

牛顿手稿漂流史 /（英）莎拉·德里著；王哲然译.—长沙：湖南科学技术出版社，2022.3
书名原文：The Newton Papers
ISBN 978-7-5710-1313-4

Ⅰ.①牛… Ⅱ.①莎… ②王… Ⅲ.①牛顿（Newton,Issac 1642-1727）—手稿—研究
Ⅳ.① K835.616.11

中国版本图书馆 CIP 数据核字 (2021) 第 239379 号

The Newton Papers
Copyright © by Sarah Dry 2014
All Rights Reserved
湖南科学技术出版社独家获得本书简体中文版出版发行权
著作权合同登记号：18-2016-200

NIUDUN SHOUGAO PIAOLIUSHI
牛顿手稿漂流史

著者
［英］莎拉·德里

译者
王哲然

出版人
潘晓山

策划编辑
吴炜 李蓓 孙桂均

责任编辑
吴炜

营销编辑
吴诗

出版发行
湖南科学技术出版社

社址
长沙市芙蓉中路 416 号泊富国际金
融中心 40 楼

网址
http://www.hnstp.com
湖南科学技术出版社
天猫旗舰店网址
http://hnkjcbs.tmall.com

（印装质量问题请直接与本厂联系）

印刷
长沙超峰印刷有限公司

厂址
宁乡市金州新区泉洲北路 100 号

邮编
410600

版次
2022 年 3 月第 1 版

印次
2022 年 3 月第 1 次印刷

开本
880mm×1230mm 1/32

印张
11

字数
205 千字

书号
ISBN 978-7-5710-1313-4

定价
68.00 元

（版权所有·翻印必究）